KB158895

교육의
대안을
찾아서

교육의 대안을 찾아서

초판 1쇄 발행 2020년 1월 7일 **2쇄 발행** 2020년 2월 25일
2판 1쇄 발행 2021년 7월 16일
지은이 정기원
펴낸곳 글라이더 **펴낸이** 박정화

등록 2012년 3월 28일(제2012-000066호)
주소 경기도 고양시 덕양구 화중로 130번길 14(아성프라자 6층)
전화 070)4685-5799 **팩스** 0303)0949-5799 **전자우편** gliderbooks@hanmail.net
블로그 http://gliderbook.blog.me
ISBN 979-11-7041-015-7 93370

책값은 뒤표지에 있습니다.
잘못된 책은 바꾸어 드립니다.

이 도서의 국립중앙도서관 출판예정도서목록(CIP)은 서지정보유통지원시스템 홈페이지(http://seoji.nl.go.kr)와 국가자료공동목록시스템(http://www.nl.go.kr/kolisnet)에서 이용하실 수 있습니다.(CIP제어번호: CIP2019052108)

글라이더는 독자 여러분의 참신한 아이디어와 원고를 설레는 마음으로 기다리고 있습니다.
gliderbooks@hanmail.net으로 기획의도와 개요를 보내 주세요. 꿈은 이루어집니다.

30년 교직 노하우와 사례로 본 올바른 학급 경영과 대안 교육

교육의 대안을 찾아서

정기원 지음

글라이더

추천사 1

감경철 회장 CTS기독교TV

무언가 풀리지 않을 듯한 막막한 문제가 우리 앞에 놓여 있을 때, 쉼 없이 흘러가는 시간 속에서 새로움에 도전하며 더 나은 내일을 꿈꿀 때, 우리는 현재의 방법을 넘어서 새로운 대안을 찾아야 합니다.

이 책은 다음 세대들을 잃어가는 안타까운 요즘, 믿음의 눈을 뜨고 다시금 다음 세대를 위한 비전과 사명을 일깨워주는 대안입니다.

복음이 절실하게 필요한 우리의 자녀들과 다음 세대를 위해 기꺼이 한 알의 밀알이 되기로 결심하고 대안을 찾아 길을 떠난 정기원 선생님의 비전과 열정, 그 삶을 통해 희망의 열매들을 볼 수 있습니다.

한 명 한 명을 훌륭한 인재로, 시대를 이끌 믿음의 리더로 양육하고자 수없이 많은 밤을 지새우며 고민하고, 현장에서 부딪히며 눈물과 기도로 만들어 간 생생한 대안교육 스토리는 이 땅의 모든 선생님들과 부모님들이 공감하며 다음 세대 비전을 함께 품게될 것입니다.

다음 세대를 세우는 기독교 대안교육을 위해 한 알의 밀알이 되신 정기원 교장 선생님의 삶을 보면서 우리 다음 세대가 만들어 나갈 가슴 뛰는 세상과 하나님 나라를 꿈꾸며 기대하게 됩니다.

CTS는 복음을 전하는 미디어 기관으로 2020년에는 다음 세대를 섬기고자 준비 중에 있습니다. 그리고 앞으로 정기원 교장선생님께서 CTS가 다음 세대를 섬기는데 함께 하기로 하였습니다. 그 헌신과 꿈이 이 책을 통해 전달되고 그 꿈에 함께 동참하는 사람이 많아지기를 또한 기도합니다.

추천사 2

고경환 목사 원당순복음교회 담임

지금의 공교육에 대한 공통적인 생각은 희망이 보이지 않는다는 것입니다. 이러한 현실에서 유일한 대안은 기독교 가치관의 교육입니다.

그래서인지 기독교 가치관의 교육에 대한 관심이 높습니다. 현재 기독교 대안학교들도 많이 세워졌으며 기독교 대안학교에 대한 설립을 계획하고 있는 교회나 개인들도 많이 있습니다.

그 누구도 기독교 대안 학교에 큰 관심이 없을 때, 15년 전 정기원 교장 선생님이 두레학교, 밀알두레학교를 세우고 여러 고난을 거치시면서 건강하고 모범적인 학교로 세우셨습니다.

정기원 교장 선생님의 기독교 대안학교에 대한 열정은 그 누구도 따라 갈 수 없을 정도입니다. 지난 공교육에서의 15년, 대안교육에서의 15년 총 30년 동안의 교직에서의 성공과 실패 모든 노하우를 책으로 엮었습니다. 기독교 대안학교에 관심이 있는 부모님과 선생님, 예비 교사에게 꼭 필요한 책이 나오게 된 것은 너무나 기쁘고 감사할 일입니다.

기독교 대안학교에 대한 관심이 있는 모든 분들에게 필도서가 될 것입니다.

추천사 3

권순웅 목사 주다산교회 담임, 총신대학교 신학대학원 초빙교수

미래는 교육에 달려있지만, 미래를 교육이 가로막고 있습니다. 잘못된 생각에 기초한 교육은 역사를 후퇴시키고 있습니다. 지식 중심의 교육은 교육을 정보전달의 도구로 만들고 있습니다.

개인 중심의 가치관이 팽배한 포스트 모더니즘 시대는 이기적인 인간형을 양산하고 있습니다. 존재의 가치를 잃어버린 생산 중심, 물질 중심의 인간은 본질을 잃어버린 함정에 교육이 함몰되고 맙니다.

한국 사회에서 계층 간의 갈등은 교육에도 예외는 아닙니다. 베이버부머 세대는 성장 시대의 가치관을 교육에 반영하여 달려왔습니다. X세대는 모더니즘에 반발하여 포스트 모더니즘적이면서도 저항적 이데올로기를 교육에 담아서 시대를 끌어오고 있습니다. 밀레니얼 세대는 정보화 시대에서 4차 산업혁명 시대로 진입하여 많은 장벽에 부딪히며 교육의 한계를 토로하고 있습니다. Z세대는 향후 인공지능 시대를 맞이하여 험난한 파고를 헤쳐가야 하는 새로운 시대를 준비하고 있습니다.

급변하는 문화 속에서 교육은 나름대로 모든 것을 담아내고 다음 세대를 양육합니다. 그러나 하나님이 없고, 성경이 없는 교육현장은 기형적인 인간을 배출 할 수밖에 없습니다.

이러한 때에 정기원 교장님의 대안학교 운동은 이 시대 교육의 진정한 교육 대안입니다. 정기원 교장님이 지혜와 순결함으로 담아 오신 이 역작은 큰 유익을 주리라 확신합니다.

추천사 4

이호훈 목사 예수길벗교회 담임

학생들에게 교실은 집(가정)을 벗어나 맞닥뜨리는 첫 번째 삶의 터전(관문)입니다. 아이들은 초등학교에서 고등학교까지 12년이란 꿈 많은 어린 시절과 푸르른 청소년기 대부분을 교실이라는 공간에서 보냅니다. '교실 인생'이라 말해도 과언이 아닙니다.

정기원 교장에게 학교 또한 그의 인생 전부였습니다. 나는 저자가 평교사 시절부터 현재 대안학교 교장이 될 때까지 20년을 함께 동역했습니다. 그가 만났던 학생들과 교실은 가르침과 배움을 넘어 함께 살아가는 한 가족과 같았습니다.

그의 첫 번째 책인 《365일 열린 교실을 위한 학급경영》은 그렇게 교실에서 탄생했는데, 반 운영을 위한 교사지침서가 아니라 교사와 아이들이 함께 살아가고 만들어가는 삶이 묻어난 교실 인생을 보여 주는 것이었습니다. 그리고 25년이 지나서, 정기원 교장은 이 책을 새롭게 출간했습니다. 그는 이 책을 통해 '학급경영'에 관한 교육현장에서의 경험과 구체적인 방법론을 제시해 주고 있습니다. 무엇보다도 저자의 교실인생 속에 담긴 교육철학을 고스란히 담았습니다.

그에게 교육은 기다림이 있고, 서로에 대한 이해와 관심이 있습니다. 그에게 교실은 감동과 눈물이 있고, 회복과 치유가 있습니다. 대한민국의 모든 교사와 학부모님에게 이 책을 권하고 싶습니다. 교육현장의 길을 걸어가며 행복한 교실 인생과 아름다운 교실 인생을 만나게 될 것입니다.

추천사 5

신기원 대표 교목 밀알두레학교

밀알두레학교에서 '시끌벅적하다'라는 표현이 가장 잘 어울리는 곳이 있다면 교장실입니다. 교장실은 늘 아이들로 북적대고, 늘 아이들의 소리로 왁자지껄 댑니다. 교장실인지 교실인지 때론 구분이 안될 만큼 아이들로 넘쳐납니다. 소란과 야단이 법석을 펴는 자리입니다.

교장실은 실로 웃음과 울음, 기쁨과 슬픔, 갈등과 아픔, 감사와 감격의 이야기들이 마르지 않는 샘처럼 솟아나는 곳입니다. 그리고 그곳에는 이 모든 상황을 선물로 여기며 아이들을 가슴으로 맞아주는 정기원 선생님이 계십니다.

이 책에서는 시끌벅적, 북적북적, 왁자지껄하는 아이들의 소리가 생생하게 들립니다. 그리고 아이들에게 교장실 한 켠이 아니라 교장실 전부를 아니, 마음 전부를 내어주신 정기원 선생님의 따뜻한 소리가 들립니다.

30년을 한결같이, 사랑의 샅바를 메고 교장실을 기꺼이 씨름장으로 만들어 놓으신 사랑의 씨름꾼, 정기원 선생님의 시끌벅적 교장실 풍경으로 여러분을 초대합니다.

추천사 6

차영회 사무총장 사단법인 한국대안교육기관연합회

정기원 교장 선생님은 독특하신 분입니다. 공교육에서 '학급경영'이란 부분에서 다른 교사들에게 많은 영향을 주었고, 대안교육의 진영에서도 다양한 활동을 통해 크게 이바지하고 계십니다.

선생님은 '교육은 기다림이다', '교육은 감동 감화이다', ' 교육은 상처와 아픔의 치유이다'라고 규정하고 있습니다.

일반적인 교육학자들과는 다른 명제이나 실제적이며 가슴에 닿는 말입니다. 선언에 그치지 않고 교육의 현장에서 일어나는 여러 가지 상황을 어떻게 바라보고 어떤 방법으로 해결해 나갈 것인가를 통해서 얻은 지혜를 교육 철학으로 정립하고 있기 때문입니다.

특히 교실에 대한 정의는 교사나 학부모들이 깊게 생각할 거리를 던져주고 있습니다. "학급은 교사와 학생, 또래 친구들의 인격적인 만남이 이루어지는 장이라고 생각해요. 이곳에서 인격적인 관계를 맺으며 지적, 사회적, 신체적, 영적 성장이 일어나기 때문입니다."

이 책은 교사들에게는 교실에서 일어나는 여러 가지 문제 해결에 대한 지침서이며, 학부모들에게도 자녀 양육의 고민을 해결해 주는 안내서입니다. 문제가 생겼을 때 어떤 관점으로 그 문제를 바라봐야 하는지에 초점을 두고, 문제 해결에 그치지 않고 교육적인 관점으로 끌어올려서 교육의 틀을 바꾸고자 하는 노력이 돋보이는 귀한 책입니다. 이 책은 교육이 무너지고 교사들조차 갈 방향을 알지 못하여 혼란스러운 지금 한국 교육을 향한 큰 울림이 될 것입니다.

들어가는 말

1990년 서울교대를 졸업하고서 서울삼선초등학교에 첫 발령을 받고 3년을 교육하다가 새 시대의 주인공이 될 아이들을 전통적인 방법으로 교육하는 것에 한계를 느껴 사직서를 제출한 후 우리나라에서 제일 먼저 열린교육을 받아들인 영훈초등학교에 부임을 했습니다.

6년 동안 근무하면서 열린교육을 배운 후에 공립에 적용하려고 사직서를 제출하고서 다시 신설학교인 서울연지초등학교로 발령을 받았습니다. 6년이라는 긴 시간 동안 공립을 떠나 있었기에 많은 변화가 있었을 줄 알았는데 달라진 것이 전혀 없음을 보면서 공립은 왜 이리도 변화가 더딜까를 생각하다가 공립학교는 전국을 다 바꿔야 하기에 시간이 오래 걸림을 보고 저는 사립학교 체질임을 느꼈습니다. 사립학교는 교장님만 허락하시면 얼마든지 새로운 변화를 시도할 수 있기에 과감히 사직서를 제출하고서 화랑초등학교로 갔습니다. 그곳에서 4년 동안 열심히 근무를 하면서 보람된 시간을 보낼 수 있었습니다.

그러나 화랑초등학교가 미션스쿨이면서도 정부가 제시한 교육과정을 벗어날 수 없는 한계를 지닌 것을 경험하면서 정부가 만든 교육과정도 훌륭하지만, 정부가 만든 교육과정대로만 교육해야 훌륭한 인재를 양성할 수 있는가에 대한 의구심이 자꾸 생겨만 났습니다.

게다가 그 당시는 지금도 마찬가지이지만 우리나라 교육의 위기 상황이나 교실붕괴 등에 대해 우려하는 목소리들이 커져만 가고 있었습니다. 그래서 이런 때는 공교육에서 열심히 교육을 하는 것도 중요하지만 누군가는 대안을 만들어서 제시를 해주어야 우리의 공교육이 영향을 받고 변화할 것이라는 생각이 들었습니다. 제가 그 정도 역량은 안 되지만 문제의식을 느끼고 있는 사람이 먼저 시작하는 것이 옳다는 생각이 들면서 새로운 학교, 학교다운 학교를 설립해 보고자 하는 꿈을 꾸기 시작했습니다.

그리하여 1993년 8월 26일 창립했던 학급경영연구회 소속 교사들 중에서 뜻을 같이 하는 후배들과 함께 1998년부터 두레기독교사 모임을 따로 만들고 학기 중에는 책을 같이 읽으면서 연구를 하고, 방학 때는 외국의 학교들을 탐방하면서 학교 설립 준비를 같이 해 나왔습니다.

그런 노력 끝에 2005년 2월 28일 4명의 현직 교사인 후배들과 같이 사직서를 제출하고서 두레교회 부속으로 기독대안학교인 두레학교를 설립하였습니다. 6년 동안 잘 운영해오다가 2011년 3월 1일 두레교회 담임목사님의 교체로 학교 철학에 문제가 생겨 뜻을 같이 하는 20여명의 선생님들, 85명의 아이들이랑 분리해서 나와서 밀알두레학교를 새로이 설립하여 오늘에 이르고 있습니다.

2020년은 공교육에서 15년, 대안교육에서 15년이 되는 아주 의미 있는 해가 됩니다. 지금까지 제가 걸어온 길을 되돌아보면 모든 것이 하나님의 은혜라 절로 고백이 됩니다. 첫 발령 받은 해부터 두레학교까지 제가 걸어온 길은 철저히 저 혼자 고민하면서 선택해 온 것이라 여겼는데 신기하게도 오늘의 밀알두레학교를 운영하는데 꼭 거쳐야 했고 필요한 것들이었습니다. 그래서 모든 것이 하나님 아버지의 은혜요 섭리였다고 고백을 하게 됩니다.

여기에 기록한 모든 경험과 깨달음들은 하나님 아버지께서 대안을 찾고 공교육을 살리고자 고민하며 몸부림쳤던 저에게 주신 선물들이라 여깁니다. 그리하여 우리나라의 교육을 위해 염려하고 고민하면서 우리의 교육이 새로워지도록 하는데 대안을 찾고자 노력하는 공교육의 선생님들과 대안학교 선생님들, 예비 선생님들, 교육의 동역자인 학부모님들과 함께 아낌없이 나누고자 합니다.

부족하고 허물 많고 주 3회 4시간씩 투석을 받아야만 삶을 살아갈 수 있는 연약한 저를 선택하여 주시고 이 땅의 무너지고 황폐해진 교육을 새롭게 하며 다시 회복하고자 하는 꿈을 꾸게 하면서 하나님 나라 교육 운동을 전개하는 귀한 사명을 맡겨 주신 하나님께 감사와 찬양을 올려 드립니다. 이 생명이 허락하는 동안 하나님이 붙여 주신 동역자들과 한 마음 한 뜻이 되어 하나님 나라 교육 운동을 최선을 다해서 전개해 나가겠습니다.

부족한 선생을 믿고 따라주며 사랑해 준 사랑하는 밀알두레 1기부터 15기까지의 제자들과 늘 응원해 주고 지지를 보내준 밀알두레반 학부모님들에게도 감사의 마음을 전하고 싶습니다.

어렵고 힘든 가운데에서도 늘 밝은 모습으로 함께 교육운동을 전개해 온 동역자인 밀알두레학교 선생님들과 2011년 3월 빈 손으로 나와서 어디로 가야할지 몰라 고민이 될 때 집을 담보로 대출받아가면서까지 함께 해 준 학부모님들, 사랑하는 밀알들에게 깊은 감사의 말씀을 전합니다.

하나님이 허락하신 곳에서 불철주야 다음 세대를 말씀과 기도로 양육하기 위해 눈물로 학교를 세워가는 우리 한국기독대안학교연맹의 교장 선생님들과 사무국 차영회 사무총장님이 외롭고 주저앉고 싶을 때마다 큰 힘이 되어 주셨습니다. 진심으로 감사를 드립니다.

다음 세대를 살리는 기독대안교육에 관심을 가지시고 그 누구보다도 앞장 서셔서 대안교육을 지지하고 후원해 주신 CTS기독교TV 방송국 감경철 회장님과 백승국 실장님, 서지은 과장님께도 감사의 인사를 드립니다. 앞으로 더욱 협력해서 하나님 나라 교육 운동을 잘 전개해 나가겠습니다.

바쁘신 중에도 흔쾌히 추천사를 작성해 주신 원당순복음교회 고경환 목사님, 주다산교회 권순웅 목사님, 예수길벗교회 이호훈 목사님,

밀알 두레학교 대표 교목이신 신기원 목사님, 한국기독교대안학교연맹 차영회 사무총장님께 깊은 감사의 인사를 드립니다.

넉넉지 않은 교회재정임에도 불구하고 매월마다 20만원씩 밀알두레학교를 위해 지원해 주시고 성도님들까지 학교 후원에 동참해 주시는 '모이는 교회' 최승희 목사님과 귀한 성도님들께 지면을 빌어 감사한 마음을 전합니다.

2013년 6월 22일부터 매일마다 하나님께 올려 드리는 '정기원의 기도 동역자 밴드'에 들어와서 함께 기도로 후원해 주시는 동역자님들의 덕분에 우리 밀알두레학교가 빠르게 성장하였고, 저 또한 투석을 받는 몸이지만 투석받기 전보다 더 왕성하게 활동해 올 수가 있었습니다. 감사를 드립니다.

끝으로, 저를 낳아서 길러 주신 사랑하는 부모님의 은혜를 마음에 깊이 새겨 봅니다. 일에 빠져서 남편의 자리가 어디인지, 아빠의 역할이 무엇인지 몰라서 아내와 아들에게 많은 아픔과 상처를 주었는데 그럼에도 불구하고 늘 힘이 되어 주고 기도로 응원해 준 사랑하는 아내 김은숙, 아들 태현에게 사랑하는 마음과 고마운 마음을 같이 나눕니다,

2020년 1월

왕자궁마을 밀알두레학교 교장실에서

작은 밀알로 살고 싶은 정기원

차례

교사의 기도

오, 주님 내가 교실에 들어갈 때에

나에게 힘을 주시어 유능한 교사가 되게 해 주소서
나에게 지식 이상의 지혜를 주시어
내가 준비한 지식을 아는 데 그치지 않고
나에게서 배우는 학생들의 삶의 중요성을 깨닫게 해 주소서

나에게서 그들을 설득시킬 지혜를 주시어
냉담한 그들의 얼굴이
당신께 대한 관심으로 피어나게 해 주소서
당신께 큰 관심 없는 젊은이들 가슴속에
내가 이 관심을 불러 일으켜야 되겠나이다

배반자의 쌀쌀한 얼굴도 마다 않으신
당신의 그 친절을 나에게도 주시어
가면 뒤에 숨어있는 고독한 영혼을 보게 해 주소서

나에게 당신의
그 인내를 주시어 실패해도 낙심말게 해 주소서
그들에게 당신을 전하기 위해서는
이 땅 위에 오셔서 완고한 인간들 가운데서 일하다 가신
당신을 본받아야 되겠나이다

학급경영이란?

1

학급경영이라는 말을 사전에서 찾아보면 "교육 목적에 따라 학급을 효율적으로 운영하는 일"이라고 나온다. 사전에서 의미하는 뜻을 정확하게 이해하기 위해서는 적어도 '교육목적', '학급', '효율적', '운영' 이라는 말들이 어떤 의미를 지니고 있는지 알아야 전체적인 의미들을 제대로 이해할 수 있다.

첫째, '교육목적'은 교육이념에 근거하여 교육이 실현하고자 하는 것을 포괄적으로 기술해 놓은 것이다. 예를 들어, 우리나라 교육이념과 목적은 교육기본법 제2조 교육이념의 내용에 나타나 있는 것처럼 "교육은 홍익인간(弘益人間)의 이념 아래 모든 국민으로 하여금 인격을 도야(陶冶)하고 자주적 생활능력과 민주시민으로서 필요한 자질을 갖추게 함으로써 인간다운 삶을 영위하게 하고 민주국가의 발전과 인류공영(人類共榮)의 이상을 실현하는 데에 이바지하게 함을 목적으로 한다."(교육기본법 제2조 교육 이념)라고 되어 있는데, 이를 살펴 볼 때 교육의 목적은 인격을 형성해서 사람답게 살아갈 수 있도록 돕는 것이라고 이해할 수 있다. 사람이 태어나면 외형은 사람의 형태를 띠고 있지만 지적, 신체적, 사회적, 영적의 모든 부분에 있어서 미흡하고 부족해서 사람답게 살아가기 어려운 수준이기에 이를 도와 온전한 인격체로 자라나도록 돕는 것이 교육의 진정한 목적이라 할 수 있는 것이다.

둘째, '학급'은 한 교실 안에서 같은 기간 동안 교육을 받는 학생의 집단, 또는 그 단위를 의미한다. 즉, 교실과 같은 일정한 장소에서 동시에 교육을 받기 위해 편성된 동일 학년의 학생 집단을 일컫는다.

셋째, '효율적'이라는 말은 '들인 노력에 대해 얻은 결과의 비율이 높은 것'을 뜻하는 말인데, 즉, 투입은 적게 하고, 산출은 높이는 것이 효율적이라는 말이다. 효율적이라는 말을 사용하게 되면서 경제적인 용어인 '경영'을 붙여서 학급경영이라는 말을 만들어 사용하게 된 것이다.

이 세 가지의 말의 의미를 종합해서 다시 살펴보면 학급경영은 인격을 형성해서 사람답게 살아갈 수 있도록 돕기 위한 교육 목적을 달성함에 있어 노력은 최소로 적게 하되 효과는 최고로 높게 나오도록 학급을 조직하고 운영해 나가는 것이라는 의미를 갖게 된다.

사실, 학급경영이라는 용어는 다음의 과정을 거치면서 용어가 변천해 왔다. 처음에 사용했던 것은 '학급관리'라는 말이었다. '학급관리'가 '학급운영'이라는 말로 바뀌어 사용되다가 최근에 와서는 경제적인 의미가 가미되면서 '학급경영'이라는 말로 불리게 된 것이다.

'학급관리'라고 할 때에는 교사들의 역할은 무척 수동적이었다고 생각된다. 주어진 지침이나 지시대로 해 나가는 의미가 강하다. 학급관리에서는 교사의 창조성이나 창의력, 주인의식이 별로 요구되지 않았다. 이 시기에는 교장, 교감선생님이나 교육청의 지시에 잘 따르면 훌륭한 교사로 여겨지던 그런 시기였다.

그러나 '학급운영'이라고 불리기 시작하면서 교사의 역량이나 역할, 주인의식에 대한 요구나 기대감이 증가하기 시작했다. 게다가 경제적인 용어인 "경영"이라는 말이 가미가 되면서 교육목적을 달성하기 위해 최소의 투입으로 최대의 산출이 이루어지도록 교사가 학급을 효율적으로 잘 경영해야 한다는 생각에 이르게 된 것이다. 그만큼 지시나 지침에 의해 학급을 관리하는 것에서 벗어나 학급을 기업을 경영하듯이 경영해야 한다는 의미로 발전이 된 것이다. 그만큼 교사 개개인의 판단이 중요하게 여겨지는 시기가 된 것이라 이해하면 될 것이다.

또 다른 의미의 학급경영

2

학급경영에 대해 교육학이나 사전에서 이야기 하는 개념 말고 내가 30년 동안 교사와 교장으로 지내오면서 경험을 통해 깨닫고 얻어진 것이 있다.

학급은 교사와 학생, 또래 친구들의 인격적인 만남이 이루어지는 장이라고 생각한다. 이곳에서 인격적인 관계를 맺으며 지적, 사회적, 신체적, 영적 성장이 이루어지는 것을 경험하게 되는 것이다. 이러한 성장이 제대로 이루어지도록 인적, 물적 조건을 정비하며 학급을 효율적으로 운영해 나가는 것을 학급경영이라고 한다.

그러므로 학급경영이 잘 이루어지기 위해서는 가장 중요한 것인 인격적인 만남이 이루어져야 한다. 교사와 학생 사이에, 또래 친구들 사이에 깊은 인격적인 만남이 바르게 형성되어 있다면 학급경영이 잘 이루어지고 있다고 해도 과언이 아니라고 생각한다.

만약 인격적인 만남이 제대로 이루어지지 않고 있는 학급이라면 아무리 교수법이 탁월하고, 다양한 방법으로 교수활동이 이루어지고 있다 하더라도 학급경영이 잘 이루어지고 있다고 말할 수는 없을 것이다.

그럼, '인격적인 만남이 과연 무엇일까? 어떻게 만나야 인격적인 만남이라 할 수 있는 가?'라는 질문이 생기게 된다.

예를 들어, 어떤 유명한 ○○교사가 학생들 앞에서 40분 동안 열심히 강의를 했다고 해보자. 학생들이 밖에 나가서 "오늘 내가 그 유명한 ○○선생님을 만났다."라고 말을 할 수 있다. 그러나 이 학생이 "오늘 내가 그 유명한 ○○선생님을 인격적으로 만났다."라는 말을 할 수 있을까? 아마 쉽지 않을 것이다. 만나긴 만났지만 이를 두고 '인격적인 만남을 가졌다.'라고 하기에는 뭔가 미흡하다는 생각이 들 것이다.

만약, 시간이 40분이 아니고 강의를 400시간을 들었다면 그때는 인격적인 만남이 이루어졌다고 말할 수 있을까? 그것 역시 어려울 것이다.

그 이유는 강의가 일방적으로 이루어졌기 때문이다. 교사는 일방적으로 강의하고 학생은 그저 듣기만 했기에 시간과 관계없이 이를 두고 인격적이라고 말을 할 수는 없다.

인격적인 만남이 이루어지기 위해서는 상호작용이 이루어져야 한다. 강의를 듣고 그에 대해 학생이 의견을 이야기 하고 또 다시 교사가 생각을 전하면서 서로의 생각이나 느낌을 주고 받아야 한다.

이러한 상호작용을 다른 말로 말하면 "교감"이라고 한다. 교감이 이루어질 때 인격적인 만남이 가능해지는 것이다.

몇 년 전에 유명한 영화 〈아바타〉가 상영이 된 적이 있었다. 이 영화를 보다가 우연히 영화 안에서 학급경영을 이야기 하는 것을 보았다. 너무나도 신기해서 여러 번 가서 보기도 했다.

영화 장면 중에 주인공이 아바타가 되어 말을 타려고 말 위에 올랐는데 말이 발버둥을 치니까 말에서 그만 떨어지고 말았다. 그 때 옆에 있던 다른 아바타가 "네가 저 말을 타려면 말과 교감을 맺어야 해."라고 충고를 해 주니까 주인공 아바타가 자기의 머리 끝부분을 말의 귀에 대고 교감을 맺기 시작했다.

말과의 교감이 이루어지자 주인공이 말 위에 올라타도 발버둥 치지 않고 잘 달리는 것을 보여 주었다. 영화 뒷부분에 또 유사한 장면이 나왔다. 하늘을 나는 아주 큰 새의 등에 올라타려고 할 때에도 주인공 아바타는 큰 새와 교감을 맺는 과정을 거쳐야만 했다.

이 영화를 보면서 나는 아주 중요한 것을 깨달았다.

'맞다. 교육이 바로 이런 것이다. 우리 교사들은 아이들 앞에 설 때 아주 중요한 가르침들을 들려주려고 애를 쓴다. 가르침이 중요할 때 아이들이 감동을 받고 그 가르침을 받아들일 것이라는 착각을 하는 것이다. 그러나 실제 아이들은 선생님과 자신 사이에 교감이 이루어졌는가 안 이루어졌는가에 따라 수용 여부가 결정이 되고 있는 것이다. 아바타 영화에서의 말이 교감이 이루어지지 않았을 때는 어떤 이가 올라탔던지 거부하면서 발버둥을 치다가 교감이 이루어진 순간 아무런 거부 반응을 보이지 않고 순순히 응해 준 것처럼 아이들도 선생님과 자신 사이에 교감이 이루어지면 선생님이 팥으로 메주를 쑨다고 말을 해도 믿으려 하고 교감이 이루어지지 않으면 아무리 중요하고 귀중한 가르침을 던져 줘도 한쪽 귀로 듣고 한쪽 귀로 흘려버리게 되는 것이다.'

이러한 교감의 과정은 꼭 1대 1로 이루어진다는 것을 기억해야 한다. 영화 아바타에서도 주인공이 말을 타려고 할 때 그 앞에 여러 필의 말이 있었는데 그 말들 전부하고 교감을 맺은 게 아니라 자기가 타려고 했던 말 하고만 교감을 맺은 것이다.

교감의 과정은 철저하게 1대 1로 이루어지는 것이다. 학급 당 인원이 몇 명이든지 간에 교사는 학생들과 1대 1의 상호작용인 교감의 시간을 가져 인격적인 만남이 이루어지도록 하는데 최선의 노력을 기울여야 한다.

대체로 교사들은 많은 학생들 앞에 서다가 보니까 자신도 모르게 '골고루, 평등하게'라는 생각을 자주 하게 된다. 편애하지 않고 골고루 사랑해 주려는 생각을 많이 하게 되면서 교사는 자연스럽게 1/36을 떠올리며 1대 36(학급 당 인원 수)이라는 비를 갖고 지내게 되는 것이다.

하지만 학생들은 다르다는 것을 알아야 한다.

'우리 반 전체 아이들이 36명 있으니까 나는 우리 선생님에게 사랑을 1/36만 받아도 되고 관심이나 칭찬도 1/36만 받아도 충분해.'라고 생각하면서 오는 학생은 단 한명도 없다. 오히려 '오늘은 선생님이 나를 칭찬해 주지 않을까? 오늘 나에게 관심을 가져 주지 않을까?' 하는 기대감으로 오는 것이다. 이처럼 아이들은 자연스럽게 1대 1의 비를 만들어 두고 학교에 나오고 있는 것이다.

교사는 1대 36, 학생은 1대 1의 비의 차이가 생기게 된다, 나는 학급경영이 잘 이루어지게 하려면 교사는 이 비의 차이를 어떻게 극복할 것인가 깊이 고민하면서 풀어 나가야 한다고 생각한다.

비록 36명의 학생을 담임하게 될지라도 학생 한 명 한 명과 교감을 주고 받으면서 1대 1의 인격적인 만남을 이어나갈 수 있는 방법을 찾는 것이 무척 중요하다고 하겠다.

교육이란 무엇인가?

앞장에서 학급경영의 사전적 의미를 설명하면서 "학급경영을 교육 목적에 따라 학급을 효율적으로 운영하는 일"로 정의했다.

학급경영의 의미를 더욱 분명하게 이해하기 위해 '교육이란 과연 무엇일까 생각해 보려고 한다. 교육을 알아야지 교육 목적을 논할 수 있을 테니까.

먼저 교육학에서 첫 장을 열면 제일 먼저 나오는 것이 교육에 대한 동양과 서양의 개념이다. 동양에서의 교육의 개념은 한자어로서의 교육이란 두 글자가 지니는 어원적 의미를 알아보면 그 뜻을 명확히 이해할 수가 있다.

먼저 敎(교)란 설문해자(說文解字)에 따르면 上所施下所效也(상소시하소효야)로 되어 있다. 원래 이 교(敎)자는 효(爻)와 자(子)와 복(攴)자가 결합되어 교의 의미를 갖추게 된 것이다.

교(敎)의 어원적 어미는 위에서 베풀고 아래에서는 그것을 본받는다는 것을 의미한다. 이를 한마디로 말하면 성숙자가 베푸는 지도와 편달, 격려를 미성숙자가 모방, 동경, 추종한다는 뜻이 된다.

육(育)이란 말은 養子使作善也(양자사작선야)라는 뜻을 지니고 있다. 즉, 육(育)은 그릇된 자녀를 착하게 기르는 것을 뜻하는데, 자녀를 길러서 선을 실천하도록 가르친다는 뜻이 된다.

반면, 서양에서의 교육의 개념 역시 교육이라는 단어의 어원적 의미를 살펴봄으로써 그 의미를 정확하게 이해할 수가 있다. 교육의 어원은 그리스어의 paidagogos, 라틴어의 educare, 영어의 educate에서 찾을 수 있다. 그리스어의 paidagogos는 paidos(어린이)+agogos(이끌다)의 합성어로서 어린 아이를 바람직한 방향으로 '이끈다.'라는 뜻이 된다. 라틴어의 educare는 e(밖으로)+ducare(배양한다) 합성어로서 아동의 선천적인 재능을 밖으로 끄집어 내어 배양한다는 뜻이 된다.

즉, 동양에서는 교육의 의미를 선한 행동이나 인격 완성의 의미로 보았고, 서양에서는 잠재 능력을 계발하는 것으로 교육을 이해했던 것이다.

앞에서 살펴본 것처럼 동양과 서양이 교육을 바라보는 관점은 아주 달랐다. 동양과 서양이 교육을 바라보는 관점을 달리 했기에 동양과 서양의 교육 내용이 질적으로 달라지게 되었던 것이다.

그러므로, 우리들이 교사로서 교육을 하기에 앞서 교육에 대해 어떤 관점을 가져야 하는지 분명히 할 필요가 있다. 동양과 같이 선한 행동을 길러주고 인격 완성이 되게 하는 것을 교육으로 보느냐, 서양과 같이 아이들 개개인이 갖고 있는 잠재능력을 발휘하도록 이끌어주는 것이 교육이라고 보느냐에 따라서 우리들의 교육 과정이나 내용에는 큰 차이가 생길 것이기 때문이다.

이에 대해서 나는 초등과정일 때는 동양에서 말하는 인격 형성이나 선한 행동을 길러 주는 의미에 비중을 높이고, 중고등과정에 가서는 학생들 개개인의 잠재 능력을 발휘하도록 돕는 것에 비중을 높여 나가는 것이 바람직하지 않을까 생각하고 있다.

교육에 대한 생각(1) 교육은 기다림이다

4

15년간의 공교육에서의 교사 생활을 접고, 새로운 마음으로 시작했던 대안교육 현장에서 보낸 15년의 시간들은 더 많은 것들을 배우고 깨닫게 해 준 시간들이었다.

교사는 아이들을 가르치고 깨우쳐 주며 바른 길로 인도해 주는 사람 정도로 여기며 살아왔다가 대안교육 현장에서 아이들과 함께 살다가 보니 교육에 대해 새롭게 느끼고 깨달은 것들이 많았다. 이런 경험을 통해 '교사도 아이들을 통해 배움이 일어날 수 있다'는 것을 깨닫게 되었다.

누군가 나에게 '교육을 무엇이라고 생각하는가?'라는 질문을 해 온다면 나는 적어도 4가지 정도를 답할 수 있을 것으로 생각한다. 이는 전적으로 대안교육 현장에서 아이들과의 삶 속에서 스스로 깨달은 주관적인 견해이다.

나는 교육은 '기다림이다'라고 생각한다. 아이들은 부모나 교사가 믿고 기다려 준만큼 성장한다. 사실 아이들은 무한한 발전 가능성을 지니고 있는 존재들이다. 아이의 무궁무진한 발전가능성을 믿고 인내심을 갖고 기다려 주는 것이 무엇보다 중요하다. 우리 어른들이 이를 종종 잊고 살 때가 많은 것 같다. 부모는 자녀가 비록 잘못된 선택을 할지라도 반드시 돌아올 것이라고 믿고 기다려 주며, 절대적으로 지지하고 응원해 주는 것이 부모의 역할 중의 하나라고 생각한다.

그러나 오늘날 부모나 교사들은 기다려 줄 여유가 없다. 있다면 더 많은 계획과 시도가 있을 뿐이다. 우리 아이가 다른 아이보다 뒤처지지 않을까 하는 조바심으로 더 많이 압력을 가하는 실정이다. 오늘날 부모나 교사들에게 절대적으로 필요한 것이 인내심이 아닐까?

아이들이 실패를 통해서도 더 큰 배움과 성장이 이루어질 수 있음을 잊지 말아야 한다. 아이들은 자신을 믿어 주고 지지해 주는 이들이 있을 때 책임감과 자신감이 길러지게 된다.

우리는 종종 아이들이 잘못하게 되면 꾸중하게 된다. 꾸중하면 고쳐질 것으로 믿고. 그러나 꾸중으로는 절대 변화를 가져올 수가 없다는 것을 깨달아야 한다. 사람은 절대 그 누구도 꾸중으로는 변화되지 않는다. 물론 꾸중을 했는데 그 속에서 감동이 일어났다면 변화가 생기긴 하겠지만, 꾸중을 하면서 감동을 주는 것은 정말 쉽지가 않다.

우리가 아이들을 꾸중하는 것은 '지금의 모습만 바라보기 때문에, 아이가 이렇게 커서는 사람 구실을 할 수 없을 것이라는 생각 때문에' 쉽게 꾸중이라는 것을 선택하게 되는 것이다.

꾸중할 때에 현재의 모습만을 보지 말고 앞으로 10~20년 후 변화되어 있을 아이들의 모습을 한번 마음속에 그려 보면 좋겠다. 변화될 아이에게 어떤 것이 가장 필요할까 칭찬과 격려일까 꾸중과 벌일까를 생각해 보고서 결정하는 것이 낫지 않을까 생각한다.

1990년 교사로 첫 발령을 받았을 때, 아이들에게 20년 후에 만나자고 약속을 했었다. 20년 후에는 모두들 어른이 되어있을 테니까 함께 만나서 어떻게 성장했고, 어떻게 한 알의 밀알처럼 살고 있는지 삶을 나누자고 이야기 했더니 아이들이 흥미 있게 얘기를 듣고는 이렇게 말을 주고받았다.

"선생님! 그런데 20년 후 언제 어디에서 만나지요?"

"응, 너희들이 잘 기억하기 쉽도록 날짜를 정해 줄게. 20년 후면 2010년이 되니까 10월 10일 오전 10시로 하면 좋겠다. 그럼 다들 쉽게 기억할 수 있겠지?"

"그럼 장소는 요?"

"장소는 내가 근무하고 있는 곳으로 하자."

"그곳이 어디인데요?"

"그건, 나도 몰라. 너희들이 수소문해서 찾아와야지."

"……."

이런 대화를 나누고서 시간이 훌쩍 흘러서 2010년 10월 10일 오전 8시, 내가 일본 자매학교인 동경 와코소학교를 방문하고 있을 때, 20년 전 지도했던 제자 중의 한 명이 갑자기 전화를 해 온 것이다.

"선생님! 어디로 갈까요?"

"아니, 어디로 가긴. 갑자기 무슨 말이냐?"

"아니, 20년 후에 만나자고 하시더니 그 날이 오늘이잖아요. 혹시 그 약속을 잊으셨던 거에요? 그 날이 오길 얼마나 기다렸는데요."

"아니, 그 날을 기억하긴 하지. 하지만, 설마 너희들이 그 날을 기억하고 있을까 했지. 정말 그 날을 기억하고 기다렸다니 정말 반갑구나 그런데 지금 내가 동경에 나와 있으니까 여기로 오긴 어려울 거구. 내가 들어간 날 저녁 때 보자."

한국으로 들어와서 약속한 날짜에 식당으로 나갔더니 제자들이 8명이나 모여 있었다. 전화를 했던 그 아이가 다른 친구들까지 불러 모았다. 다들 어찌나 멋있게 성장해 있었던지 아이들 얼굴을 바라보는 것만으로도 너무나도 뿌듯하고 기뻤다.

아이들이 갑자기 저녁을 시켜 먹더니 맥주를 주문하는 것이었다. 그래서 깜짝 놀라서 나도 모르게 "얘들아! 너희들 맥주 마셔도 되니?"라고 물었더니, "아니, 선생님! 우리가 서른 둘이에요."라는 대답이 돌아왔다.

내가 늘 사이다와 콜라, 떡볶이를 사 주던 아이들이라고만 생각했었던 것이다. 그 사이에 20년이 지난 것을 깜빡 잊고 있었다.

아이들은 자연스럽게 20년 전의 이야기로 거슬러 올라갔다. 한 30여분 이야기를 들었는데 계속 내가 체벌했던 얘기랑 누가 누구와 싸워서 우리 반 전체가 허수아비 모양으로 양팔을 벌리고 서서 단체로 벌을 받았던 얘기 등을 나누었다. 그래서 그 말들을 듣다가 이렇게 물었다.

"얘들아! 그런 얘기 말고 내 말이 너희에게 영향을 줘서 너희 인생이 달라졌다거나 내 말이 너희에게 크게 영향을 준 그런 것은 없니?

그랬더니 아이들이 잠시 생각해 보더니 이랬다.

"글쎄요. 별로 없는데요."

"……."

이 말을 들으면서 '나는 왜 그렇게도 초임 교사 시절에 아이들을 꾸중을 많이 했을까? 이렇게 아이들이 멋있게 성장해서 올 줄 알았다면 더 많이 칭찬해 주고 격려해 주었을텐데…….'

기다림이 중요한 이유가 더 있다. 사실, 간만큼 돌아오는데 시간이 걸리는 것처럼 아이들이 학교 가기를 힘들어 했던 만큼 학교를 좋아하고 학교 가는 것을 행복하게 여기려면 회복의 시간이 필요함을 잊지 말아야 한다. 다만. 부모와 선생님이 한 마음이 되어 함께 노력하면 기다림의 시간을 줄여나갈 수가 있다. 그러나 그 기다림을 아주 없게는 할 수가 없다.

나는 아이들과의 만남을 통해 '교육은 기다림'임을 날마다 느끼고 있다.

교육에 대한 생각(2) 교육은 이해(understand)다

5

교실에서 아이들과 지내다 보면 교사의 지시에 잘 따르지 않는 아이들과 말썽을 피우는 아이들이 종종 있다. 선생님들은 이런 아이들을 만나면 어떻게 해야 하나 정말 고민을 많이 한다.

나도 당연히 그런 아이들을 많이 만났다. 매년마다 서너 명 이상 그런 아이들이 교실에 늘 존재했었다. 그 아이들을 어떻게 지도했는지를 이야기 하려면 먼저, 교육에 대해 내가 어떻게 생각하게 되었는지 두 번째 이야기를 들려주면 충분히 이해가 될 것이다.

나는 두 번째로 교육은 '이해(understand)다'라고 여기고 있다. 교육은 아이들이 처한 상황과 입장, 처지에 대해 정확하게 아는 것에서부터 시작한다고 생각한다.

아이들이 교실에서 보여주는 행동에는 반드시 그 원인이 있다. 그런데 우리 교사들이 실수하기 쉬운 것은 아이들을 동일한 선상에서 바라보거나 일반화된 기준에서 아이들을 이해한다는 것이다.

그러다가 보니 자주 꾸짖고 그래도 안 되면 교실에서 벌을 주게 된다. 그러나 이런 방법은 절대 근본적인 해결책이 되지 않는다.

진정으로 그런 아이들을 돕거나 고쳐 주고자 하는 마음이 있다면 먼저 아이들이 처한 환경이나 가정형편 등을 살펴봐야 한다. 부적응이나 과잉행동을 하는 아이들의 경우 대부분 성장 과정의 경험이나 가정 형편 등에서 그 원인을 찾을 수가 있다.

그런데 학부모님들이 기록해 주는 가정환경 조사서를 너무 믿으면 안 된다. 거짓말로 기재하는 경우가 많기 때문이다. 그것보다는 직접 만나서 상담을 하거나 지난해에 지도한 담임 선생님들을 찾아가서 정보를 얻는 것이 중요하다.

대체로 선생님들은 지난해에 지도한 담임을 찾아가서 묻는 것을 꺼려하는 경향이 있다. 아이에 대해 선입견을 갖게 될까봐 염려하거나 다른 선생님을 찾아가는 것에 대해 자존심 상한다고 여기거나 자신이 뭔가 부족해서 아이의 지도상에 이런 문제가 생긴 것으로 여기기 때문에 쉽게 마음을 열지 못하는 것이다.

그러나 이런 생각은 과감하게 떨쳐 버려야 한다. 교육은 혼자만의 힘으로는 절대 불가능하다. 여러 선생님들과 학부모의 도움을 받아서 한 해 동안 최선을 다하고 그 다음해에는 새로운 선생님께 믿고 맡기는 마음가짐을 가져야 한다.

또한, 교사들은 많은 아이들을 지도하다가 보니 대체로 겉으로 드러난 모습에 대해 관심을 갖게 된다. 아이가 누군가를 때리거나 거친 언어를 사용하면서 친구를 놀릴 때, 수업 중에 자세를 바르게 하지 않고 산만하거나 수업을 방해하는 아이들을 볼 때 우리는 그런 아이들을 붙잡고 그런 행동은 나쁜 것이니까 그런 행동을 하지 말라고만 한다. 이를 우리들은 흔히 교사의 지도라고 말한다.

그러나 실제 아이들이 교실에서 그렇게 행동하는 데에는 그럴만한 숨겨진 이유가 있다. 가정이나 교우관계, 교사와의 관계 등 어떤 부분이 원인이 되어 그런 행동이 일어나게 되었는지 자세히 살펴보고 그 원인을 제거하는 노력을 해야한다. 그렇게 하지 않고 겉으로 드러나는 부분만 하지 못하게 막으면 원인은 계속 만들어지기 때문에 내적으로 더 심각한 문제를 만들어 내게 되는 것이다. 즉, 원인을 살피지 않고 겉으로 드러난 부분을 놓고 지도를 한다면 차라리 지도하지 않은 것만도 못한 결과를 초래할 수도 있다. 그럼에도 불구하고 대부분은 자신이 열심히 지도한 것에 의미를 두고 결과는 학생의 탓이나 환경 탓으로 돌리고 마는 경우가 많은 것 같다.

초임 발령 3년 차 때 만난 한 아이 때문에 교육이 '이해(understand)'임을 깊이 깨달은 적이 있었다.

3월 2일, 6학년을 담임하게 되었는데, 새 학기 개학을 한 첫날부터 지각을 한 여자 아이가 있었다. 첫 날부터 꾸중을 하면 안 될 것 같아서 아주 친절한 목소리로 왜 지각을 했느냐고 물었더니 "선생님! 늦잠 잤어요. 죄송해요."라고 모기 소리 만하게 대답을 했다.

그래서 아주 부드럽게 내일은 지각하지 말고 일찍 오라고 말을 해 주었다. 그렇게 하면 감동을 받아 일찍 일어나려고 노력하리라는 기대감 때문이었다. 그러나, 그 다음 날도 수업을 시작하고서 10분이 지난 시점에 지민이(가명)가 문을 열고 들어왔다.

"지민아! 오늘은 왜 늦었니?"라고 물었더니 "선생님! 늦잠 잤어요. 죄송해요."라고 말하는 것이었다. 그래서 어제는 감동이 약했나 싶어서 더 친절하고 부드럽게 말을 해 주었다. 늦잠 자지 말고 지각하지 말라고.

그러나 그 다음 날도 지민이는 10여분 지각을 했다. 이유는 동일했다. 늦잠을 잤다는 것이었다. 그래서 가정환경 조사서를 펼쳐 보았다. 학교에서 2분이면 올 거리에 집이 있었다. 순간 '이 아이는 문제가 있구나. 남겨서 특별히 지도해야겠다.'는 생각이 들어서 수업이 끝난 후에 남으라고 했다. 방과 후에 지민이를 붙들고 30여분 설교를 하기 시작했다.

"아침에 일찍 일어난 새가 먹이도 먼저 먹는다고 하는데, 넌 이렇게 살아서 어떻게 하니? 도대체 몇 시에 자고 몇 시에 일어나는 거니? 새 학기 첫날부터 이렇게 매일 지각을 하지? 안 되겠다. 내가 네가 일찍 일어나고 일찍 잠자도록 도와 주어야겠구나. 이제부터 알림장에 매일 일어나는 시각과 잠자는 시각을 적어 오렴."

이렇게 말해 주면서 마지막으로 덧붙여 말을 했다.

"김유신 장군이 말 목을 자르면서 결단했던 것처럼 너도 지각하지 않고 부지런하게 삶을 살겠다고 결단을 해라. 김유신 장군이 젊은 시절 기생집을 찾아다니면 술만 먹고 놀다가 하루는 어머니에게 꾸중을 듣고 결심을 하게 되었지. 다시는 기생집에 출입하지 않겠노라고. 그런데 어느 날, 술을 많이 먹고 말을 타고 집으로 돌아오다가 말 위에서 꾸벅꾸벅 졸게 되었는데 말은 늘 주인이 술만 먹으면 기생집으로 갔으니까 기생집으로 김유신 장군을 데리고 갔던 거야. 아침에 일어나서 자신이 기생집에서 잠을 잔 것을 알고는 엄마와의 약속을 못 지켰다는 마음에서 화가 나서 자신의 말의 목을 칼로 치고 말았던 거지. 그러면서 결단을 했기에 삼국통일을 이루는 위대한 장군이 될 수 있었다는 말이 전해 오는구나. 김유신 장군이 어찌 말의 목을 친 것 때문에 위대한 장군이 되었겠니? 자신이 잘못한 것을 자신의 말에게 책임을 지우고 말의 목을 친 것이 뒤늦게 후회가 되면서 자책을 하게 되었지. 어쩌면 그 자책 때문에 더 공부를 열심히 하지 않았을까? 너도 내일부터는 마음을 새롭게 하고 열심히 생활해 주길 바래. 오늘을 결단의 날로 잡아보자."

이 말이 지민이에게 큰 감동을 주었으리라 믿고 다음날 기대하며 출근했는데 아니나 다를까 이 날도 또 지각을 했다. 이유도 4일 동안 동일했다. 그래서 '아! 지민이는 나를 이용하고 있구나. 내가 10분 늦는 것을 부드럽게 말해 주면서 지각하지 말라고 하니까 이를 가볍게 여기는 구나'라고 생각이 되었다. 그래서 이번에는 아주 강한 톤으로 말을 했다. 지각하지 말라고. 그러나, 그 다음날도 지민이는 동일하게 늦었다. 이유도 똑 같았다.

지민이의 얼굴을 보는 순간 '이건 교권에 대한 분명한 도전이다. 이 아이를 그냥 내버려 두면 심각한 문제가 생긴다. 다른 아이들 지도에도 문제가 생긴다.' 이런 생각이 들면서 그때부터 꾸중을 하기 시작했다.

그러나 아무리 꾸중을 해도 지민이는 계속 지각을 했다. 한 달 가까이 지났을 때 체벌하는 것 빼고는 말로 하는 것은 다 해 본 것 같았다. 그래도 변함없이 지각을 일삼았다. 나중에는 교사로서 자존심이 무척이나 상함을 느꼈다. 꾸중을 했을 때 꾸중이 먹히지 않으니까 오히려 다른 학생들 앞에서 교사로서의 자존심이 상하는 듯 했다. 혹시나 전학을 안 가나 기대도 해 보았지만, 전학을 갈 기미는 전혀 보이지 않았다.

그래서 생각해 낸 것이 지민이가 들어올 시각이 되었을 때부터 판서를 하기 시작했다. 그러면 얼굴을 안 봐도 되고 뭐라고 말을 하지 않아도 될테니까. 이렇게 하기를 세 달이나 지났을 때였다. 5월 중간고사가 끝나고 난 후에, 우리 반에서 큰 사건이 벌어지고 나서야 이 문제가 풀렸다.

5월 중순에, 중간고사를 봤는데 우리 반 평균이 6학년 전체 9개 학급 중에서 꼴찌를 한 것이었다. 그 당시엔 왜 중간고사를 끝낸 후 반별 석차를 냈는지 알 수 없지만 하여튼 우리 반이 꼴찌를 했다는 것 때문에 그냥 자존심이 상했다.

'왜, 우리 반이 꼴지를 했지? 평소 공부하다가 잘 모르는 듯한 아이가 있으면 찾아가서 오늘 남으라고 한 후에, 열심히 나머지 공부를 4, 5시까지 해줬는데. 1등은 못하더라도 중간은 가야지….'

이런 생각을 하면서 1등인 반을 확인했는데 이해가 되지 않았다. 그 당시 주임 선생님(지금의 부장님)의 반이 1등을 한 것이었다. 그리고 선생님들의 경력 순으로 반 석차가 나온 거 같았다. 주임 선생님 반이 1등을 한 것을 보고 갑자기 화가 났다. 왜냐하면 그 당시 주임 선생님은 학교의 일을 한다고 수업을 거의 하지 않았다. 특히 그 주임 선생님은 유난히 심했다. 내가 옆 반이어서 잘 아는데 매일 내가 조용히 시키러 갔었다. 그때마다 아이들은 자습을 하고 있었다.

'아이들은 자습을 시켜야 하나? 나머지 공부 시킨 아이들은 꼴찌를 하고, 자습을 시킨 아이들은 1등을 하고. 이게 무슨 조화냐?'

교수법에 심각한 회의가 생기기 시작했다. 갑자기 아이들에게 이렇게 말했다.

"3월의 진단평가 결과보다 이번 중간고사에서 자기 성적이 내려간 사람들 다 나와라."

그랬더니 여자 아이들 몇몇 빼고는 다 나오는 것이었다. 그래서 남자 앞에 서라고 했더니 쭉 한 줄로 서는데 여자 아이들은 교실 구석까지 서 있었다.

그런 후에 남자 아이들보고 종아리를 걷으라고 말 했다. 어쩜 이렇게도 공부를 안 했느냐고 말 하면서 남자 아이들 한 명, 한 명에게 종아리를 5대씩 때리기 시작했었다. 지금 생각해 보면 무척이나 한심한 짓이다. 아이들 성적 내려갔다고 교사가 체벌을 하면 되겠는가? 초임 교사 때는 내가 생각해도 무척이나 철이 없고 생각이 부족했었다.

남자 아이들이 다 맞은 후, 여자 아이들이 맞아야 할 때에 여자 아이들은 들어가라고 말을 했다. 그랬더니 매 맞고 아파서 울던 남자 아이들의 눈이 휘둥그렇게 되더니 "선생님! 저 여자 아이들은 왜 안 때려요?"라면서 강력하게 이의를 제기해 왔다. 그래서 3월의 약속을 언급하면서 설명을 해 주었다.

내가 3월에 아이들과 첫 만남의 시간에 약속을 하기를 가능하면 체벌을 하지 않을텐데 만약 부득이한 사정으로 체벌을 하게 될 때 남자 아이들은 체벌하지만 여자 아이들은 하지 않겠다고 했었다.

그랬더니 여자 아이들이 웃으면서 "선생님! 우리들은 왜 체벌을 안 하세요?"라고 물어 와서 이렇게 대답했다.

"선생님이 남자 선생님이라서 그래요. 만약 여자 선생님이라면 남자, 여자 가리지 않고 똑같이 대해 줄텐데. 내가 남자 선생님이라서 여자 아이들은 안 때리는 거에요."라고 말을 했더니 남자 아이들이 이구동성으로 "선생님! 그건 말도 안 되는 논리입니다. 무슨 그런 논리가 다 있습니까?"라고 남자 아이들의 항의가 빗발쳤었다. 그래서 이유를 잘 설명해 주었다.

"이유가 분명히 있답니다. 선생님이 여러분 동네에서 3년 동안 자취를 해오고 있어요. 그런데 밤마다 잠을 자려고 누우면 여기저기서 부부 싸움하는 소리가 들린답니다. 사람이 살다가 보면 싸울 수도 있지 라고 생각했다가 마지막에 우는 소리가 나고 깨지는 소리가 나면 마음이 무척이나 아프더라구요. 저 집은 학부모 집인데 내가 말리러 가야 하나 갈등한 적도 많았지요. 그러다가 깨달았답니다. 우리 아이들이 이런 환경에서 자라니까 우리 반 남자 아이들이 여자 아이들에게 함부로 대하는구나 싶었지요. 여러분들이 삶 속에서 이를 몸으로 보고 배워서 그런 줄 알고 나도 몸으로 가르쳐 주려는 목표를 세웠답니다. 남자는 이유 불문하고 여자에게 신사적이어야지. 소리를 지른다거나 폭력을 행사하는 것은 바람직하지 않거든요. 그래서 몸으로 가르쳐 주려고 여자 아이들은 체벌을 안하려고 생각했답니다. 이제 이해가 가나요?"

그 당시에는 잘 이해가 되었던 아이들이 현실로 일어나니까 잘 이해가 안 되는지 남자 아이들이 이구동성으로 이의를 제기했던 것이다. 3월의 약속을 둘러대면서 급히 마무리를 했다. 그러고 나서 울고 있는 남자 아이들 얼굴을 보니 갑자기 미안한 생각이 밀려왔다.

'내가 어디 때릴 때 있다고 이런 어린 아이들에게 회초리를 들었단 말인가? 게다가 성적이 내려간 것이 어찌 이 아이들 탓만 있는가? 가르친 교사에게는 잘못이 없는가? 지나가는 아저씨에게 우리 아이들을 지도하라고 하면 회초리부터 들고 시작할텐데 그 아저씨랑 나랑은 무슨 차이가 있는 것일까? 나는 그래도 교대에 다니면서 교육학 책이라도 몇 권 읽었는데….'

이런 생각에 미치자 갑자기 너무나도 미안한 생각이 들었다. 그래서 아이들에게 이렇게 말을 했다.

"여러분! 정말 미안합니다. 여러분 성적 내려간 것이 어찌 여러분 탓이겠어요? 가르친 선생님의 탓이지. 내가 잘못 가르쳐 놓고 괜히 책임을 여러분들에게 물었네요. 남자 친구들이 양쪽 종아리에 5대씩 맞았지요? 나도 내 행동에 책임을 진다는 의미에서 종아리를 양쪽에 5대씩 총 10대를 때릴게요."

그리고, 들고 있던 회초리를 내 종아리를 향해 있는 힘껏 내리쳤다. 나의 말을 듣고 있던 아이들은 이게 무슨 말인가 하는 듯 바라보더니 내가 종아리를 한 대 때리니까 갑자기 숙연해지기 시작했다.

그런데, 한 대 힘껏 때리고 나니 종아리가 너무나도 아팠다. 갑자기 후회가 밀려왔다.

'나는 말이 앞서는 게 탈이다. 한 대 때리고 아프면 더 이상 안 때리면 되는데 괜히 10대 때린다고 선포해 놓았으니 이를 어쩐다? 살살 때리자니 저 녀석들이 자기들끼리 얘기하면서 선생님이 많이 아프셨나봐. 나중에 살살 때리는 걸 보니 라면서 비웃을 것 같고, 안 때리자니 이미 9대 남은 것을 아이들이 알고 있으니… 이를 어쩌나?'

고민하다가 어쩔 수 없이 힘껏 종아리를 때리고 나니 몸도 아프고 마음도 아팠다. 그래서 처음으로 아이들에게 자습을 하라고 하면서 책상에 엎드려 있었다. 그랬더니 교실이 갑자기 쥐 죽은 듯이 조용해졌다. 하기야 선생님이 자기 종아리를 때리고 나서 아프다고 책상에 엎드려 있는데 과연 교실에서 누가 소리 내어 이야기 할 수 있겠는가?

한참 시간이 흘렀을까 갑자기 벨이 울렸다. 점심시간을 알리는 종소리였다. 그러자 그때까지 조용히 침묵을 지키고 있던 아이들이 수군거리기 시작했다. 아이들에게는 밥 먹는 게 너무나도 중요한데 나는 몸도 아프고 마음도 아프니 밥을 먹고 싶지도 않았다. 그래서 그냥 가만히 있었더니 아이들이 뭔가 수군거리더니 회장이 등 떠밀려 나와서 이렇게 말하는 것이었다.

"선생님! 점심시간인데 어떻게 해요?"

"너희들끼리 먹어!"

사실 난 지금 괴로워서 밥을 먹고 싶은 심정이 아니어서 그렇게 말을 했다. 그러면 아이들이 6학년이니까 '아닙니다. 선생님! 선생님도 같이 드시지요? 선생님이 안 드시면 우리도 안 먹겠습니다.'라고 말을 할 줄 알았다.

그런데 회장이 "우리끼리 먹으래!"라고 말하니까 언제 매 맞고 울었냐는 듯이 왁자지껄 떠들면서 도시락을 펼쳐서 밥을 먹고 있는 것이었다.

'너희들은 지금 이 상황에 밥이 넘어 가기라도 하냐? 내가 너희들을 데리고 1년을 살아야 하나?'

속으로 한탄하면서 그냥 엎드려 있었다. 내 마음을 몰라주는 아이들이 얼굴도 보기 싫을 정도로 섭섭했다.

그러자, 도시락을 먹은 아이들이 하나 둘씩 운동장으로 나가 놀기 시작했다. 아무도 나에게 관심을 두지 않고 있었다. 순간 내가 일어나야 할 타이밍이 없어졌다는 생각이 들었다. 아무도 나에게 관심을 두지 않고 있는데 슬쩍 일어나서 "밥은 먹었냐?"라는 말을 하기도 그렇고. 아이들이 아직은 어리지만 뭔가 겸연쩍다는 생각이 들었다. 아주 난감했다. 이리저리 생각해봐도 딱히 다른 방법이 없었다. 그래서 그냥 그렇게 가만히 엎드려 있었다.

한참 시간이 흘렀을까, 갑자기 남자 아이들 몇 명이 교실로 뛰어 들어오면서 다급하게 나를 찾았다.

"선생님! 큰 일 났어요. 우리 반 복도 끝에서 우리 반 여자 아이들이 이상한 짓해요."

그래서 얼른 일어나 다 데리고 오라고 했다. 여자 아이들 열대여섯 명이 불려 들어왔다.

"너희들은 저 복도 끝에서 무슨 짓을 했니?"라고 물었더니 여자 아이들의 대답이 아주 감동적이었다. 선생님이 우리들 때문에 자기 종아리를 때리고 저렇게 슬퍼하고 있는데 우리도 가만히 있으면 안 된다는 생각이 들어서 각자 자기 종아리 열대씩 때리고 있었다는 것이다. 이 얼마나 감동적인 일인가! 가슴이 뭉클해서 거의 울뻔 했다. 감동, 감화가 일어나면 마음의 문이 열리고 교육적 사건이 벌어지게 된다.

"얘들아! 정말 고맙구나. 내 마음을 너희들은 알아주는구나. 저 남자 녀석들은 공차기에 급급해 있는데. 우리 앞으로 정말 잘 해보자구나."

이 말에 여자 아이들은 눈물 콧물을 흘리며 거의 감동의 도가니를 연출하였다. 그때 3개월 동안 지각하던 지민이도 분위기에 편성을 한 것인지 그 무리들 속에 끼어 있었다. 그러고 2일이 지났을까 지민이가 수업이 끝나자 상담하자며 나를 찾아왔다. 자리에 앉자마자 한참을 울더니 첫 마디가 이랬다.

"선생님! 저 어디서 오는지 아세요?"

"어디서 오기는 너희 집에서 오는 게 아니냐?"

자기 집은 맞지만 선생님이 알고 있는 집이 아니라고 했다. 자기는 미금시에서 온다는 말을 하는 것이었다. 미금시는 지금의 남양주시에 편입되어 있다. 그때 근무하고 있던 학교가 서울의 성북구에 있는 한성대학교 옆 서울삼선초등학교였는데, 삼선교에서 미금시까지는 무척이나 거리가 먼 곳이었다. 그래서 그게 무슨 말인가 싶어 찬찬히 물어봤더니 요지는 이랬다.

엄마가 1학년 때쯤 넘어지시면서 척추를 다쳤는데 목 이하의 뼈가 부러져서 하반신이 마비가 되었다고 했다. 아빠는 엄마를 치료하려고 이 병원 저 병원 다니면서 노력해 봤지만 낫지 않으니까 엄마를 보호자 없는 사람으로 만들어서 보라매 병원에 보내 놓고 새 엄마를 맞이해서 살고 있다는 것이었다. 새 엄마와 아빠는 선생님이 알고 있는 집에서 지내고, 자기는 새 엄마가 데리고 온 언니와 여동생이랑 같이 미금시에서 살고 있다는 것이다.

세상에 어찌 이런 일이 있나 싶었다. 그래서 얼른 주소를 받아 놓고 먼저 집으로 가 있으라고 했다. 내가 5시에 직원회의가 끝나는 대로 주소를 보고 찾아갈 거라고 하면서.

학교 앞에서 마을버스를 타고 성북구청 앞에서 시내버스로 갈아탄 후에, 청량리에 가서 미금시 가는 시외버스를 탔다. 한참을 달려 미금시에 내린 후 또 다시 마을버스를 탔다. 초행길인데다가 퇴근시각이랑 겹쳐서 거의 저녁 8시가 되어서야 지민이네 집에 도착을 했었다.

그러나 나는 지민이네 집에 들어갈 수가 없었다. 3개월 가까운 시간 동안 교권에 대해 도전하는 아이라 여기며 미워하고 말로 꾸중하며 아예 아는 척도 안 하며 무시했던 지난날의 내 모습이 스쳐 지나가면서 '나는 교사 하면 안 된다. 집안의 말 못할 비밀을 혼자 안고 살아가기에도 버거운 나이인데 자세히 알아보지도 않고 늦잠 잤다는 아이 말만 믿고서 교권에 대한 도전으로 여겼으니 나는 교사하면 안 돼'라는 생각이 들면서 창피하기도 하고 미안한 마음에 차마 문을 열고 지민이의 이름을 부를 용기가 나지 않았다. 한참 동안이나 대문 앞에 서서 서성거렸더니 옆 집 아줌마가 나를 이상하게 여기며, "아저씨! 누구세요?"라고 물었다.

"네. 저는 이 집 둘째 아이 지민이의 초등학교 담임입니다."라고 소개를 했더니 나를 자기 집으로 데려 가서는 신신당부를 했다.

"선생님! 제발 부탁합니다. 이 아이들을 먼 친척집이라도 수소문해서 안전한 곳으로 좀 보내주세요. 아이들끼리만 살아가는 것을 지켜보자니 걱정이 많이 됩니다. 특히 이 집 첫째 아이가 질이 안 좋아서 저녁에 남자 아이들이 들락거리는데 이를 어떻게 봅니까?"

그래서 당장 먼 친척집이라도 수소문해 보겠다고 약속을 하고 그 아이를 겨우 만나본 후에 집으로 돌아왔다.

그 다음 날이었다. 역시 그 날도 지민이는 지각을 했다. 그런데 다른 날 같았으면 지민이가 들어올 시점이 되면 뒤돌아서서 판서나 하고 있었어야 하는데 그 날은 내가 지민이가 들어오는 것을 쳐다보면서 이렇게 말을 했다.

"왜 이리 일찍 왔니? 새벽에 들판 길을 걸어오다가 사고라고 나면 어떻게 하니? 1교시 수업이 다 끝나고 와도 좋으니까 천천히 와라."

전학 가기만을 바라며 미워하는 마음으로 아이를 바라보던 내 마음에 변화가 느껴졌다. 지민이의 상황에는 여전히 변화가 없었지만 지민이를 바라보는 내 마음이 달라지기 시작했다. 너무나도 불쌍한 마음으로 바라보고 있었다. 그날부터 아빠랑 새 엄마도 만나고, 친엄마 병원에 찾아가서 이야기를 나눠 보기도 했다. 담임으로 관여하기 힘든 집안 문제에까지 깊숙이 개입을 하기 시작했었다. 너무나도 불쌍한 마음으로 지민이의 문제를 도와주다가 나도 모르게 내가 지민이를 사랑하고 있다는 것을 알게 되었다.

우리들은 흔히들 교육은 '사랑이다'라고 말을 한다. 그러나 나는 이 말 앞에 교육은 '이해다'라는 말이 먼저 와야 한다고 생각한다. 아이의 처한 상황이나 입장에 대해 정확하게 이해를 하게 되면 사랑은 뒤따라오는 것이다.

그 다음 날, 내가 언제부터 이런 일이 있었는지 물어 보았다. 5학년 2학기부터라고 했다. 그래서 작년 선생님은 이런 내용을 알고 계셨느냐고 물었더니 고개를 흔들며 말을 안 했다고 했다.

"그렇다면 작년에도 꾸중을 많이 들었겠네?"

"선생님만큼 했어요"라고 대답을 했다. 너무나도 미안해서 대신 사과를 했다.

"아마 작년에 선생님도 몰라서 그랬을 거야. 알았다면 어떻게 꾸중을 했겠냐? 내가 대신 사과할게. 네가 용서해라."

나는 공교육에서 교사로 근무할 때 15년 동안 627명을 담임했다. 지금도 이 글을 쓰면서 생각해 보는 것은 '과연 내가 정확하게 원인을 잘 모르고 잘못 꾸중을 한 아이가 지민이 한 명뿐이었을까? 내가 얼마나 많은 아이들을 꾸중했었는데….'

이 생각을 하면 아이들에게 너무나도 미안하고 가슴이 아프다.

또 하나의 가슴 아팠던 기억이 더 생각난다. 밀알 11기를 담임 할 때 만났던 현수(가명)라는 아이는 어머니와의 솔직한 상담이 없었더라면 결코 좋아질 수 없었던 아이였다.

현수를 처음 만났던 3월에는 현수로 인해 교실이 조용할 날이 없었다. 툭하면 때리고 부수고 너무나도 거칠고 난폭한 행동에 여자 아이들은 현수를 무서워하기까지 했었다.

어느 날, 종례를 마치고 교실로 들어오는데 교실에서 고함지르고 우는 소리가 복도까지 들려왔다. 무슨 일인가 싶어서 뛰어 올라갔더니 교실에서 현수가 고함을 지르면서 의자를 집어 들고 씩씩 거리면서 서 있었고, 여자 아이들 다섯 명이 모두 무릎을 꿇고 빌고 있었다.

"이게 무슨 짓이야!" 하는 내 소리에 놀라서 모두가 멈칫 했다. '이젠 죽었구나' 하는 눈빛의 여자 아이들은 숨소리조차 제대로 내지 않고 있었다. 그러나 현수는 아직도 분이 덜 풀렸는지 "씩씩"거리고 있었다.

"도대체 교실에서 무슨 일이 있었어? 어서 말해봐."

화난 내 목소리에 여자 아이들 중의 하나가 기어 들어가는 목소리로 말했다.

"우리가 장난치다가 잠시 현수를 놀렸는데 현수가 다 죽여 버린다고 하면서 갑자기 의자도 집어던지고 카트 칼도 던져서 너무 무서워서 용서를 빌었던 거예요"

이 말을 듣는 순간 눈이 뒤집힐 것 같았다. 현수가 휘두르는 폭력에 무서워서 새파랗게 질린 여자 아이들이 벌벌 떠는 모습이 생각나서 도저히 그냥 용서해 줄 수가 없었다.

"어디 이런 녀석이 다 있어! 현수는 이리 따라와! 네가 깡패야?"라고 소리 친 후, 교사 휴게실로 데리고 갔다.

그런 후에, "현수 너! 지금부터 똑바로 말해. 아까 그 여자 아이들 말이 맞니?" 했더니, "네!"라고 말을 하였다. 그 순간 화가 머리끝까지 났다.

지금 생각해 보면 교사는 이런 상황에서 늘 주의를 해야 한다. 절대 흥분하면 안 된다. 그러면 종종 실수를 하게 된다. 이런 때 일수록 더 이성적으로 판단하고 행동하지 않으면 정말 큰 문제가 생긴다. 감정적으로 아이들을 대하거나 흥분이 된 상태에서 아이들을 지도해서는 안 된다.

하지만 나는 그때는 그렇게 이성적으로 대하지 못했다. 너무나도 흥분한 나머지 "현수! 너 엎드려. 그리고 네가 얼마나 잘못했는지 오늘 깨달아야 해. 너는 그동안 때리기만 하고 맞아보진 않아서 맞는 사람의 고통을 모르고 있어. 너도 맞아봐야 알지." 하면서 엉덩이를 빗자루로 세게 때렸다. 아마 열대쯤 때렸을까? 그 동안 묵묵히 맞기만 하던 현수가 무릎을 꿇고 빌면서 "선생님! 한번만 봐 주세요. 다시는 안 그럴 게요. 다시는 폭력을 휘두르지 않을게요." 하며 엉엉 울었다.

현수의 우는 모습에 내 마음도 너무나 아프고 속상해서 빗자루를 집어던지면서 일어서라고 했다. 체벌은 또 다른 폭력을 낳는다는데…. 그런 후, "현수야! 선생님은 오늘 정말 속상하단다. 다시는 이런 행동이 없기를 바래. 교실로 가 있어."라고 말했더니 인사를 하고, 교실로 다리를 절룩거리며 걸어가는 현수의 모습을 바라보는데 올라오는 속상한 마음 때문에 어찌할 바를 몰랐다.

이런 일이 있고 난 후, 현수의 행동이 달라질 줄 알았다. 그러나

4월이 가기 전에 이런 난폭한 행동들이 여러 번 있었다. 이런 일을 겪으면서 '현수는 체벌로는 고칠 수 없는 아이야. 분명 어렸을 때 뭔가 일이 있었을 거야. 어머니와 한번 상담을 해보는 수밖에.'라는 결론에 이르렀다.

그래서 현수 어머니에게 학교로 오도록 해서 3월초부터 있었던 일을 전부 말씀드렸다.

"어머니! 솔직하게 말씀해 주세요. 현수는 제가 알지 못하는 어린 시절의 경험이나 가정 형편으로 인해 그런 행동을 한다고 생각합니다. 솔직하게 말씀해 주셔야 지도에 도움이 됩니다."

현수 어머니는 눈물을 보이며 이렇게 말했다.

"선생님! 죄송합니다. 하지만 제가 선생님께 현수에 대해 드릴 말씀이 없습니다. 제가 현수에 대해 아는 게 별로 없습니다."

나는 이 말에 깜짝 놀랐다.

"아니 그럼, 현수의 친어머니가 아니십니까?"

"그게 아니구요. 친 엄마는 맞는데, 아는 게 별로 없어요. 실은 현수가 다섯 살 때 이혼을 했습니다. 현수 아빠가 술만 먹으면 너무나 난폭하고 폭력이 심해서 저 남자랑 살다가는 큰 일 나겠다 싶어서 이혼을 했습니다. 그런데 선생님 말씀을 들어보니 어쩜 현수가 자기 아빠랑 하는 행동이 그렇게도 똑같습니까? 이혼하면서 아빠는 아들이라고 현수를 데리고 갔습니다. 그런데 들리는 소문에 의하면 현수 아빠가 평상시에는 잘 해주지만 술만 먹었다 하면 애를 마구잡이로 때린다고 해서 애를 살려야겠다 싶어서 제가 데리고 왔습니다. 작년 4학년 2학기 때부터 저랑 같이 살았기 때문에 저도 현수에 대해서는 잘 몰라서 그렇게 말씀 드린 것입니다. 우리 현수를 어떻게 하면 되지요?"

눈물을 흘리며 현수를 걱정하는 어머니를 바라보며 나도 모르게 눈시울이 뜨거워짐을 느꼈다.

"현수 어머님! 걱정 마세요. 어머님께서 말씀하시기 어려운 것을 솔직하게 말씀해 주셨기 때문에 저는 오늘 제가 현수를 어떻게 대해야 하는지를 알게 되었습니다. 현수는 체벌로 고쳐질 아이가 아닙니다. 어렸을 때, 아버지로부터 당했던 체벌과 꾸중이 마음의 상처가 되었기 때문에 이것을 치료하지 않으면 안 됩니다. 현수는 그 어떤 아이들보다도 따뜻하게 대해 주어야 합니다. 처음에는 쉽지 않겠지만 사랑으로 따뜻하게 감싸주고 칭찬해 줌으로써 고칠 수 있다고 생각합니다. 믿고 저에게 맡겨 주세요."

나의 이 말에 현수 어머니는 힘을 얻고 집으로 돌아갔다. 다음 날 아침 현수를 교사 휴게실로 조용히 불렀다.

"현수야! 어제 엄마가 다녀가셨단다. 현수의 어린 시절 이야기를 선생님께 모두 들려주셨단다. 앞으로는 현수가 어떤 잘못을 하더라도 절대로 체벌을 하지 않을 거야. 선생님이 약속할게. 그 대신 우리 현수도 선생님에게 약속해야 해. 조금씩 노력하겠다고 말이야. 아무리 화가 나고 속상해도 물건들을 집어던지지도 않고 친구들에게 폭력을 휘두르지 않겠다고 말이야. 처음에는 힘들겠지만 노력하면 조금씩 달라질 수 있을 거야. 선생님이 기대할게. 그리고 도저히 속상해서 안 되겠다 싶으면 먼저 선생님에게 와서 이야기해 줘. 현수가 직접 주먹으로 해결하려고 하지 말고 말이야."

이 말을 들은 현수는 "선생님! 저도 노력할게요. 다시는 폭력을 휘두르지 않도록 노력하겠습니다."

이렇게 말하고서 현수가 교실로 향하는 모습이 그렇게도 밝아 보인 것은 처음이었다. 1교시 시작할 무렵 저학년 교실로 현수를 일부러 심부름을 보내 놓고 반 아이들에게 이렇게 얘기를 했다.

"밀알 여러분! 모두 선생님 얘기에 귀 기울여 주세요. 이 이야기는 절대 비밀이에요. 선생님이 여러분을 믿고 하는 이야기니까 꼭 비밀을 지켜줘야 해요. 이것은 한 친구의 자존심하고도 관련된 것이니까요. 모두 약속할 수 있나요?"

나의 이 말에 아이들은 무슨 중요한 말인가 하며 귀를 쫑긋 세우며 듣고 있었다.

"어제 현수의 어머니를 만나 뵈었답니다. 현수 어머니 이야기를 들어보니까 현수가 어렸을 때부터 아버지로부터 상처와 스트레스를 받아서 마음의 상처가 되었던 것 같아요. 마음의 상처는 감기 걸린 것과 같아요. 다들 감기 걸려 본 적이 있지요? 열이 나면 힘들어지기 때문에 평상시에는 장난을 걸어오면 웃어 줄 수 있지만 몸이 아프고 열이 날 때 누군가 장난을 걸어오면 짜증이 나잖아요. 바로 현수가 이런 상황이에요. 그러니까 여러분들이 현수를 도와야 할 것 같아요. 가능하면 현수를 스트레스 받지 않게 해 주세요. 그렇게 하면 현수가 조금씩 달라질 거예요. 당분간은 현수가 해 달라고 하는 대로 다 응해 주세요. 현수가 억지를 부려도 다 들어 주세요. 대신 현수가 다 낫고 나면 그때 따져도 되니까 우리가 당분간은 봐주자구요. 그리고 그 대신 많이 속상할 때는 선생님에게 와서 이야기 해 주세요. 선생님이 대신 풀어 줄게요. 아마 우리가 그렇게 해 주면 현수가 빠른 시일 내로 분명 달라질 거예요. 친구가 어려움에 처해 있으면 친구인 우리들이 도와 주어야 하는 거예요? 모두들 잘 알았죠? 그게 바로 우리 밀알이 해야 할 일이에요."

이 말에 그 뜻을 이해하고서 대답하는지는 몰라도 모두가 "예!"라고 크게 화답해 주었다.

그런 일이 있고서도 간혹 현수의 거친 행동이 간간이 보였지만 그 강도가 점점 작아지는 것을 느낄 수 있었다. 그럴 때마다 현수를 아무도 없는 곳으로 불러서 이야기 해 주었다.

“현수야! 아까는 화가 많이 났었나 봐. 참기 힘들었니? 그래도 지난 번 보다는 많이 좋아진 것 같애. 의자도 안 던졌잖아? 화만 냈지. 그지? 점점 좋아지고 있다는 증거야. 더 노력하자!”

꾸중을 듣고 매를 맞을 줄 알았는데 꾸중을 하지 않고 격려를 해줘서 그런지 어리둥절해 하는 눈치를 보이더니 금방 “선생님! 죄송합니다. 더 노력할게요. 아까는 화가 많이 나서 그랬는데 참기가 힘들었어요. 다음에는 더 나아지도록 할게요.”라며 고개를 숙였다.

“고맙구나. 선생님은 믿어. 우리 현수가 분명히 달라지리라고. 지금도 달라지고 있잖아. 조금만 더 노력하면 될 것 같애.”라고 격려해 주었다. 시간이 흐를수록 현수의 모습은 아이들 눈에도 달라짐을 느낄 수 있을 정도로 빠르게 변화해 갔다.

시간이 흘러 12월 겨울방학이 가까워 올 때, 아이들에게 이렇게 물어 보았다.

“밀알 여러분! 3월부터 오늘에 이르기까지 많은 시간들이 흘렀답니다. 우리는 그 기간 동안 알게 모르게 변화해 왔습니다. 먼저 나 자신이 어떤 점이 특별히 달라졌다고 생각하는지 돌아가면서 이야기해 볼까요? 그리고 다른 친구들을 살펴보면서 많이 변화된 친구가 있으면 한번 소개해 볼까요?”라고 하면서 스스로를 반성해 보는 시간을 갖도록 했는데, 많은 친구들이 가장 많은 변화를 보인 친구를 현수라고 꼽았다. 한 여자 친구는 이렇게 말을 했다.

"선생님! 저는 현수를 보면서 사람이 저렇게도 변할 수 있나 싶었습니다. 3월에는 우리에게 그렇게 무섭게 하더니 2학기에 이르러서는 우리에게 한 번도 욕이나 싸움을 걸어오지 않았거든요."

나만 그런 변화를 느꼈나 싶었는데 대부분의 아이들이 인정해 주었다. 현수를 만나면서 아이들의 이해할 수 없는 행동에는 반드시 원인이 있으며, 그 원인을 근본적으로 해결하지 않으면 일시적으로는 바꿀 수 있을지 모르지만 근본적인 개선은 어렵다는 것을 확신하게 되었다. 교실에서 보여주는 아이들의 부적응 행동이나 과잉 행동에 대해 감정적으로 대하지 말고, 그 원인을 찾아서 해결하려고 애쓴다면 분명히 고칠 수 있다는 것을 깨달았다.

이런 일들을 경험한 이후로 나는 전국 어디에서든지 선생님들의 연수 시간이 있다고 불러주면 아무리 먼 길이라도 거절하지 않고 강의하러 간다. 나의 이 실수와 잘못을 전해서 나와 같이 잘못 꾸중하는 선생님들은 없도록 해야 한다는 생각이 사명감처럼 뒤따라 올라오기 때문이다.

'이해하다'라는 말을 영어로 하면 understand다. 이 말은 under(~아래에)+stand(서다)는 말의 합성어다. 즉, 다른 사람을 이해한다는 말은 상대방의 수준으로 내려가서 바라본다는 뜻이라고 한다. 나는 과연 지난 날 담임을 하는 동안 진정으로 understand 하는 교사였는지 반성을 해 본다. 어쩌면 나는 understand 하는 교사라기보다는 upper(~위에)+stand(서다)와 같이 upperstand 하는, 아이들을 위로 끄집어 올리려고 노력하는 교사는 아니었나 하는 생각이 든다.

앞으로 아이들의 입장이나 환경, 처지에 대해 더 잘 이해하는 understand하는 교사가 되어야겠다고 다짐해 본다.

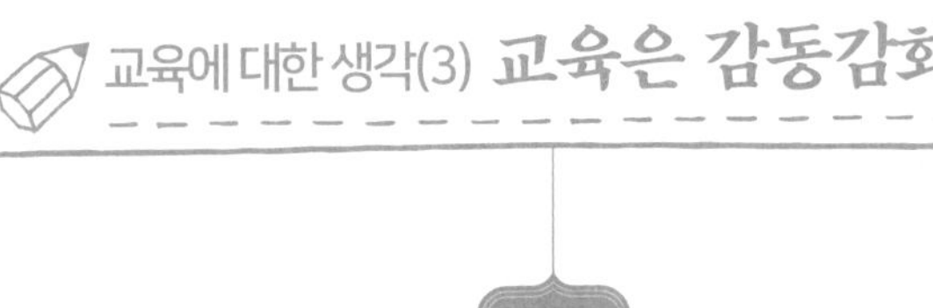

교육에 대한 생각(3) 교육은 감동감화다

6

앞에서 말했던 것처럼 감동과 감화가 이루어지면 마음의 문이 열리고 교육적 사건이 일어난다. 교육은 사람을 변화시키기 위한 것이다. 사람의 변화는 생각과 마음을 통해 일어나는데 그 생각과 마음의 변화를 이끌어 낼 수 있는 것이 감동 감화인 것이다. 감동과 감화가 이루어질 때만이 변화를 이끌 수 있다.

사람들은 종종 오해를 한다. 꾸중하면 고쳐지고 변화가 될 줄 믿는다. 그러나 절대로 그 누구도 꾸중으로는 변화되지 않는다. 꾸중은 변화하는 척은 할 수 있어도 그 사람의 내면의 변화를 이끌어 내기는 어렵다. 오히려 상대방으로 하여금 서운한 감정만을 갖게 해 준다.

만약에 꾸중을 했는데 꾸중을 통해 감동, 감화가 이루어진다면 변화가 일어나게 할 수 있을 것이다. 그러지 않는 한, 꾸중으로는 절대로 사람의 변화를 기대해서는 안 된다고 생각한다.

그러면 어떻게 하면 감동 감화가 일어나게 할 수 있을까? 내가 도움을 받았던 몇 가지 방법을 제시하면 다음과 같다.

첫째, 칭찬과 격려, 인정이 이루어져야 한다.

사람은 본능적으로 칭찬과 격려, 인정을 받고 싶은 욕구가 있다. 특히 어렸을 때에는 부모와 교사의 칭찬과 격려, 인정은 절대적으로 필요하다. 매일마다 칭찬하고 격려하며 인정이 이루어져야 한다. 매일 삼시 세끼 밥을 꼬박 꼬박 챙겨 먹어야 몸이 건강해지고 발육이 제대로 이루어질 수가 있다.

만약 아이들에게 하루에 두 끼나 한 끼만 먹인다면 그만큼 성장이 더디게 이루어질 것이다. 몸만 그런 것이 아니다. 몸이 자라나듯이 마음도 자라나야 한다. 마음은 칭찬과 격려, 인정을 통해 자라나게 된다.

부모나 교사로부터 칭찬과 격려, 인정이 주어지는 아이는 자신감이 길러진다. 다른 사람들 앞에 당당하게 설 수 있는 용기가 생기게 된다. 많은 학부모들과 면담하게 되면 자녀들이 여러 사람들 앞에서 당당하게 말하고 행동하면서 살기를 원한다. 그러면서 가정에서는 자녀들을 칭찬하고 격려하며 인정해 주기보다는 더 많이 꾸중하고 나무라며 벌을 주는 경우가 많다. 꾸중하고 벌주면 달라지는 줄 착각하고 있다. 자신들이 꾸중 듣고 벌을 받으면서 성장이 이뤄졌었다고 착각들을 하고 있는 것은 아닌가 생각도 된다. 사실, 부모나 교사들이 지난 날 꾸중을 듣거나 벌을 서지 않고 칭찬이나 격려, 인정을 받으면서 자랐다면 훨씬 더 행복하고 멋진 인생을 살았을텐데 말이다.

한 가지 예를 들어 볼까? 학교에서 교장 선생님이나 교감 선생님이 직원회의 때마다 들어오셔서 여러 선생님들에게 잔소리를 하거나 꾸중을 한다고 생각해 보자.

"선생님들 제발 정신 차리세요. 선생님들은 공무원입니다. 옷을 정장으로 입고 출근하세요. 그리고 책 좀 읽고 연구 좀 하세요. 어제 지나가면서 수업 하는 것을 봤는데 그게 수업입니까? 제발 전문가답게 공부 좀 합시다. 그리고 아침에 좀 일찍 출근하세요. 퇴근은 칼같이 하면서 어떻게 매일 지각을 합니까?"

교장, 교감 선생님이 이런 식으로 날마다 선생님들을 꾸중하고 나무라시면 어떤 반응을 보일까?

"이야! 우리가 좋은 교사가 되길 바라면서 하루도 걸러지 않고 꾸중하면서 달라지길 기대하시는 훌륭한 교장, 교감 선생님을 만났으니 노력해서 달라져 보자."

이렇게 말하겠는가? 어쩌면 이렇게 하기 보다는 서운해서 동학년 선생님들끼리 모여서 이런 식으로 뒷담화를 하지는 않을까?

"아니, 우리가 책 안 읽는 것 봤어? 왜 매일 꾸중을 하시지? 혹시 교장 선생님 오신지 몇 년 되었지?"

그러다가 자신과 비슷한 시기에 오셨다는 것을 알면 하늘이 노래지고, 내년 봄에 다른 학교로 가신다고 하면 희망이 보이지 않는가? 어른들도 이러는데 아이들은 더하지 않을까 싶다. 선생님이 날마다 무섭게 꾸중하고 잔소리를 늘어놓으면 그 권위에 눌려 조용히 있는 것이지 속으로는 선생님이 전근 가시지 않을까 기대하고 있을 것이다.

오래 전, 5학년을 담임할 때였다. 교실에서 수업을 하는데 계속 장난을 치고 수업에 집중하지 않는 아이가 눈에 들어왔다. 그래서 이름을 부르며 주의를 주려다가 그럴 경우 아이가 친구들 앞에서 창피를 당할 것 같아 조용히 걸어가서 그 아이 머리를 쓰다듬어 주거나 등을 토닥거려 주고 오기를 몇 번 했었다. 그러다가 점심시간에 운동장에 나갔다가 그 아이가 놀고 있는 것을 보고는 벤치로 불렀다.

"○○야! 오늘 수업 시간에 내가 너를 몇 번이나 등을 토닥거리고 머리를 쓰다듬어 주었는지 기억하지?"

"네. 기억해요 선생님!"

"내가 왜 그렇게 했는지 아니? 처음에는 큰 소리로 네 이름을 부를 뻔 했단다. 그러다가 그렇게 하면 네가 친구들 앞에서 무척 창피를 느끼고 자존심 상할 것 같아서 조용히 다가가서 머리를 쓰다듬기도

하고, 등을 토닥거려 주었단다. 다른 아이들 눈치 채지 못하게 하면서 수업에 참여시키려고 그랬지."

"네. 다 알아요. 선생님이 저를 위해서 일부러 그렇게 하셨다는 것 다 알고 있었어요. 감사합니다."

그 아이가 이렇게 말하는 것이었다. 그래서 다음과 같이 말을 해 주었다.

"그런데, 너는 가만히 보면 참으로 대단한 것 같아. 수업에 잘 집중하지 않고 장난칠 때가 많은데 지난 번 수학 형성평가는 80점이 넘었잖아. 만약에 수업에 더 집중한다면 아주 좋은 점수를 받게 될 것 같아. 앞으로 노력해 보렴. 선생님은 너에게 기대가 크단다."

이렇게 말해 주고서 얼른 가서 친구들이랑 놀라고 말을 했더니 씩 웃으며 인사를 한 후에 뛰어가는 것을 보았다. 물론 그 아이의 뒷모습만 보았지만 그 아이는 무척이나 기분 좋아했을 것이라 확신한다. 사실 수업 중에 장난치지 말고 똑바로 수업에 집중하라는 꾸중을 격려와 인정으로 바꿔서 한 것뿐인데, 이 아이의 감정을 상하게 하지 않고 오히려 선생님이 자신을 많이 배려해 주고 있다는 것을 느끼게 해 줄 수가 있었다. 그 이후로 그 아이는 수업 때마다 반짝거리는 눈빛으로 임했고, 간간이 나랑 눈이 마주칠 때 씩~웃으면서 고마운 마음을 전해 오곤 했다.

나는 발령 초기 때는 부끄럽게도 교장실에 많이 불려가서 꾸중을 들었던 적이 있다. 초, 중, 고등학교와 대학 시절에 나름 모범학생이라 불리었던 나인데 왜 초임 시절에는 그렇게 꾸중을 많이 들었는지 잘 모르겠다.

나는 내가 옳다고 여겨지는 부분을 어른들이 무조건 이유없이 하라고 하면 거부하려는 마음들이 많았다. 이해가 되게 잘 설명해 주거나 친절하게 이야기 하면 뜻이 조금 달라도 지시에 따를 의사가 있는데 무조건 지시하거나 권위로 누르려고 하는 게 느껴지면 그냥 반항하고 싶은 마음이 솟아나곤 했었다. 그래서 그것 때문에 자꾸 충돌이 빚어진 것은 아닐까 생각이 된다.

교장 선생님이 나에게 학급경영을 잘 못한다고 꾸중하면 내가 깊이 반성하고, 다음에는 잘 해야겠다는 생각이 들어야 할텐데, 이상하게도 반성이 되기는커녕 오히려 나를 꾸중하시는 교장 선생님은 학교 경영을 얼마나 잘하나 따져보게 되었다.

그런데, 학교를 옮겨 간 곳에서도 교장 선생님이 나를 교장실로 불렀다. 속으로는 '나는 학교를 옮겨가도 교장실에 불려 다니는구나….' 라고 속으로 한탄하면서 교장실을 들어갔다.

교장선생님이 나를 보시더니 환하게 웃으며 차를 뭘로 할 거냐고 물었다.

'아니, 얼마나 꾸중을 오래 하려고 차를 다 주시려 하시나?' 싶어서 괜찮다고 했는데도 기어이 차를 타 오시더니 건네주었다.

그러면서, 아주 친절하고 자상하게 부모님의 안부 인사도 물었다.

'이상하다. 뭔가 분위기가 다른데'라는 생각으로 그 분을 만났다. 확실히 이전 교장 선생님과는 달랐다. 그래도 긴장의 끈을 놓지 않고 있는데 갑자기 교장 선생님이 이렇게 물어 오셨다.

"선생님! 나에게 할 얘기가 없어요?"

"네. 딱히 드릴 말씀이 없습니다."

"참. 지난 번 선생님 학급에서 일어난 그 일은 어떻게 처리가 되었나요?

"아니, 알고 계셨습니까?"

"내가 학교에서 일어난 일 중에 모르는 게 있습니까? 다 알고 있지요?

"네…. 잘 해결했습니다…. 죄송합니다."

"아니에요. 혹시. 선생님 경력이 몇 년 되셨지요?"

"부끄럽습니다. 아직 몇 년 안 되었습니다."

이렇게 대충 말씀 드렸는데, 교장 선생님의 말씀을 들으면서 나는 깜짝 놀랐다.

"선생님! 그런 일로 기죽지 마세요. 나는 선생님의 눈빛을 보면 어떤 마음으로 아이들을 대하는지 다 알 수 있어요. 난 그 눈빛이 아주 중요하다고 생각합니다. 선생님이 지금 겪고 있는 일들은 현장을 잘 몰라서 겪는 시행착오에요. 그런 일로 주눅이 들거나 위축되면 안 됩니다. 앞으로 그런 일이 또 생기면 혼자서 고민하지 말고 언제든지 내게 찾아오세요. 확실하게 막아 드릴게요."

나는 이 말을 듣는 순간 '이 교장 선생님은 내 마음을 사셨구나. 이 분하고는 뭔가 될 것 같은데.'라는 생각이 솟아났다.

교장 선생님이 꾸중하지 않고 격려를 하고 인정을 해 주셨기에 나는 새로운 마음을 품고 교장 선생님과 함께 교육을 하고자 하는 마음이 생겨났다.

꾸중은 상대방으로 하여금 원망과 서운한 감정을 갖게 하고, 더 위축되어 눈치를 보도록 만든다. 칭찬과 격려, 인정만이 사람의 마음의 변화를 이끌어 낼 수 있다. 우리 교육 현장에 더 많은 칭찬과 격려, 인정이 아이들에게 쏟아지길 기대해 본다.

둘째. 언행일치가 이루어질 때 감동 감화가 일어난다.

학생들에게 오늘도 선생님들을 통해서 수많은 가르침들이 주어진다. 그럼에도 불구하고 가르침대로 살지 않고 탈선하거나 일탈하는 비행 청소년들이 증가하는 원인은 무엇일까? 이는 바로 그 가르침에 힘이 없기 때문에 학생들이 한 쪽 귀로 듣고 한쪽 귀로 흘러 버리기 때문이다.

선생님들이나 부모님들이 직접 그 가르침대로 삶을 살아간다고 여기지 않고 있기에 아무리 좋은 가르침일지라도 우리 학생들의 귀에는 크게 와닿지 않게 된다. 선생님이나 부모님의 삶은 그러지 않으면서 말로만 그럴 듯한 가르침이 주어질 때 아이들은 이를 잔소리로 여기거나 의미없는 이야기로 여기며 거부하려는 마음을 갖게 된다.

언행일치는 무엇보다 중요하다. 특히 가르침을 주려는 자는 언행일치의 중요성을 잊지 말아야 한다. 정직을 한 평생 삶의 신조로 여기고 살아온 분이 다른 미사여구나 위인들의 일화를 언급하지 않고 그저 '거짓말 하지 마라. 장난으로라도 거짓말 하면 안 돼.'라고 해도 강력한 힘을 지니게 된다. 그만큼 영향력 있게 전달이 된다.

반대로 가르침과 행동이 일치하지 않는 삶을 살면서 아무리 훌륭한 분들의 이야기나 미사여구를 동원하더라도 그 말 속에는 감동을 만들어낼 힘을 갖지 못하는 것이다.

셋째, 감동거리는 자주 제공해야 한다.

우리 아이들에게 내가 고생을 했거나 직접 살아가면서 고민하다가 생긴 감동적인 이야기들을 바탕으로 한 깨달음을 들려주는 경우가 많은데 이런 것은 책에서 읽은 이야기 못지않게 더 큰 감동을 줄 수 있다. 교사가 직접 겪었던 감동적인 이야기나 책을 통해서 읽고 느낀 것들을 갖고서 아이들에게 들려 줄 때 깊은 감동이 일어난다.

교육에 대한 생각(4) 교육은 상처와 아픔의 치유다

7

사람은 연약한 존재라서 태어나고 자라오면서 수없이 많은 상처와 아픔을 받기도 하고, 상대방에게 주기도 한다. 때로는 부모로부터, 때로는 선생님이나 친구들로부터 많은 아픔과 상처를 주고받으며 성장하는 것이다. 심지어 부모나 선생님이 선한 의도에서 도움을 주려고 충고나 권면을 해준다고 하는 것이 오히려 상처로 작용하는 경우도 허다하다.

이러한 마음의 상처와 아픔은 교육을 통해 치유를 해 나가야 한다. 마음의 상처와 아픔은 치유되거나 회복이 되지 않으면 계속 아픔으로 작용하여 관계성에 어려움을 줄뿐 아니라 그대로 담아 두었다가 어른이 되었을 때 가장 가까운 자기 가족들에게 고스란히 물려주게 된다.

부모의 상처나 아픔은 자녀에게 그대로 대물림이 된다는 것을 잊지 말아야 한다.

몇 년 전에 고등과정 1학년 한 학생과 대화를 나누던 것이 기억난다. 이 학생은 부모님이 서로 사이가 좋지 않았고, 아버지는 한번 화가 나서 술을 마셨다 하면 3~4일 매일 술 속에 빠져서 살았다. 그러니까 가정적으로 늘 행복할 일이 없었다.

이 학생이 내 방에 찾아와서 본인의 힘든 점을 이야기 하다가,

"저는 아버지에 대한 불만이 많습니다. 우리 아버지는 무책임하고 아버지라고 불릴 자격이 없습니다. 돈도 벌어오지 않고 툭하면 화 난다고 술만 먹고 짜증나서 죽겠어요. 지금 비록 내가 힘이 없어서 아버지 밑에 있지, 힘이 있으면 아버지 밑에 있지 않을 겁니다. 아버지가 얼마나 미운지 몰라요. 나중에 내가 커서 힘이 생기면 죽여 버리고 싶을 정도니까요"

내가 깜짝 놀라서 그럴수록 네가 더 아빠를 이해해야 한다고 말을 했더니 갑자기 흥분하더니 절대 이해할 수도 없고, 이해해 주고 싶은 마음이 없다고 항변을 하였다.

그래서 안 되겠다 싶어서 며칠 있다가 부모님을 오시라고 한 후에 면담을 하였다. 부모님의 살아온 이야기도 듣고 어떻게 살고 있는지 구체적으로 이야기를 나눌 수 있었다. 그런 후에 그 학생을 다

시 만났다.

“내가 며칠 전에 너희 부모님을 만나서 이야기를 다 들어 보았단다. 이야기를 들은 후에, 너희 집에서 가장 불쌍한 사람을 발견했단다. 너희 아버지더구나.”

이 말은 들은 아이는 펄쩍 뛰었다. 자기가 제일 불쌍하지 왜 자기 아빠가 제일 불쌍하냐고 따지고 들었다. 그래서 이렇게 얘기를 해 주었다.

“너는 너희 아빠를 아버지라 인정 안 하고 있지? 엄마도 얘기 나눠 보니까 남편으로서 존중을 전혀 안 해주고 계시더구나. 그런데 아빠 얘기를 듣다 보니 아빠는 어릴 적에 엄마 아빠에게서도 사랑받지 못했고 아들 대우를 못 받았단다. 너는 아빠에게서만 사랑받지 못하고 엄마는 너를 사랑하고 계시지? 그리고 너희 엄마를 너는 엄마로 여기잖아. 그러니까 너희 집에서 아빠가 제일로 불쌍하시잖아. 너희 아빠가 너를 사랑해 주시지 않는 것처럼 여겨지는 것은 할머니 할아버지에게서 사랑을 받지 못해서 그런 거야. 어쩌면 아빠도 피해자 인거야. 아빠가 일부러 그러시는 게 아니야. 아들을 어떻게 사랑해야 하는지를 모르시는 거지. 왜? 그런 대우를 받아 본 적이 없어서.”

이 말에 납득이 되는 듯하더니 그래도 계속 자기가 더 불쌍한 듯이 이야기를 이어갔다. 한참 이야기 하더니 이렇게 말을 하였다.

"선생님! 저는 선생님 가정처럼 행복한 가정에서 자라고 싶어요. 솔직히 선생님의 가정이 부러워요."라고 하길래 얼른 다음과 같이 이야기를 해 주었다.

"그렇구나. 행복한 가정에서 지내고 싶겠지? 충분히 이해한다. 그런데 너희 집이 행복한 가정이 되게 하는 키를 누가 쥐고 있는지 아니? 선생님은 바로 너라고 생각을 해."

"…."

"잘 생각해 봐. 네가 만약 오늘 집에 가서 아빠에게 이렇게 말을 해 보렴. '아빠! 오늘 선생님이랑 얘기를 나눴는데 그러고 보니까 우리 집에서 아빠가 제일 힘들고 불쌍하구나 하는 생각이 들었어요. 나는 지금까지 내가 제일로 불쌍한 줄 알았어요. 그리고 아빠가 나를 사랑하지 않고 미워하는 줄로만 알고 원망을 많이 했었어요. 그런데 교장선생님 얘기 들어보니 아빠도 할아버지와 할머니께 사랑을 받지 못해서 사랑하는 방법을 몰라서 그랬다는 것을 알고 오해가 풀렸어요'라고. 이렇게 말하면 아빠가 얼마나 감동이 되겠니? 아마 힘든 일이 있어도 꿈 참고 절대 술을 드시지 않을거야. 직장도 계속 잘 다니겠지? 왜? 아들이 아빠를 알아주니까. 그 힘 때문에 어려움을 참고 견뎌낼 수가 있는 것이거든. 그러면 직장생활도 열심히 하고, 술도 안 드시면 누가 제일 좋아하겠니? 엄마가 아니겠니? 그럼 엄마와 아빠도 싸움을 줄이게 되고 서로 좋아하게 되면서 너희 집도 행복해지게 되는 거야. 그러니까 너희 집이 행복하게 되느냐 안 되느냐는 너의 역할에 달려 있는 게 아니겠니?"

이 말을 주고받은 지 4년 반이 지났다. 지금은 그 가정이 웃음이 생기고 아빠는 점점 직장 생활도 잘 하고 있다는 얘기를 듣고 있다. 참으로 감사하기만 하다.

이처럼 자라오면서 생긴 마음의 아픔과 상처를 치유해 줘서 행복하게 살아갈 수 있도록 돕는 것을 교육이라 여긴다.

인성교육에 대하여

8

우리나라에는 최근에 인성교육 진흥법이 만들어졌다. 이는 인성교육을 의무로 규정한 법으로서 건전하고 올바른 인성을 갖춘 시민을 육성하여 국가사회의 발전에 이바지함을 목적으로 하는데, 2014년 12월 국회를 통과해 2015년 7월부터 시행되고 있다.

정부가 들어선 이래로 교육의 주된 화두가 "인성교육"이었다. 그러나 나는 오늘날의 인성교육은 실패했다고 강하게 주장을 펴오고 있다. 만약에 인성교육이 성공적으로 이루어졌다면 학교 폭력이나 집단 따돌림 등이 사회적인 문제가 될 수 있을까? 얼마나 인성교육이 무너졌으면 이를 의무화하려는 인성교육 진흥법이 다 만들어졌겠는가? 이 법안이 만들어졌다는 것만으로도 오늘날 학교에서의 인성교육은 심각한 위기 상황에 놓여 있음을 반증한다고 말할 수 있다.

그럼 지금까지 인성교육을 강조해 왔고, 이를 이루기 위해 수없이 노력을 해왔는데 인성교육이 성공을 거두지 못한 이유가 뭘까?

지금까지 인성교육의 3가지 요소로서 지(智), 덕(德), 체(體)이 세 가지를 이야기 해 왔다. 나는 학교에서 인성교육이 실패한 이유를 이 세 가지 요소에서 찾아보려고 한다.

결론부터 말해서 인성교육의 요소로 3가지만을 고수했기에 실패한 것으로 본다. 그동안 중요한 요소 하나를 놓치고 있었던 것이다.

우리 밀알두레학교는 교육의 목표를 4가지 성장이 이뤄지도록 하는데 목표를 두었다. 신약성경 누가복음 2장 52절에 '예수는 지혜와 키가 자라가며 하나님과 사람에게 더욱 사랑스러워 가시더라'는 말씀이 나온다. 아주 짧은 문장이지만 예수님이 어떻게 성장했는지를 기술한 부분이다. 이곳에서 우리는 다음과 같이 4가지 성장을 뽑아내었다.

예수는 지혜와 키가 자라가며
(지적 성장) (신체적 성장)

하나님과 사람에게 더 사랑스러워 가시더라."
(영적성장) (사회적 성장)

- (눅2 : 52)

예수님이 지혜가 자랐다는 부분에서는 지적 성장(智), 키가 자랐다는 부분에서는 신체적 성장(體), 하나님에게 사랑스러워 가셨다는 부분에서는 영적 성장(靈), 사람에게 사랑스러워 가셨다는 부분에서 사회적 성장(德)을 생각해 낸 것이다.

그러니까 예수님은 어린 시절부터 4가지 모든 영역에서 균형있게 성장이 이루어졌다는 것을 알 수 있다. 우리는 이것을 인성교육의 4요소라 부른다.

이 부분을 집중해서 살펴보다가 중요한 것을 발견했다.

지적인 성장(智) – 배움에 대한 욕구 충족

신체적 성장(體) – 건강한 몸(=건강한 정신)

사회적인 성장(德) – EQ(사회성), 감정을 통제력 등

영적인 성장(靈) – 건강한 정신, 가치관, 하나님 앞에서 비전 (삶의 목표) 발견

위의 4가지 요소들이 독립되어 있는 것이 아니라 서로 유기적인 관계를 맺고 있는 것이다. 먼저, 가장 기초가 되는 것이 신체적인 성장(體)이다. 우선 몸이 건강해야 한다. 몸이 건강해야 정신도 건강해진다. 건강한 몸에서 건강한 정신이 나온다는 말이 있지 않는가?

2011년 11월 7일, 나는 신장이 망가지는 바람에 병원에 입원해서 투석을 받게 되었다. 그 때 투석 때문에 입원하게 된 환자들을 바라보면서 몸의 건강이 얼마나 중요한지 깨달았다. 주3회 4시간씩 투석을 해야만 삶을 살 수 있게 된 환자들은 아주 절망적이었다. 투석을 받게 되면서 직장 생활이나 사회생활을 온전히 하기가 어려워졌기 때문이다. 그 환자들의 눈빛에서나 말 속에서 내일에 대한 희망이나 비전이 전혀 나오지 않았다. 그저 절망과 낙심뿐이었다. 그들을 지켜

보면서 '사람은 몸이 건강하지 않으면 저렇게 절망 속에 갇히게 되는구나.' 라는 생각을 하였다.

건강한 몸은 건강한 정신으로 이어져 영적 성장이 이루어지게 한다. 영적 성장은 하나님 앞에서 자신이 인생을 살아야 할 이유나 비전을 깨닫고 바람직한 가치관이랑 인생의 목표를 발견하게 되는 것이다. 이런 것은 하나님 앞이 아니어도 위인전을 읽거나 훌륭한 분들의 이야기를 통해서도 깨달을 수 있을 것이다. 그래서 공립학교 선생님들 앞에서는 정신적 성장이라고 설명하기도 한다. 그러나 온 우주 만물을 창조하였고 이를 다스리는 절대자인 하나님 앞에서 이를 발견했다고 한다면 얼마나 강력할 것인가?

성장의 원리

지적인 성장 [智]   사회적인 성장 [德]

영적인 성장 [靈]

신체적인 성장 [體]

인성 교육의 원리

영적 성장을 통해서 인생의 목표나 삶의 이유, 비전을 발견하게 되면 두 가지의 성장이 같이 이루어지게 된다. 지적성장과 사회적 성장이 같이 따라오게 된다. 자신의 인생 목표와 비전, 소명을 발견하면 이를 이루기 위해 공부를 열심히 하게 되어 있다. 설혹 1등을 하지 못한다 해도 공부하는 일을 소홀히 여기지는 않게 된다. 지적 성장이 이루어지는 것이다. 또한 영적 성장이 이루어지면 나 혼자만 잘 먹고 잘 살겠다는 생각을 하지 않게 되며, 자신보다 연약한 친구들을 발로 밟고 일어서려고 하지 않게 된다. 오히려 연약한 친구의 손을 잡아서 일으켜 주고 함께 걸어가려고 노력하게 될 것이다. 사회적 성장이 저절로 이루어지게 된다.

이처럼 신체적 성장은 영적 성장의 기초가 되고, 영적 성장은 지적 성장과 사회적 성장이 이루어지도록 영향을 주게 되어 있다.

그런데 오늘날 공교육은 인성교육에서 가장 중요한 영적 성장을 빼버렸기에 나머지 세 가지 요소들이 연결될 고리가 없어진 것이다. 아래의 표를 살펴보면 이를 쉽게 이해할 수 있을 것이다.

오늘날 공교육에서의 인성교육이 실패한 이유?

지적인 성장 [智] **사회적인 성장 [德]**

X X

신체적인 성장 [體]

위에서 살펴본 것처럼 인성교육이 제대로 이루어지려면 지적 · 사회적 · 신체적 · 영적 성장이 균형 있게 성장해야 한다.

교실에서 학생들을 지도하다 보면 종종 이런 의문을 갖게 된다.

'왜, 똑 같은 시기에 태어나서 같은 양의 밥을 먹고 같은 시간동안 공부를 했는데 학생들마다 어떤 학생은 키가 크고 발육이 잘 이뤄졌는데 어떤 학생은 키도 잘 자라지 않고 발육이 또래에 비해 더딜까? 같은 시간을 공부했는데 어떤 학생은 성적이 양호한데 왜 어떤 학생은 성적이 계속 떨어지는 것일까?'

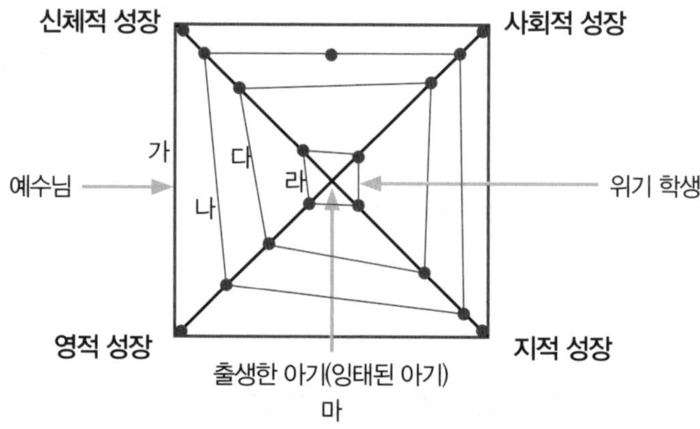

이 질문을 갖고 표를 바라보다가 몇 가지 깨닫게 된 것이 있다. 위의 그림에서 보면 '가'는 신체적, 지적, 사회적, 영적 성장이 최고조에 이른 사람이다. 인격형성이 최고조에 달한 사람, 즉 성인인 예수님과 같은 분이 이에 속한다고 할 것이다.

'라'는 4가지 성장에서 대부분 성장이 유난히 부족한 경우로, 이런 친구들이 교실에서는 문제행동을 야기하고, 친구들에게 따돌림을 당하거나 갈등을 일으키며 관계를 잘 맺지 못하게 되는데, 이런 학생들을 요즘에는 '위기학생'이라 부른다.

그러면 한번 생각해 볼 점이 왜 학생들에게서 이런 차이점들이 생기게 되느냐 하는 점이다. 물론 유전 요인도 없지는 않겠지만 대부분 자라나오면서 어떤 교육을 받았느냐, 어떠한 환경 요인에 의해 길러졌느냐가 좌우한다고 생각한다.

몇 가지 예를 들어서 설명해 보려 한다. 지적성장에 있어서 차이가 나는 경우를 생각해 보자. 우리 머리 앞부분에는 전두엽이라는 곳이 있다. 이곳에서 모든 정보를 받아들이고 판단을 하게 된다. 머리의 뒷부분에는 기억을 담당하는 해마라는 곳이 있다. 해마는 중요한 것으로 여겨지면 오랫동안 기억하게 하고, 중요하지 않다고 여겨지면 금방 잊게 만드는 곳이다. 그런데 이 전두엽과 해마는 기분이 가장 좋을 때 활성화 된다고 한다.

예를 들어 A라는 학생의 엄마는 아침에 아이를 깨우러 와서 상냥한 목소리로 포근히 안아주면서 잠을 깨웠다. 잠에서 깨어난 아이에게 뽀뽀를 해 주면서 빨리 씻고 밥을 먹자고 했다. 세수를 하고 왔더니 엄마가 정성껏 음식을 차려 놓고 맛있게 먹고 학교에 가라고 하면서 밥을 먹는 모습을 사랑스러운 얼굴로 바라보았다. 아이는 기분이

좋게 밥을 먹고 인사 하고 집을 나서려는데 엄마가 안아 주면서 사랑한다고 말을 하더니 잘 다녀오라고 했다. 아이는 아주 신이 나서 학교를 향해 달려갔다.

B라는 학생은 전날 밤에 게임하느라 늦게 잠을 자서 아침에 늦게 일어났더니 엄마가 일어나라고 큰 소리를 질러서 좀 더 자다가는 혼나겠다는 생각에 힘겹게 일어났다. 엄마가 방문을 열고 들어와서는 빨리 씻고 밥 먹으라고 하면서 등짝을 손바닥으로 세게 밀어서 아주 기분이 상한채로 대충 세수를 하고 밥을 먹으려고 식탁에 앉았다. 그런데 밥맛이 없어서 먹는 둥 마는 둥 대충 먹었더니 엄마가 또 소리를 질렀다. 억지로 밥을 먹다가 갑자기 준비물을 사두지 않은 것이 생각나서 엄마에게 준비물을 사게 돈을 달라고 했더니 미리미리 준비해 두지 않고서 갑자기 학교 갈 때 생각나서 준비물을 사게 돈 달라고 하느냐고 너 같은 아이는 선생님에게 혼이 나봐야 정신 차리게 된다며 그냥 가라고 호통을 쳤다. 우울한 마음으로 학교 길을 나서서 천천히 걷다보니 지각을 하는 바람에 교문 앞에서 선생님께 벌을 받고 다시 교실로 갔는데 담임 선생님까지 지각했다고 꾸중을 해서 아주 기분이 안 좋은 상태로 수업을 시작했다.

위의 A와 B 학생이 이런 식으로 6년을 학교에 다녔다면 학교에서 같은 시간을 공부했더라도 성적에는 차이가 생기지 않을까?

앞의 표에서 '마'는 인생의 첫 출발점을 의미한다. 처음에는 태어난 순간을 출발점으로 생각했다가 최근에 와서는 엄마 뱃속에 잉태된 순간부터라고 생각을 바꾸게 되었다.

그렇게 생각한 이유는 다음을 생각하고 난 이후부터다.

예를 들어서, A라는 아이는 엄마가 잉태하게 된 것을 알고 나서 너무나도 기쁘고 감사했다. 아빠는 신이 나서 태명을 붙여 주면서 퇴근하고 밤마다 엄마 뱃속에 아직 아기가 자리도 잡지 않은 상태인데도 아빠 목소리를 들려주면서 동화책도 들려주고 동요도 불러 주었다. A는 엄마 아빠의 사랑과 축복을 받다가 10개월 만에 출생을 했다.

반면에 B라는 아이의 경우, 엄마가 아기를 가져야 할 때가 아닌데 아기를 갖게 된 것을 알고는 무척이나 짜증이 났다. 그런데 이때 갑자기 아빠가 직장에서 해고가 되었고, 아빠가 빚보증을 잘못 선 것 때문에 빚쟁이들이 밤마다 찾아와서 돈을 내어 놓으라고 독촉을 하는 바람에 무척이나 시달렸다. 엄마와 아빠는 경제적인 문제 때문에 자주 다투게 되었다. 그래서 뱃속에 있는 아기 생각은 제대로 하지 못한 채 화와 분노, 짜증으로 지내다가 10개월 만에 B가 출생을 했다.

만약 A와 B가 같은 날에 태어났다면 이들의 4가지 성장에는 차이가 전혀 없을까? 우리 눈에 보이지는 않지만 분명히 4가지 성장에는 차이가 있을 것이다.

그렇다면 위의 예들을 놓고 생각해 봤을 때 '라'에 해당하는 위기학생은 학생 본인의 잘못 때문에 위기학생이 된 것일까? 아니면 누구의 잘못 때문일까?

위기학생의 부모님이나 선생님들은 대부분 학생 본인이 문제라고 여기면서 그 학생을 바꿔 놓으려고 애를 쓴다. 과연 학생을 바꾸면 되는 것일까?

학생을 바꾸는 것이 아니라 이 학생을 둘러싸고 있는 환경을 바꾸어야 한다. 위의 표에서 '가'와 '나', '다' 학생은 4가지 성장이 잘 이루어지도록 하는 환경이나 조건이 어느 정도 갖추어진 곳에서 자라난 것이고, '라'의 학생은 거기에 못 미치는 환경이나 조건에서 태어난 것뿐이다.

만약에 '라'학생이 '가'와 '나'와 '다' 학생과 같은 가정에서 태어났다면 '가'와 '나'와 '다'와 같은 학생이 되었을 것이다.

사람이 태어나면 4가지 성장이 이루어지기 시작한다. 우리가 잘 알진 못하지만 분명이 4가지 성장들이 잘 이루어지게 하는 요인들이 있을 것이다. 이러한 요인들이 얼마나 잘 갖춰져 있는 곳에서 자라나느냐에 따라 4가지의 성장에 차이가 생기게 되는 것이다.

그러므로 우리 교사들은 학부모들과 연합해서 학생들에게 위의 4가지 성장이 잘 이루어지게 하려면 어떤 환경이나 조건을 갖추어야 하는지 알아보고, 그런 환경과 조건을 구축한 후에 교육을 해야 한다.

이것이 인성교육을 해 나가는 방법이며, 교사와 학부모의 진정한 역할이라 생각한다.

학급경영, 이젠 새로운 방법으로

9

내가 교사로 첫 발령을 받았을 때, 현장의 모습을 보면서 옛날 초등학교를 다닐 때의 모습과 비교했을 때 별로 달라진 것이 없다는 점에서 무척이나 놀랐던 적이 있었다. 세월은 10여년 넘게 흘렀고 사회는 하루가 다르게 변화하고 달라졌는데 내일의 주인공을 길러내는 학교의 교육은 왜 변화가 거의 이루어지지 않았는지 이해가 되지 않았다.

왜 우리의 교육은 변화를 더디 할까? 사회의 변화를 주도하지는 못할망정 뒤쳐지지는 말아야 할텐데 왜 뒤쳐져 있는 것처럼 보일까? 이것이 교육제도나 구조적인 문제인가 아니면 교사들이 가진 의식의 문제인가를 두고 오랫동안 고민을 해 본 적이 있었다.

그러다가 여러 가지 요인들이 겹쳐 있겠지만 우선, 교사들의 여러 가지 시행착오나 노하우들이 후배 교사들에게 전수되고 있지 않고 있어서 생긴 문제로 이해하였다.

예를 들어 보면, 초임 교사가 발령을 받고 현장에 나오면 교육현장에 대한 무지로 인해 여러 가지 시행착오를 겪는다. 해를 거듭하면서 교사로서의 역할과 자세, 교수방법들을 하나씩 익혀 나가게 된다. 그러다가 중견 교사가 되면 승진이나 취미, 자기 관리 등에 신경을 쓰게 되고 그러다가 어느덧 정년 퇴임을 한다. 그러면 그 빈자리에 다시 초임 교사가 발령을 받게 되고 선배 교사들이 겪었던 그 과정들을 비슷하게 거치게 되고, 또 다시 중견 교사를 거쳐 정년 퇴임의 과정을 밟게 되는 것이다. 그러니까 아무리 시간이 많이 지나더라도 선배 교사의 시행착오나 다양한 노하우들이 후배들에게 전수가 되지 않으니까 교육은 변화되지 않고 다람쥐 쳇바퀴 돌듯이 그 과정을 계속 답습하게 되는 것이다.

공교육에서 담임교사로 근무할 때에 우리 교육의 모습이 달라지고 개선되어야 한다고 기록해 놓았던 자료가 있어 소개하고자 한다.

☆★ 달라지고 변화되어야 할 우리들의 교육 모습이나 사고 ★☆

①아이들의 기분이나 의견이 무시되고, 원칙이나 기준 없이 담임교사의 기분에 따라 결정되는 일들이 많다.

②학습활동 외에 생활지도나 학급의 특별활동이 특별한 계획 없이 즉흥적으로 이루어지기도 한다.

③아이들은 항상 담임교사의 눈치를 봐야 하며 학생 스스로 결정을 내리기 어렵다.

④[담임선생님 = 무서운 분 = 체벌]이라는 의식에 아이들이 사로잡혀 있다.

⑤담임이 자신만의 독특한 교육 철학이나 이념이 없이도 학급경영이 잘 이

루어진다고 느껴진다.

⑥ 함께 지내지만 마음이 잘 열려지지 않아 공동체 의식이 약하다.

⑦ 많은 어린아이들을 어른 혼자 이끌어 간다.(폐쇄된 독재 공화국)

⑧ 잘 하는 아이들 몇 명만이 인정받고 보람을 느낀다.

⑨ 사회의 변화나 아이들의 성장과는 무관하게 좀처럼 변화되지 않는 옛날 교육방법이 그대로 통용된다.

⑩ 반 아이들에 대한 관찰 기록이나 지도 방법이 체계적이거나 전문적이지 않아도 된다.

담임교사는 늘 자신들의 학급이 어떤 모습일지 세밀히 점검해 볼 필요가 있다고 생각한다. 어른 혼자서 어린 아이들을 이끌어 가다가 보니 자칫하면 모든 결정과 판단의 기준이 어른인 담임교사가 되고, 그렇게 하면서 자신도 모르게 독재공화국의 1인 독재자가 되어 있는 것을 발견하게 된다.

그렇다면 앞으로 새 시대에 맞는 새로운 학급의 모습은 어떠해야 할지 미리 생각해 볼 필요가 있다.

나는 다음과 같은 모습이어야 한다고 생각한다.

☆★새로운 시대 학급의 청사진★☆

① 아이들과 담임이 함께 꾸려 가는 학급

② 어린이의 입장에서 차별이 없고 평등하게 대우받는 학급

③ 마음과 마음이 서로 활짝 열려 있어 인격적인 만남이 이뤄지는 곳

④ 어리지만 개개인의 인격이 존중되고 개성이 인정되는 학급

⑤ 칭찬과 격려, 인정이 있고, 체벌이나 폭력, 수치심을 자아내게 하는 벌이 없는 아이들이 행복한 학급

⑥ 공동체 생활과 다양한 경제활동을 통해 올바른 사회화가 이루어지는 학급

⑦ 담임교사가 투철한 교육관과 소신 있는 교육철학을 가지고 학급 경영이 이루어지고 있는 학급

⑧ 아이들의 활동이 체계적이고 전문적으로 관리되는 학급

⑨ 학급경영 연간계획서가 세워져 계획대로 충실히 운영되는 학급

⑩ 아이들의 성장과 사회의 변화 속도에 따라 교육 방법이 새롭게 변화하는 학급

⑪ 학급 경영 모든 내용이 일관성이 있고, 학급 구성원 모두의 합의에 의해 이루어지는 민주적인 의사결정 구조를 갖춘 학급

⑫ 학부모와 교사가 서로 신뢰 속에 긴밀하게 협력이 이루어지는 학급

이러한 학급경영이 이루어지게 하려면 교사는 어떤 마음가짐을 갖고 학급경영에 임해야 할까? 바람직한 담임교사의 역할과 마음가짐에 대해 지난날의 학급 담임의 경험을 갖고 간단히 정리해 본다.

☆★ 학급경영과 교사의 마음가짐 ★☆

① 아이들의 인격을 최대한 존중해 준다. 절대로 어리다고 얕보지 않으며 무시하지 않는다. 아이들의 자존심이 상할 말이나 행동은 하지 않도록 최선을 다한다.

② 담임교사와 아이들의 눈높이를 같이 한다. 모든 것을 아이들의 수준에

서 생각하고 이해한다.

③ 부당하게 차별 대우를 당하고 있다고 여기는 아이들이 생기지 않게 공평하게 대해 준다.

④ 남에게 피해를 주지 않는 범위 내에서는 자유로이 행동할 수 있도록 안내한다.

⑤ 모든 행동이 자발적으로 이루어지게 하고, 하고 싶지 않은 것을 억지로 하라고 강요하지 않는다.

⑥ 경쟁심보다는 협동심을 길러 주는 방향으로 이끌어 준다.

⑦ 체벌이나 꾸중보다는 칭찬과 격려, 인정으로 인격의 변화를 추구한다.

⑧ 담임교사가 언제나 밝은 웃음을 잃지 않는다.

⑨ 담임교사도 학급의 일원으로서 학급 구성원 모두와 똑같은 자격을 갖고 행동한다는 것을 보여준다. 학급 회의에서는 의사를 결정할 때 동등하게 담임교사도 한 표를 갖고 행동한다.

⑩ 위엄있고 권위있는 담임교사보다는 친구같이 언제나 가까이 갈 수 있는 담임 교사가 되도록 애쓴다.

⑪ 담임교사 혼자서 교육을 한다는 생각을 버리고 교장, 교감 선생님, 동료 교사, 행정실 직원들, 학부모 모두가 함께 힘을 모아 교육을 같이 한다는 것을 인식한다.

종종 학부모님들과 면담을 하다보면, 가정에서 자녀들 공부를 봐주다가는 화만 내거나 손부터 먼저 올라가기에 못 가르치겠다고 하는 얘기들을 종종 듣게 된다. 이렇게 되는 연유는 부모가 '자녀를 내 자녀다'라는 생각으로 대하기 때문이다. 내 자녀이기에 내가 함부로 대할 수 있다는 생각이 은연중에 나오기 때문에 공부를 가르치다가 답답할 땐 화가 나고, 화나는 것을 참지 않고 그대로 표현하게 되는 것이다. 그러므로 공부를 제대로 가르칠 수가 없고 부모와 자식 사이에 서로 감정만 나빠지게 되는 결과를 초래하게 된다.

부모가 자녀를 잘 양육하려면 우선 '내 자녀'라는 생각을 버리고 위탁 받은 아이들이라고 여겨야 한다. 온 우주 만물을 창조하시고 다스리시며 인간을 창조하신 절대자이신 하나님이 특별히 우리 가정에 이런 성격과 재능을 지닌 아이가 자라기에 가장 적합하다고 여겨서 우리 부부에게 특별히 맡겨 주신 자녀라는 생각을 가져야 한다.

만약 아주 높은 지위를 가진 분의 손자나 자녀를 자신에게 돌보라고 맡겼을 때 화가 난다고 함부로 말하거나 욕하고, 말을 잘 안 듣는다고 벌을 주거나 면박을 줄 수가 있을까? 맡겨주신 분을 생각해서라도 참고 인내하며, 아이의 인격을 배려하고 존중해 주려 하지 않을까? 그러할 때 바람직한 교육이 이루어질 수 있다고 믿는다.

반면에 학교에서 선생님들이 많은 아이들을 가르칠 수 있는 것은 내 자녀가 아니라 다른 사람의 자녀이기에 객관적인 시선에서 바라볼 수가 있는 것이다. 그래서 감정을 조절할 수 있는 힘이 생기게 되고 절제가 가능해진다. 그런데 교사들이 담임을 맡게 되면 내 자녀라는 생각은 하지 않겠지만 부모들과 비슷하게 내 반 아이들이라는 생각을 하기 시작한다.

즉, 내가 맡은 반 아이들이니까 내 마음대로 할 수 있다는 부모들이 갖는 생각들과 비슷한 생각들이 생겨난다. 주의해야 할 부분이다. 특히 아이들에 대한 애정이 깊어질수록 그런 생각도 커가게 된다. 교사들 역시 위탁받은 아이들이라고 생각을 하는 것이 중요하다.

이 땅에는 수많은 학교가 있고, 수많은 선생님들이 있는데 어떻게 이 아이들이 내 반에서 만나 나의 제자가 될 수 있었을까? 절대자이신 하나님이 내가 가진 성격이나 교수법에 비춰 봤을 때 나랑 가장 잘 맞을 것 같고, 이 아이들 개성을 잘 살려 주고 인격을 존중해 주며 행복한 아이들로 키워 줄 것 같아서 특별히 나에게 배정해 준 아이들로 여기는 선생님과 우연히 그냥 만난 것으로 여기는 선생님 중에서 누가 더 아이들에게 열과 성을 다할 것으로 볼 수 있을까?

당연히 전자가 아닐까? 교사는 아이들을 대할 때 내 반 아이라는 생각을 벗어 버리고 절대자인 신으로부터 위탁받은 아이들로 여기는 것이 정말 중요하다. 한 아이, 한 아이를 소중히 여기고, 아이들의 특성이나 개성을 살려 주려고 애를 써야 한다. 선생님은 아이들을 이끌고 가르치는 자가 아니라 칭찬과 격려, 인정의 방법으로 아이들이 전인적인 영역에서 성장이 이루어지도록 돕는 자이며, 아이들이 웃을 때 같이 웃어주고, 아이들이 힘들어 할 때 같이 울어 줄 수 있는 자이어야 한다는 것을 깨달아야 한다.

이러한 것들을 잘 알고 꾸준히 실천해 나간다면 가장 든든한 부모가 될 수 있고, 아이들의 인생에서 잊지 못할 선생님으로 기억될 수 있을 것이다.

자신만의 독특한 교육철학 확립

10

전국에 있는 우리나라 초중등학교들을 살펴 볼 때 이상한 것이 하나 있다. 지역과 주변 환경이 다르고, 학급경영의 주체인 교사와 아이들이 분명 다름에도 불구하고 전국의 학교들이 갖고 있는 학급의 문화나 교육활동의 모습은 너무나 비슷하다는 것이다.

지역 문화와 아이들의 특성, 교사가 가지고 있는 교육철학에 의해 학교마다, 학급마다 독특한 문화들이 만들어지지 못하고 있는 점은 무엇보다도 안타깝다.

그렇다면 왜 이렇게 지역마다 학교마다 학급마다 독특한 교육 내용이나 학교문화가 만들어지지 못하는 이유는 무엇 때문일까? 분명 학교교육계획서를 보면 내용들이 다른데도 말이다. 이는 두 가지의 큰 이유가 있다.

첫째는 지역마다 학교마다 학급마다 교육철학이나 이념이 제대로 정립되어 있지 않기 때문이고, 두 번째는 학교계획서를 작성할 때 전체 교사가 머리를 맞대고 어떤 교육을 펼쳐나갈지 고민하면서 만든 것이 아니고 연구부장 1인에 의해 다른 학교의 자료들을 가져와서 짜깁기 하듯이 만들었고 그러다 보니 전체 교사들이랑 공유가 되지 않은 연유라 생각한다.

나는 우리나라 교육이 다양성을 지니길 원한다. 다양성을 통해 조화를 이뤄 나가야 한다고 생각한다. 특히 학급마다 독특한 문화들을 만들어 나가서 제 빛깔을 지닌 학급 문화가 만들어지길 무엇보다 간절히 원한다. 그러기 위해서는 다음과 같은 점들이 갖추어져야 할 것이다.

'내 자신이' 교단에 서 있어야 하는 존재의 이유라고 할 수 있는 교사 자신만의 독특한 교육철학이나 이념, 중요한 덕목을 하나씩 지니고 있어야 한다. 우리나라의 모든 교사들은 다른 교사들이 자신을 대신할 수 없는 그 무엇들을 갖추고 있어야 한다. 그 무엇에 해당하는 것이 바로 교사 자신의 교육철학이자 이념이 되는 것이다.

교사가 자신만의 독특한 교육철학이나 이념을 어떻게 만들어 갈 수 있을까? 그것은 아이들 앞에 서서 1년 동안 지속적으로 가르치고 강조할 수 있는 중요한 가르침, 또는 덕목이 무엇이면 좋을까 부터 생각해 보면 쉽게 찾을 수 있을 것이다.

그리고 교육현장에서 일어나는 일들에 대해 당연히 여기지 말고 "왜(Why)?"라는 의문을 가져 보고 거기에 대한 스스로의 답을 찾아가는 과정이 필요하다.

현장학습은 왜 가는가? 학부모 공개 수업은 왜 하게 되었을까? 과제는 왜 부과하는 걸까? 이런 질문들을 계속 하다가 보면 의미와 이유들을 발견하게 된다. 그 의미와 이유들을 잘 살리려고 노력하게 될 때 자신만의 방법들이 만들어진다.

예를 들어, 초등학교 교사로 발령을 받게 되면 아이들이나 선생님들 모두 당연하게 여기는 것 중의 하나가 일기장 검사다. 선생님이 아이들의 일기장을 검사하고, 일기 쓰기 지도를 해야 하는 것에 대해 대부분이 당연히 여기고, 모든 아이들 또한 선생님에게 일기장 검사를 받아야 한다고 생각하고 있다.

그런데 선생님들 한 분, 한 분에게 일기장 쓰기 지도를 왜 하느냐고 물으면 선생님들마다 의견들은 분분하다. 어떤 선생님은 아이들에게 하루 삶을 되돌아보고 반성하는 기회를 제공해야 한다고 말하는가 하면, 또 다른 선생님은 아이들의 생활지도를 위한 정보를 얻기 위해 아이들이 어떤 고민을 하고, 친구들 사이에 어떤 갈등 상태가 있는지 알기 위해서 일기를 쓰도록 지도한다고 말한다. 또 어떤 선생님은 아예 일기장 검사를 하지 않는다는 분도 최근에는 보이기 시작했다. 일기는 지극히 사생활에 해당하는 것인데 이를 교사가 교육이라는 이유로 들여다보는 것은 사생활 침해라고 여긴다고 한다. 사실, 이렇게 일기쓰기나 지도에 있어서 서로 다르게 생각하고 있는 이유가 바로 교사 자신이 갖고 있는 일기쓰기에 대한 교육철학이라 말할 수 있는 것이다.

자신이 일기쓰기를 지도해야 하는 이유가 분명할수록 학생들에게 그렇게 일기를 쓰도록 권유하고 지도할 것이다. 그렇게 되면 1년이 지났을 때, 일기쓰기 라는 방법은 동일하지만 일기 쓰는 방법이나 내용은 어떤 선생님을 만났느냐에 따라 달라진다.

나는 교사로 첫 발령 받을 때부터 담임하게 된 모든 반을 〈밀알두레반〉이라는 이름을 사용하면서 왔다. 밀알두레반을 꾸려오면서 나도 모르게 자연스럽게 갖게 된 교육철학이나 이념이 있는데 이것이 바로 〈밀알정신〉과 〈두레 정신〉이다.

밀알 정신은 한 알의 밀알이 땅에 떨어져 온전히 썩어 희생될 때 수많은 밀알이 열매를 맺는 것처럼 남을 위해 희생하고 봉사하자는 것이고, 두레 정신은 우리 조상들의 생활 속에서 나온 것으로 함께 모여 서로 도와주며 살아가는 공동체 정신이다.

이 밀알두레 정신이 바로 한 해 동안 만나게 되는 아이들에게 가르쳐 줄 담임의 가장 중요한 가르침이 된다. 우리 아이들이 일 년 중에 가장 많이 듣게 되는 말이 밀알과 두레라는 말이다. 그러므로 우리 반에서는 어떠한 활동과 행사를 하게 되더라도 항상 밀알두레에서 시작해서 밀알두레로 끝을 맺는다.

예를 들어 시험을 보면서도 밀알의 정신에 대해 얘기할 수 있다. "여러분! 우리는 모두가 다른 사람들을 위해 희생하고 봉사하는 것을 배우며 실천하려는 사람들입니다. 그러한 큰 뜻을 품은 우리들이 다른 사람들이 수고하고 애쓴 지식을 몰래 훔쳐 보는 일을 해서는 안 됩니다. 혹 그런 일에 유혹이 생기면 우리는 밀알로서 과감하게 뿌리쳐야 합니다."

그런데 이러한 담임 나름대로의 교육 철학이나 이념을 가지지 않은 반에서는 어떤 교육활동이나 행사를 하게 될 때 중요한 정신이 빠져 버리고 활동만 남아있게 되는 것을 종종 보게 된다. 옆 반에서 무공해 비누를 만들거나 김장을 담그기를 한 후에 교사로부터 아이들의 반응이 좋았더라는 이야기를 들으면, 며칠 있다가 그대로 따라 해 본다. 그러다 보니 거기에는 어떠한 의미나 정신을 담은 것으로 승화시키지 못하고 단지 특별활동으로만 끝나게 되는 경우가 많다.

교사가 자신만의 독특한 교육철학이나 이념을 잘 세워 갈수록 학급경영이 독특한 빛깔을 지니게 된다. 교사가 자신만의 교육철학이나 이념을 수립하는 것은 1년 동안 학생들과의 만남을 준비함에 있어서 가장 중요한 핵심이 된다. 교육철학이나 이념을 가지고 있으면 교육과정을 재구성하기도 쉽고, 학급에서 하는 많은 활동들이 단순

한 활동으로만 그치지 않고 의미를 찾아 지도할 수가 있는 것이다.

아울러, 교육 철학이나 이념을 확립하게 되면 교사로서의 자부심이나 소명의식이 생겨난다. 교단에서 나만이 가르쳐 줄 수 있는 그 무엇이 많으면 많을수록 교사가 된 것에 감사하는 마음도 갖게 된다.

그러나 중요한 것이 하나 더 있다. 자신만의 교육철학이나 이념을 수립하는 것으로 끝나서는 안 된다. 특히 제도권인 공립학교와 사립학교에 몸담았느냐 제도권 밖인 사립 대안학교에 몸담고 있느냐에 따라서는 조금 달라지지만 자신만의 독특한 교육철학이나 이념은 반드시 어떤 다른 중요한 것 위에 세워져야 한다.

예를 들어, 제도권 학교에 몸담은 경우에는 무엇보다 우리나라 교육 이념과 교육과정의 정신이 가장 밑바탕에 놓여야 하고, 그 위에 각 시도교육청이나 지역 교육지원청의 교육 철학과 중점 실천사항들이 오고, 그 위에 각 학교의 교육철학이나 교육중점 활동들이 오며, 마지막으로 자신의 교육철학이나 이념이 그 위에 놓여야 한다.

자신의 교육철학과 이념

학교의 교육철학

시도교육청, 지역교육청의 교육철학

정부의 교육이념과 교육과정 정신

〈공립학교, 사립학교〉

자신의 교육철학이나 이념

학교의 교육철학
(설립정신)

〈사립 대안학교〉

사립 대안학교의 경우는 이와는 조금 다르다. 사립 대안학교의 경우는 학교의 교육철학이나 설립 정신 등을 기초로 한 교육목표나 특색교육, 교육 중점 사항이 제일 기초가 되고 그 위에 교사 자신의 교육철학과 이념을 세우면 된다. 사립 대안학교는 정부의 교육과정이나 정책과 별도로 운영이 되기 때문이다.

그러므로 앞으로는 교사들이 제도권 학교에 부임하게 되면 자신만의 교육철학을 먼저 내세우지 말고, 정부의 교육과정이 어떻게 구성되어 있는지 잘 살펴보아야 하고, 시도교육청이나 지역 교육지원청의 교육정책도 이해하고 있어야 하며, 배정받은 학교의 교육철학이나 중점 실천 사항 등을 꼼꼼하게 살펴보고 이를 어떻게 구현해 내야 할지에 대해 깊이 고민해 보아야 한다. 그리고 그러한 것들 위에 자신만의 교육철학이나 이념을 구현해 내는 노력을 기울여야 한다.

그렇게 할 때 우리나라는 학교마다, 학급마다 독특한 교육 문화와 교육내용들이 만들어져 교육의 제 빛깔을 찾게 될 것이다.

학급경영 할 때, 교사가 주의해야 할 사항

11

지난 날 담임으로서 학급경영을 해 본 경험에 비추어 봤을 때, 교사가 학급경영을 하면서 주의해야 할 점들이 몇 가지 있다.

첫째, 어리다고 어린이의 인격을 무시하지 말아야 한다. 얕보거나 무시하는 말을 해서는 안 된다. 아이들이 평소에 지시한 내용을 안 지켰다고 해서 어린이들이 자존심 상해할 말이나 행동을 하면 그 아이는 마음에 상처를 입게 된다.

말 한마디를 주의해야 한다. 잘못했다고 전체 앞에서 공개적으로 망신을 주는 일은 절대로 없어야 한다. 어린이들은 쉽게 마음에 상처를 입게 된다. 마음에 난 상처는 그 어떤 약으로도 치료할 수가 없으니, 가능한 한 전체 앞에서는 꾸중을 하거나 혼을 내지 말아야 한다. 꾸중이 필요하면 당사자만 있는 곳에서 개별로 하고, 전체를 대상으로 주의를 줄 경우 구체적으로 말하지 않으면 아이들은 왜 주의를 받는지도 모르는 경우가 허다하다. 그리고 주의를 줄 때는 반드시 2~3

분 이내로 짧고 명확하게 해야 한다. 그리고, 주의를 주고 나면 반드시 따로 남겨서 선생님이 얼마나 사랑하고 있는지 얘기해주고 달래주는 것을 잊어서는 안된다.

둘째, 감정을 잘 조절하고 어린이들을 화풀이 대상으로 삼아서는 안 된다. 나이가 어린 만큼 모든 것이 부족하다는 것을 먼저 인정해야 한다. 솔직히 초등 아이들의 경우 자기 스스로 대소변을 가리고 사리 분별력이 생기기 시작하는 것이 7세 정도가 아닐까? 그러니까 아이들을 바라볼 때 아이들 나이에서 7을 빼고 바라볼 필요가 있다. 아이가 6학년 13세라면 인생을 스스로의 힘으로 살 수 있게 된 것이 이제 겨우 6년이 된 것이다. 이런 아이들에게 어른처럼 성숙하게 말하고 행동해지기를 기대하는 것이 너무 과한 것은 아닐까?

또한, 교사가 자기 반의 어린 아이들을 철저히 믿어 주는 것도 필요하겠지만 무엇보다 얼마든지 나쁜 유혹에 빠질 수 있는 존재들임을 기억해야 한다. 아이가 잘못해서 화가 나더라도 참아야 한다. 선생님이 내는 화나 분노는 아이들을 공포 분위기로 몰아넣는다. 선생님이 내는 화나 분노 때문에 아이들이 잘못을 깨닫게 되거나 아이들의 마음이 움직여지는 것은 절대 아니다. 무서운 공포 분위기 때문에 이러한 분위기에서 빨리 벗어나려고 잘못을 뉘우치는 척 하는 것일 뿐이다.

셋째, 체벌이나 강압적인 훈육 수단은 사용하지 않아야 한다. 체벌은 한번 하게 되면 마약과도 같아서 자주 하게 되고 강도를 점점 더 세게 해야만 효과가 있다. 그리고 이것이 습관화되고 나면 체벌하는 사람이나 맞는 사람이나 별 소용없는 상태에 이르게 된다. 가능한 체벌은 하지 않도록 조심해야 한다.

넷째, 차별하지 않도록 해야 한다. 선생님은 차별한다고 여기지 않지만 한 해가 끝나갈 무렵, 차별당하고 있다고 여기는 아이들이 생겨난다.

'나는 차별 대우를 하지 않았는데 아이들 스스로 그렇게 생각하는 것까지 교사 책임이냐?'라고 항변할 수 있지만 나의 생각에는 교사는 그런 아이들 생각까지도 귀를 기울이거나 관심을 가져야 한다고 여긴다.

내가 담임하면서 1년 중에 가장 신경을 많이 쓴 것은 어떻게 하면 아이들이 차별대우를 당하고 있다고 느끼지 않게 하느냐 였다. 차별대우를 당한다고 여기는 아이가 있을 경우 그 아이는 나의 어떤 말이나 가르침도 받아들이길 거부 하기 때문이다. 대체로 보면 차별대우를 받고 있음을 느끼는 아이들은 자신들이 공부를 잘 못한다고 여기거나 외모에 자신이 없는 등 뭔가 자격지심을 갖고 있는 아이들한테서 많이 나타난다.

이런 아이들은 담임 선생님이 자기를 어떻게 대하느냐로 판단하는 것이 아니라 반에서 공부 잘하고, 얼굴이 예쁜 친구들에게 어떻게 대하는 가로 단정해 버린다.

그러므로, 반에서 공부를 잘 하거나, 그동안 칭찬을 많이 받아왔거나, 얼굴이 예뻐서 인기가 많은 학생들을 대할 때에는 각별히 조심해야만 한다.

다섯째, 쉽게 좌절하거나 포기하지 말아야 한다. 학급경영을 하다가 보면 담임의 계획대로 되지 않는 경우가 허다하며, 정성을 들였는데 실패로 끝날 때가 있다. 때로는 담임의 뜻을 몰라주는 아이들이나 학부모들 때문에 속상해 하거나 좌절하는 경우도 종종 생긴다. 사람들의 평가에 너무 연연해 하지 말아야 한다.

그래서 후배 교사들에게 내가 자주 해 주는 말이 있다. 어떤 경우라도 공동체 안에서의 사람들의 평가는 20%, 60%, 20%의 세 부분으로 나누어질 수 있다고 말한다. 즉, 아무리 잘못해도 20% 정도는 적극 지지해 주는 자가 있게 마련이고. 또한 아무리 잘 해도 그냥 싫어하는 사람이 20% 정도는 존재할 수 있는 것이다.

그러기에 다른 사람들의 입을 통해 자신에게 안 좋은 평판이 들리면 부정적인 사람들 20%의 이야기가 자신에게 들린 것이라 여기고 서운해 하지 않아야 하며, 자신을 극찬하면서 좋아해 주는 이야기가 들린다 해도 무조건 좋아해 주는 사람들의 20% 정도의 이야기라고 여기며 우쭐해 할 필요가 없다고 조언해 주고 있다.

그리고, 교육을 하면서 생기는 문제에 대해 그 어떤 경우에라도 포기하거나 좌절해서는 안 된다. 오히려 그럴수록 더 열심을 내어야 한다. 언젠가는 진심을 알아줄 때가 오기 때문이다.

여섯째, 위험하다는 이유로 아이의 물건을 압수하거나 도난사고가 생겼다고 아이들 가방을 뒤지는 일은 절대 해서는 안 된다.

우리 교육현장에는 선생님이 아이들이 가지고 있는 물건들을 공부하는데 전혀 도움이 안 된다는 이유로 압수하거나, 교실에서 도난사고가 생겼을 경우 모두들 책가방을 책상 위에 올려 두고 선생님이 가방을 하나하나 뒤지는 것을 당연하게 하고 있는 경우가 많다. 그러나 이런 행동은 이제 하지 말아야 한다.

가져와서는 안 될 물건을 가져왔다고 선생님이 압수하지 말고 그 이유를 차근차근 알아듣게 설명해 주고, 학교에 다시 가져와서는 안 된다는 것을 가르쳐 주면 된다.

물건이나 돈이 없어졌다고 선생님이 아이들 가방을 뒤지는 일은 쉽게 해서는 안 된다. 선생님이 범인을 찾아 혐의자들의 소지품을 검사하는 형사와 같은 모습이어서야 되겠는가? 선생님이 그런 방법으로 해결해서는 안 된다. 그런 방법으로 찾을 수도 없을 뿐더러 찾아내서도 안 된다고 생각한다.

선생님의 역할은 학급의 아이들이 나쁜 유혹에 빠지지 않도록 하고 유혹에 빠졌다면 빨리 뉘우치도록 돕는 것이다.

일곱째, 아이들에게 한 약속은 반드시 지켜야 한다. 선생님이 바삐 움직이다가 보면 아이들과 약속을 해 놓고 못 지키거나 못 지킬 약속을 할 때가 종종 있다. 꼭 지킬 수 있는 약속만 하든지, 지키지 못 했을 경우엔 반드시 아이들이 납득할만한 이유를 가지고 사과를 구해야 한다. 어리다고 얼렁뚱땅 넘기려고 해서는 안 된다.

여덟째, 잘못을 뉘우치거나 용서를 구할 경우엔 어떤 잘못일지라도 꾸중하거나 체벌을 가하지 말아야 한다. 반에서 아이들이 자신의 잘못을 뉘우치거나 용서를 구하면 그 어떤 잘못일지라도 용서받을 수 있음을 틈 날 때마다 얘기를 하고 또 실제로 용서하는 모습을 보여 줄 필요가 있다.

학급에서 아이들이 잘못을 저질러 놓고서도 쉽게 고백하지 못하는 것은 사실대로 말했을 경우 혼나거나 벌을 받을 것이 두렵기 때문이다. 솔직하게 잘못을 고백했을 경우 용서를 받을 수 있다는 것을 알게 하면, 아이들은 절대 거짓말을 하지 않는 것을 아이들과 함께 하면서 깨닫게 되었다.

아홉째, 선생님도 아이들의 활동에 동참해 보자. 학급에서 이루어지는 모든 활동에 담임도 함께 참여해 보는 것이다. 선생님이 뒷짐을 지고서 관망자의 자세로 있는 것이 아니고 아이들과 함께 참여할 때 아이들은 한결 더 열심을 내게 된다.

열 째, 개그맨이 되려고 하지 말자. 젊은 선생님일수록 즐겁고 신나는 학급을 만들기 위해 무척 애를 많이 쓴다. 즐겁고 신나는 놀이를 틈날 때마다 하거나 노래나 율동을 가르쳐 주는 등 교실은 그야말로 신나고 즐겁기만 하다. 선생님의 재치 있는 농담이나 유머로 교실은 그야말로 웃음바다가 된다. 선생님의 말 한마디 동작 하나 하나에 교실의 아이들은 박장대소하며 웃음이 그칠 줄을 모른다.

그러나 이런 교실이 참 재미있고 즐겁다는 점은 인정받을 수 있겠지만 몇 가지 문제점을 지니게 된다. 교실 분위기가 늘 들떠 있고 소란해서 차분하게 학습할 수 있는 분위기가 조성 안 된다는 점과 정숙된 분위기를 위해서는 교사가 큰 소리를 내거나 꾸중을 해야 간신히 유지가 된다는 것이다.

그래서 아이들을 조용히 시키려고 선생님이 꾸중을 하게 되면 아이들은 금방 풀이 죽게 되고, 이것이 안쓰러워서 다시 기분을 풀어주려고 애쓰다 보면 금방 원래대로 되돌아가게 된다.

언젠가 우리 반 아이들에게 설문 조사를 했었는데, 아이들은 선생님이 개그맨처럼 재미있긴 하지만 간혹 떠든다고 꾸중을 하거나 주의를 주는 선생님보다는 늘 조용하고 잔잔하게 말씀하시며 화를 잘 내지 않는 친절하고 자상한 선생님을 더 좋아하고 있다고 응답했었다. 이모나 삼촌같이 다정하기도 하면서도 언제나 가까이 다가가서 질문해도 나의 이야기에 귀 기울여 주고 정성껏 대답해 주는 그런 분을 더 좋아하였다.

내가 이러한 사실을 알기 이전까지는 앞에서 열거한 것과 같이 아이들을 즐겁고 신나는 학급 분위기를 만들어 줄려고 무척이나 노력했었다. 뒤늦게 이것을 알고 차분하고 친절한, 자상한 선생님이 되려고 노력하고 있다.

열한 번째, 교육은 나 혼자서 하는 것이 아니라는 것이다. 학교에서는 교장, 교감 선생님을 비롯해서 동료 교사들, 행정실 직원들의 협력이 함께 이루어지는 것이고, 학부모들까지 동역자로 함께 해서 교육이 이루어지는 것임을 기억해야 한다. 모든 사람들과 함께 연합이 이루어질 때 교육의 효과가 잘 나타나는 것임을 기억하고 어떻게 하면 함께 연합할 수 있을까에 더 많은 고민이 있어야 한다.

열두 번째, 아이들의 거칠고 난폭한 행동이나 무례한 행동, 수업을 방해하는 행동을 보게 될 경우, 아이의 문제라고 가볍게 여기지 말자. 이 아이는 지금 자신이 부모님에게서 사랑과 관심, 격려를 많이 못 받아 몹시 힘들다는 것을 말로 하지 못하고 몸으로 이야기 하고 있는 것이다. 아이들이 거칠고 난폭한 경우 사랑이나 관심, 격려가 들어가게 되면 부드러워진다. 가정에서 부모의 사랑과 관심, 격려, 인정을 더 많이 해 줄 수 있도록 특별히 부모와의 면담을 통해 이를 강조해야 한다.

위기에 놓인 우리나라 교육과 대안

12

2010년 우리를 깜짝 놀라게 한 기사가 보도된 적이 있었다. 우리나라의 초·중·고교생의 24%가 학교생활에 적응하지 못해 교육 목표를 달성하기 어려운 '위기 상태'라는 기사였다.

차명호 평택대 교육대학원장 연구팀이 교과부의 지원을 받아 2009년 10~11월 전국 81개 초·중·고교 학생 7,262명을 설문조사해 작성한 것으로 전국의 '위기학생'은 177만 9,871명으로 전체 학생의 23.9%에 이르는 것으로 추정한 것이다.

이 보고서에 따르면 학교급별 위기 학생의 비율은 전문계고가 42.1%로 가장 높고, 인문계고 31.5%, 중학교 28.5%, 초등학교는 14.3%로 상위 학교로 갈수록 비율이 높아지고 있으며, 학업성적이 하위권인 학생의 43.3%가 위기의 학생으로 보았다. 무척 놀랍다.

이 연구 보고서가 맞다면 우리나라에서는 학교를 안 보내야 한다. 위기 학생을 길러내고 있으니까.

이 연구팀은 연구 결과를 통해 우리나라의 교육이 겉과 달리 속으로는 매우 황폐화되고 있음을 나타내고 있다고 결론을 지었다.

그로부터 4년이 흐른 후, 우리나라에서는 상상도 할 수 없는 끔찍한 일이 일어나서 온 나라를 발칵 뒤집어 놓은 적이 있었다.

2014년 6월 21일 강원도 동부전선 육군 22사단 최전선 경계부대 GOP에서 총기를 난사해 12명의 사상자를 내고 무장 탈영했던 임모 병장이 자해를 시도하다가 생포된 사건이 일어난 것이다.

미디어다음 연예 스포츠 BRA

뉴스홈 주요뉴스 사회 정치 경제 국제 문화/

군인 20%가 관심병사

요주의 A급만 1만7000명 … 전문지식 없는 소대장이 상담
임 병장 총격 자해 후 생포 … 폐 일부 절제, 생명엔 지장 없어

중앙일보 | 유성운 | 입력 2014.06.24 02:41 | 수정 2014.06.24 09:19

댓글 0 마이피플 트위터 페이스북

지난 21일 강원도 동부전선 육군 22사단 최전방 경계부대 GOP(일반전초)에서 총기를 난사해 12명의 사상자를 내고 무장 탈영했던 임모(22) 병장이 이틀 만인 23일 오후 자해를 시도하다가 군 추적대에 생포됐다.

김민석 국방부 대변인은 "22사단에는 관심병사(A·B·C급)가 1800명 정도 되는 것으로 파악하고 있다. 이는 전체 병사의 약 20%에 해당한다"며 "이 중 A급 병사는 300여 명, B급 병사는 500여 명으로 800명가량"이라고 말했다. 또 "22사단에 특별히 집중된 건 아니고 일반적으로 이 정도 수준"이라고 덧붙였다.

이 사건이 일어난 다음 날 신문에는 '22사단 군인 20%가 관심병사'라고 보도가 되었다. 특히 그 당시 김민석 국방부 대변인은 "22사단에는 관심병사가 1800명 정도 되며 전체 병사의 20%에 해당한다." 고 했다. 그러면서 "이 수치는 22사단에 특별히 집중된 건 아니고 일반적으로 이 정도 수준이다."라고 덧붙였다.

위의 두 가지 일이 전혀 연관이 없는 일인 것 같지만 잘 살펴보면 긴밀한 관계가 있음을 알 수 있다.

앞의 보고서 자료를 살펴보면 학교급별 위기 학생의 비율에서 전문계고가 42.1%, 인문계고 31.5%라고 되어 있다. 이 자료를 합하여 평균을 내면 36.8%가 된다. 그러니까 우리나라 고등학생의 위기 학생 평균 비율이 36.8%인 것이다. 이 비율 속에는 여학생들도 포함되어 있다. 남학생들이 좀 더 높다고 가정하고 20%, 여학생을 16.8%라고 본다면 여학생은 군대에 가지 않고, 남학생들만 입대를 하니까 고등학교 때 위기학생이 그대로 군에 가서 관심병사가 된 것으로 추측해 볼 수가 있는 것이다.

군인은 국가와 국민을 보호해야 할 중요한 임무를 지니고 있다. 그런데 관심병사는 국가로부터 관심과 보호를 받고 있는 경우를 말한다. 참으로 어처구니없는 일이다. 우리나라 군인의 20%가 관심병사라면 그 전력 손실은 국가 안보에 있어 너무나도 심각한 일이 아닐 수 없다. 그러면, 이 관심병사가 제대를 하면 그것으로 끝일까? 회사에 들어가면 문제사원이 될 것이고, 결혼해서 가정을 꾸리면 위기 가정을 꾸리게 될텐데 이는 사회적으로 큰 문제가 된다.

여기서 하나 더 생각해 봐야 할 것이다. 위의 보고서 자료는 2010년도 자료이다. 이로부터 시간이 많이 흐른 지금은 이 위기학생의 비율이 늘었을까? 줄었을까? 아마도 많은 분들은 분명히 더 늘었다고 생각할 것이다. 너무나도 심각하다. 이런 현상이 우리 사회에 나타나게 된 이유가 무엇인지를 살펴보고 원인이 된 부분들을 개선해 나가는 것이 무엇보다 중요하다고 하겠다.

위기 학생이 만들어지는 원인(1) 위기 가정의 증가

13

우선, 우리 사회에서 위기학생이 만들어지는 이유가 무엇인지 그 원인을 제대로 밝혀보는 것이 중요하다. 앞서 위기학생에 대해 연구를 맡았던 연구팀은 위기학생의 문제가 발생하는 근본 원인은 가정과 학교, 사회의 병리 요인이 복잡하게 얽혀 학생들을 불안한 심리상태로 몰아가고 이로부터 받는 스트레스가 학생들의 자기 확립, 자아존중에 커다란 지장을 초래하고 있다고 그 이유를 밝히기도 했었다.

나는 우선 학생들의 삶의 무대가 되는 가정은 학생들이 행복하게 살아갈 수 있는 환경으로 잘 구축이 되어 있는지, 아니면 오히려 위기 학생을 길러내는 요소들을 갖추고 있지는 않은지 살펴보아야 한다고 생각한다.

먼저, 나는 우리나라에서 최근에 위기 학생이 증가하고 있는 이유로 위기 가정의 증가라는 측면에서 찾아보려 한다.

첫째, 우리나라에서 이혼률이 계속 증가하고 있는 점이다. 우리나라는 현재 OECD 회원국 중 이혼율이 1위이며, 한 부모가정은 해마가 증가 추세를 보이고 있다. 부모가 이혼할 정도의 가정이라면 평소에 부모님이 어떻게 생활하고 있었을지 미루어 짐작할 수 있다. 부모가 서로 사랑하지 않은 상태로 지내고 있어 자녀들에게 관심과 사랑을 줄 형편이 못되기에 자녀들 또한 문제행동을 많이 보일 수 있다.

둘째, 가족관의 유대 관계 약화를 들 수 있다. 맞벌이 가정이 증가하고, 가족 구성원들끼리 바빠지면서 가족들 간의 유대 관계가 점점 약화된 것이 위기 학생들이 생기게 된 가장 큰 문제 중의 하나라고 볼 수 있다.

맞벌이 가정이 늘어나면서 1주일 동안 가족들이 만나서 저녁 식사를 같이 하기가 쉽지 않을 정도로 가족 구성원들이 바쁘게 되었다.

가족들 간의 유대 관계가 약화되어도 어른들은 일에 전념하면서 보람을 통해 그래도 견뎌낼 수 있는 힘이 생기지만 가장 문제가 되는 것은 자녀들이다. 자녀들은 하루 삼시 세끼 밥을 꼬박 꼬박 챙겨 먹어야 성장이 이루어지는 것처럼 하루에 꼬박 꼬박 부모로부터 관심과 사랑, 칭찬을 받아야 마음이 건강한 아이로 자라날 수 있다.

그렇지 않으면 몸과 마음의 성장의 불균형 현상이 초래하게 되어 여러 가지 문제 행동이 생긴다.

하지만 우리 눈에는 마음의 자람이 보이지 않기 때문에 놓칠 우려가 있다. 맞벌이 가정이 늘어나면서 가족들이 바쁘게 생활하게 되었고 가족 구성원간의 유대 관계가 점점 약화되어 행복함을 느끼지 못하면서 살아가는 가정이 늘어난 것이다. 그런 가정에서 자라나는 아이들이 부모로부터 사랑을 충분히 받지 못하고 행복감을 느끼지 못하게 된 것이 '위기학생'으로 이어지게 된 것이다.

위기 학생이 만들어지는 원인(2) 학교답지 않은 학교의 증가

14

학교는 학생들에게 삶의 목표, 가치관, 비전을 가르쳐서 학생들의 가슴이 뜨거워지게 해야 하는데 오늘날의 대부분의 학교들이 그렇게 하지를 못하고 오히려 입시 위주의 줄 세우기 교육을 실시하고 있다. 공부 열심히 해서 좋은 대학에 가면 인생이 행복해 지는 것처럼 학생들에게 가르치고 있고, 지적 호기심이 전혀 충족되지 않는 지루하고 재미없는 수업이 전개되고 있으며, 학교에서 선생님과 친구들, 선후배들을 인격적으로 만나는 즐거움을 전혀 맛볼 수 없도록 하기 때문에 학생들이 더 자극적이고 감각적인 것을 좇아가게 되었다.

그러기에 최근 들어와서 중고등학생들 사이에서 술이나 담배 같은 것들이 만연하고 인터넷 게임이나 스마트폰에 중독된 것처럼 보이는 것들은 학생들의 가슴을 뜨겁게 해 주지 못해서 생긴 현상으로 보아야 한다.

오늘날 위기 학생들이 길러지게 된 요인들 중에서 학교에서는 어떤 요인들이 작용했는지 자세히 살펴볼 필요가 있다.

첫째, 입시 위주의 줄 세우기 교육이다. 2013년 11월 1일, 우리나라 학교교육의 문제 때문에 현재 세계 최고의 복지 국가라는 스웨덴의 사회 복지 시스템을 만든 제1 야당인 사민당(사회민주당) 대표인 스테판 로벤씨로부터 쓴 소리를 들은 적이 있었고, 이것이 뉴스에 자세히 보도된 적이 있다.

스웨덴 언론이 전한 소식은 한국 교육은 배우지 말아야 할 대상이라는 것이다. 한국의 교육열은 높지만 그것은 표면적인 성과에 지나지 않고 그 교육열 때문에 학생들이 너무 혹사를 당한다는 말이다. 이 말은 우리가 기분 나쁘더라도 제대로 새겨들어야 할 충고이다.

둘째, 지적 호기심을 충족하지 않는 배움과 사교육에의 폐해이다.

학교는 지금 잠자는 아이들과 전쟁 중이라는 말이 교사들 사이에 유행어처럼 번지고 있다. 학생들이 학교에서 잠을 자는 이유는 배우는 내용이 재미가 없거나 수면이 부족해서 일 것이다. 학교에서 배우는 수업 내용이 의미가 있거나 재미있다고 느끼면 누가 잠을 잘까? 수업 중에 호기심이 충족이 되는 배움들로 이루어진다면 오던 잠도 달아나지 않을까?

오늘날 학교에서 수많은 학생들이 수업에 참여하지 않고 잠을 자고 있다는 것은 배움이 의미가 없다고 여기거나 재미가 없고 호기심이 전혀 생기지 않는 배움들로 이루어지고 있기 때문이다.

대부분의 학교 수업이 실험이나 조사, 탐구의 방식으로 전개되지 않고 교사 위주의 강의식 수업으로 진행이 되기에 학생들의 사고력이 길러지지 않고, 주입식으로 주어지다 보니 자연 흥미가 감퇴된다.

아울러 사교육을 통해 많은 학생들이 선행 학습이 이루어지고 학습 결과를 미리 알고 있어 더 더욱 흥미는 줄어드는 것이다.

셋째, 사귐의 즐거움이 없는 학교의 모습이다. 학생들이 학교를 올 때 선생님과 친구, 선후배 사이에 깊은 인격적인 만남을 기대하고 있는데 사귐의 즐거움을 전혀 느낄 수 없는 구조로 교육이 이루어지고 있다.

우리나라는 현재 '줄 세우기식' 상대평가로 내신을 적용하고 있다. 이는 친구를 서로 도움을 주고받는 대상이 아니라 경쟁해야 할 대상으로 여기고 발로 밟고 일어서야 할 대상으로 생각하도록 만든 가장 시급히 개선해야 할 우리나라 교육제도 중의 하나라고 본다.

대안찾기 행복한 가정, 행복한 학교 만들기

15

앞에서 살펴본 것처럼 오늘날 위기 학생이 많아진 이유는 행복하지 않은 가정이 늘어났고 학생들에게 인생을 살아야 하는 이유, 삶의 목표, 바른 가치관을 가르쳐 주어야 할 학교가 목표와 방향을 잃어버리고 입시 위주의 줄 세우기 교육으로 방향을 잡고 가면서 나타난 현상인 것이다.

요즘 위기 학생이 늘어나고 학생들의 일탈 행위가 증가하게 된 것은 가정이 가정답지 못하고 학교가 학교답지 못해서 나타난 현상인 것이지 청소년들의 당연한 문제라고 여겨서는 안 된다.

이러한 현상은 그 원인이 되었던 요소들이 반드시 있으므로 그 원인을 바로 잡아주면 현상들은 자연스럽게 바른 방향으로 정리가 되고 자리를 잡게 될 것이다.

가정이 행복해지면 자녀들 또한 마음과 영혼이 건강한 아이로 자라날 수 있는 토대가 만들어진다. 그러므로 여기서는 행복한 가정을 만들려면 어떻게 해야 하는지에 대해 살펴보고자 한다. 행복한 가정을 만드는데 도움이 될 방법들을 제시하면 다음과 같다.

첫째, 아빠의 가장으로서의 권위 회복과 가정의 중심 역할이다. 많은 가정에서 아빠는 돈만 벌어다 주면 아빠의 역할을 다하고 있는 것처럼 여기며 자녀 교육은 엄마에게 다 위임하고 있다.

이제는 아빠가 가정의 중심이 되어야 하며 가장으로서 그 역할을 잘 감당해야 한다. 자녀의 문제를 엄마에게 일임할 것이 아니라 부부가 머리를 맞대고 함께 의논을 하고 자녀의 문제에 깊이 관심을 가져 주어야 한다.

아빠가 자녀교육에 관심이 많은지 간단히 알 수 있는 방법이 하나 있다. 다음의 세 가지 정도의 질문을 아빠에게 했을 때에 대해 즉시 답이 나오면 가정적이며 자녀교육에 대해 관심이 많은 아빠라 여겨도 되지 않을까 싶다.

☆★ 아빠에게 묻는 질문 3가지 ★☆

①자녀랑 가장 친한 친구가 누구인가?

②자녀는 학교에서 몇 학년 몇 반인가?

③자녀의 담임 선생님 성함은 어떻게 되는가?

둘째, 가족 구성원의 우선순위를 바로 세워야 한다. 대부분의 가정이 행복한 가정이 되지 못하는 이유 중의 하나가 가족 구성원들의 우선순위가 잘못되어 있는 경우가 많다.

많은 사람들이 가족들 중에서 가장 마음을 두고 있는 사람이 누구냐고 물어보면 아빠들은 대체로 부모이고 두 번째가 자녀, 세 번째가 아내인 경우가 많다. 반대로 엄마들에게 물어보면 첫 번째가 자녀, 두 번째는 친정 부모님, 세 번째가 남편이라고 말한다.

행복한 가정이 되려면 부부, 자녀, 부모의 순이어야 한다. 이것이 성경적이다. 부부가 서로를 제일로 여기며 서로 사랑을 주고받을 때, 그 사랑이 자녀들에게 흘러가서 자녀들은 부모님의 사랑을 받아먹고 몸과 마음이 건강한 행복하고 건강하게 된다. 그리하여 이렇게 행복한 가정이 되었을 때 부모님을 정성을 다해 모시는 것이 가장 바람직한 가정의 모습이라 하겠다.

셋째, 자녀들 앞에서 서로 사랑하는 모습을 보여 주어야 한다. 부모가 자주 다투면 자녀들은 불안함을 느끼게 된다. 게다가 드라마나 영화가 이혼이나 별거, 재혼 등을 내용으로 위기 가정들을 소재로 한 것이 많다 보니 이미 이에 대해 학습이 된 자녀들은 별것 아닌 이유로 부모님들이 다투게 되면 부모가 이혼하거나 별거하게 되지는 않을까 우려하는 마음들이 생기면서 자연스럽게 불안한 마음으로 이어진다.

그러므로 자녀들 보는 앞에서 부부가 싸우는 모습을 보이지 않도록 주의해야 한다. 부득이한 이유로 다투게 될 경우 반드시 자녀들이 없는 곳에 가서 서운한 마음을 토로하고 그렇게 한 이후에는 반드시 화해를 해서 언제 그런 일이 있었느냐는 듯이 자녀들 앞에서 행동하도록 하는 것이 좋다.

넷째, 매일 저녁마다 대화의 시간 갖고 기도해 주는 시간을 갖는 것도 좋다. 매일 저녁마다 잠자기 전에 가족들이 모여서 어떤 삶을 살았는지, 삶을 통해서 무엇을 깨닫고 배우게 되었으며 느꼈는지, 고민이나 걱정거리가 있다면 어떤 것인지를 간단히 나누고 난 후에는 기도해 주는 시간을 가져도 좋다. 특히 자녀가 잠자리에 들 때 아빠가 자녀의 머리 위해 손을 얹고 기도하는 시간을 꼭 갖길 권한다. 아빠가 이왕 기도하는 할 때 소리 내어 기도해 주면 더욱 좋을 것이다. 그 기도 내용을 자녀가 들으면서 아빠의 기대를 마음에 새길 수 있고 아빠가 나에게 이 정도로 기대하고 있음을 느끼면서 자존감이 높아지게 된다.

다섯째, 칭찬과 격려, 인정을 해 주어야 한다. 교육은 아이들의 내면을 바람직한 상태로 변화시키려는 것인데 이를 꾸중이나 질책, 체벌과 같은 강압적인 훈육의 방법으로 이런 내면의 변화를 이끌어 낼 수가 있을까? 아이들은 부모나 교사들의 칭찬과 격려, 인정을 필요로 한다. 칭찬과 격려, 인정이 있을 때만이 내면에서의 변화가 나타난다. 아이들은 부모나 교사가 믿고 기다려 주며 칭찬과 격려, 인정을 해 줄 때 변화하고 성장하게 된다는 것을 지난날의 학생들을 지도한 경험을 통해 깨닫게 되었다.

여섯째, 자녀에게 절대적인 지지자가 되어 주어야 한다. 아이들은 부모가 절대적인 지지자가 되어 줄 때 자신감이 생기며 당당하게 어려움을 헤쳐 나갈 힘을 갖게 된다. 비록 지금은 잘못된 선택을 하고 있지만 우리 아이는 반드시 바른 선택을 하고 돌아올 것이라는 믿음을 갖고 지지해 주는 것이 부모의 역할 중의 하나가 아닐까 생각한다.

그리고 마지막으로 자녀의 감정에 대해 충분히 공감해 주는 것이 중요하다. 자녀가 느끼는 감정에 공감해 주지 않고 가르치려 들거나 해결 방법을 제시하려고 하면 아이들은 공감 받지 못한 것 때문에 더 힘들어 하게 된다. 자녀의 학교에서 일어나는 문제들 중에서 부모님이 공감만 잘해 줘도 80% 정도는 스스로 문제를 해결해 나갈 힘을 얻게 된다. 자녀의 입장을 존중해 주고 끊임없이 지지해 주면 자녀는 반드시 그 바램과 기대대로 그런 삶을 살아가게 된다는 점을 부모들은 잊지 말아야 한다.

다음의 서울시교육청 자료에 의하면 2011년 이후부터 매년 6~7만 명 이상의 학생들이 학교를 중도에 그만두고 학교 밖을 선택했다. 학교 밖 청소년 현황을 보면, 학령인구가 계속 줄어들고 있기에 학교 밖 청소년의 수도 같이 줄어들어야 하는데 그 수가 매년 6~7만 명으로 비슷하게 유지가 되고 있다는 것은 비율적으로는 증가하고 있다는 것을 의미한다.

학업 중단의 원인들을 살펴볼 때, 눈여겨 볼 부분이 가정, 학교 부적응으로 학업을 중단하는 학생이 초등학교 때 9.9%, 중학교 때 19.5%, 고등학교 때 59.7%로 고등학교 때가 가장 높았다.

연도별 초·중·고 학업 중단율 (단위: 명, %)

연도	초등학교			중학교			고교		
	학생수	중단자	중단율	학생수	중단자	중단율	학생수	중단자	중단율
2014	278만4000	1만5908	0.6	180만4189	1만4278	0.8	189만3303	3만382	1.6
2013	295만1995	1만6828	0.6	184만9094	1만6426	0.9	192만87	3만4934	1.8
2012	313만2477	1만9163	0.6	191만572	1만7811	0.9	194만3798	3만7391	1.9
2011	329만9094	1만8836	0.6	197만4798	1만8866	1.0	196만2356	3만8887	2.0

〈자료: 2014년 교육기본통계〉

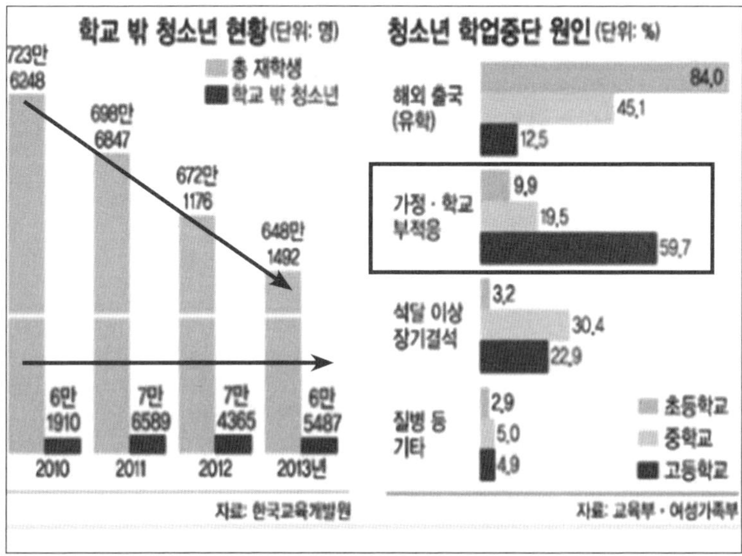

이처럼 우리나라 학교는 학생들에게 행복하지 않은 학교, 가고 싶지 않은 학교가 되었다. 하루 속히 그 원인들을 살펴서 교육의 방향이나 교육 내용에 있어서 잘못된 것이 있었다면 속히 바로 잡아야 한다.

그러므로, 학교가 어떻게 달라져야 하는지 대안학교에서 아이들을 만나오면서 느낀 생각들을 가지고서 우리의 학교가 어떻게 달라지고 변화되어야 하는지를 제안하려고 한다.

첫째, 학교에서는 삶의 목표, 비전, 가치관을 심어주는 교육이 이루어져야 한다. 학교는 학생들에게 인생을 왜 살아야 하며, 삶을 목표를 어디에 두고 살아야 하는가, 어떤 비전이나 소명을 갖고 살아가야 할 것인가를 느끼고 깨닫게 해서 학생들의 가슴이 뜨거워지도록 해야 한다.

한 예로 소개하고 싶은 것이 있다. 거창고등학교의 직업 선택의 십계명은 무척이나 감동적이다. 학생들에게 직업을 선택할 때 세상적인 가치관을 무분별하게 쫓아가지 말고 의미 있는 삶에 초점을 두고 직업을 선택하라는 가르침이다. 이 가르침이 학생들에게 주어질 때 설혹 선생님의 가르침을 따르지 않고 부모나 사회의 가르침을 따르는 학생들도 있을 것이다.

그러나 이 학생들이 자라나서 인생을 살다가 뭔가 잘못된 방향으로 온 것을 느끼고 답답해 할 때 고등학교 때 매우 열심히 가르치던 선생님들의 가르침이 생각나서 새롭게 인생을 사는 전환점이 될 수도 있지 않을까 하는 기대감을 갖고 이 가르침을 바라보기도 한다.

나는 전국의 모든 학교에서 동일한 가르침을 학생들에게 주어야 한다고 주장하는 것이 아니다. 학교마다, 선생님들마다 인생관과 가치관을 갖고 있다. 이것을 학생들에게 전해 주어 이를 듣는 학생들의 가슴에 뜨거움이 일어나는 그런 교육을 하자는 것이다. 학생들에게 공부 열심히 해서 좋은 대학에 가는 것이 인생의 중요한 목표라고 하거나 자기 혼자 잘 먹고 잘 사는 것만을 강조하는 것으로는 학생들의 가슴이 뜨거워지게 할 수가 없다.

☆★거창고등학교 직업선택 10계명★☆

①월급이 적은 쪽을 택하라.

②내가 원하는 곳이 아니라 나를 필요로 하는 곳을 택하라.

③승진의 기회가 거의 없는 곳을 택하라.

④모든 조건이 갖추어진 곳을 피하고 처음부터 시작해야 하는 황무지를 택하라.

⑤앞을 다투어 모여드는 곳을 절대 가지마라. 아무도 가지 않는 곳을 가라.

⑥장래성이 없다고 생각되는 곳으로 가라.

⑦사회적 존경을 바랄 수 없는 곳으로 가라.

⑧한가운데가 아니라 가장자리로 가라.

⑨부모나 아내가 결사 반대를 하는 곳이면 틀림없다. 의심치 말고 가라.

⑩왕관이 아니라 단두대가 기다리고 있는 곳으로 가라.

둘째, 학교에서는 지적 호기심을 충족하는 배움의 즐거움이 일어나야 한다. 학교에서 배우는 배움 활동은 즐겁고 신이 나며 기대감이 있어야 한다. 수업에서 다음 내용이 어떻게 전개될지 기대가 되는데 어찌 졸음이 오겠는가?

이를 위해서는 배움 활동이 조작, 탐구, 체험, 실험 등을 통해 교사 중심에서 학생 중심으로 전환이 되어야 하며 배움의 내용도 획일화 해서 벗어나 다양화 되어야 한다. 같은 시기에 태어났다는 이유만으로 발달이 같은 속도로 이루어지고 같은 분야에 흥미를 갖게 될 것이라는 생각해서 만들어진 획일화된 교육과정에서 하루속히 벗어나야 한다.

“百聞이 不如一見”이라는 말이 있다. 이는 백번 듣는 것보다는 한 번 보는 것이 더 낫다는 의미다. 우리들은 이를 한 번 바꿔서 사용한다. “百見이 不如一驗” 즉, ‘백번 보는 것보다 한번 경험(체험)하는 게 낫다.’라는 생각으로 학생들이 직접 경험할 수 있는 배움으로 내용을 재구성하려고 노력하고 있다.

셋째, 학교에서는 사귐의 즐거움이 일어나게 해야 한다. 학교라는 말의 한자를 살펴보면 학교에서는 어떤 즐거움이 있어야 하는지 쉽게 이해할 수가 있다. 학교(學校)는 ‘배울 학(學) + ‘학교 교(校)로 되어 있다. 학(學)은 배움의 즐거움이 일어나야 한다는 뜻이다. 지적 호기심이 충족되어지는데서 오는 즐거움을 누릴 수 있어야 한다. ‘학교 교(校)’는 다시 나무 목(木) + 사귈 교(交)로 되어 있다. 이 말은 나무 옆에서 사귐이 일어난다는 의미다. 나무 옆에서 선생님도 만나고 친구, 선후배를 만나는 즐거움이 있어야 한다. 그래서 학교 운동장에는 나무들이 많았나 보다.

그러므로, 학교는 두 가지의 즐거움이 있어야 한다는 것을 내포하고 있다. 배움의 즐거움과 사귐의 즐거움이 있을 때 행복한 학교라고 할 수 있을 것이다.

오늘날 많은 학교에서 아이들이 배움의 즐거움을 포기한 지는 오래 되었다. 아이들이 학교를 찾아오는 이유는 사귐의 즐거움 때문이다. 그러나 최근에 와서 학교 폭력, 집단 따돌림 등이 사회적인 문제화 된 것처럼 학교에서 친구나, 선후배, 선생님과의 관계에서 사귐의 즐거움이 이루어질 수 없게 되니까 학교를 더 이상 다녀야 하는 이유를 발견하지 못하게 되고, 그래서 도중에 학교를 그만 두게 되는 아이들이 급증하게 된 것이다.

많은 학생들이 학교를 떠나고 대안학교를 찾는 이유 중의 하나가 관계적인 어려움을 느끼며 행복해지기 위해서 라는 점을 간과해서는 안 된다.

위의 두 가지 즐거움이 충족되어 질 때 학생들은 학교 가는 것을 행복하게 여기게 되고 방학을 줄여달라고 요청할 수 있는 것이다. 학교가 즐겁고 행복하기에 학교에서 배우는 배움에도 더 적극성을 띠게 된다.

하루 속히 가정과 학교가 제 모습을 찾고 행복한 곳이 되어 가정이나 학교로 인해 마음 아파하고 힘들어 하는 우리의 학생들과 청소년들이 순수하고 맑고 밝은 본연의 모습들을 회복하게 되길 기대해 본다.

교육의 원리, 행복한 가정에 있다

16

하나님은 나로 하여금 투석이라는 질병과 학교 건축의 어려운 과정을 거치게 하셨고, 가정과 집안의 여러 가지 문제들을 겪게 하면서 나의 가치관과 생각에 잘못된 부분들이 있음을 알게 하셨다. 그런 후에 나의 변화가 우리 가정을 변화시키게 하였고, 결국은 학교까지 변화시키는 놀라운 일을 추진하셨다. 이 과정을 거치면서 내가 확실하게 깨달은 바가 있었다.

'하나님의 교육의 원리는 행복한 가정에 있다.'
'행복한 가정이 교육의 기본이다.'

나는 2005년도 3월, 두레학교를 설립할 때부터 학교 기초를 빨리 다지기 위해서는 누군가 학교를 위해 헌신해야 한다고 생각을 했고 그 헌신자가 나여야 한다고 생각했다. 그래서 학교를 위해 아주 열심히 일을 하였다. 아침 일찍 출근하고 밤늦게까지 일을 하였다. 토요일과 주일에도 학교를 지키려고 애를 썼다.

두레학교에서의 6년 동안은 그렇게 살았다. 이 기간 동안에는 가족들과 저녁 식사를 같이 한 날이 1년에 7일이 안 될 정도였다. 가족 생일, 명절 정도만 가족들과 함께 했고, 나머지는 가정을 떠나 밖에서 지냈다.

나는 이 당시에는 하나님을 무척이나 오해하고 있었다. 하나님이 일을 열심히 하면 좋아하실 줄로만 알았다. 그래서 6개월 정도의 일의 분량이면 나는 목표를 우선 3개월로 정도로 단축해서 잡았고 이를 이루기 위해 최선을 다했다. 선생님들에게 그만큼 압력도 많이 가하기도 했다. 나는 일중심의 삶을 살았다. 그렇게 하면 하나님이 기뻐하실 줄 알았던 것이다. 그때 아내가 나에게 종종 일중독자라는 표현을 쓰기도 했을 정도였으니 내가 어떤 삶을 살았는지 이해가 될 것이다. 나는 그렇게 열심히 일 속에서 살았다.

그러다가 2011년 11월 7일, 죽음의 문 앞에까지 갔다가 하나님의 은혜로 생명을 연장 받게 되었고, 생각지도 않았던 투석이라는 것을 처음으로 받게 되면서 내가 만약 죽었다면 어떻게 되었을까 궁금해지기 시작했다. 그래서 성경을 읽어보게 되었다. 그러다가 하나님의 사랑을 머리가 아닌 가슴으로 이해하게 되었고, 그동안 내가 하나님을 많이 오해하고 있었다는 것을 알게 되었다.

하나님은 우리가 일 중심이 아니라 사람 중심으로 살기를 원한다. 그리고 우리가 열심히 살기보다는 행복하게 살기를 원한다. 성경 말씀에 이 부분이 정확하게 나온다.

"항상 기뻐하라, 쉬지 말고 기도하라, 범사에 감사하라. 이것이 그리스도 예수 안에서 너희를 향하신 하나님의 뜻이니라."

– (살전 5:16~18)

하나님은 우리가 항상 기뻐하고 감사하면서 행복하게 살기를 원한다. 나는 그런 하나님을 오해했었고, 하나님을 제멋대로 생각하면서 가족들과 여러 선생님들의 마음을 아프게 했었다.

사람이 일 중심으로 열심히 살게 되면 크게 두 가지 면에서 문제가 생기는 것을 경험했다.

첫째가 열심히 살게 되면 몸에 큰 질병이 생기게 된다. 내가 몸을 돌보지 않으면서 열심히 살았던 결과 신장이 망가지게 되었고 결국은 주 3회 4시간씩 투석을 받으면서 살아가야 하는 신세가 되었다. 의학적 지식과 상식으로는 한번 망가진 신장은 절대 회복되지 않는다고 한다. 하나님 아버지의 초자연적인 치료 외에는 회복이 불가능한 큰 질병을 얻게 된 것이다.

둘째는 일 중심으로 살게 되면 가족 간의 관계가 깨지게 된다. 내가 그렇게 일에 빠져서 살기 시작한 첫 해 부터 우리 집에는 문제가 생기기 시작했다.

먼저 아들이 초등 2학년 때부터 두레학교를 시작했는데, 이상하게 거칠고 난폭해지더니 욕도 가르치지 않았는데 너무나 잘 하였다. 게다가 화가 나면 아이들과 툭하면 잘 싸웠고, 어린 시절 나의 모습과는 너무나도 달랐다. 그럴 때마다 나는 교장실로 아들을 불러서 잘 타일러 주었다. 그러나 나아지기는커녕 점점 더 심해져만 갔다. 나중에는 이런 아들의 모습을 보면서 '정말 내 아들이 맞나? 어쩜 이리도 안 닮았지? 혹시 처갓집 쪽에 이런 아이가 있었나?' 하면서 찾아볼 정도였다. 학교장의 아들이 툭하면 아이들을 때리고 욕하고 거친 행동을 하니까 학부모님들과 선생님들의 걱정이 얼마나 심했을까 생각해 보면 너무나도 미안하고 송구하다는 생각이 든다.

이 아들이 6학년 2학기가 되니까 축구 선수가 되겠다면서 일반 학교로 옮겨달라고 떼를 썼다. 그래서 왜 하필이면 힘든 축구를 하고 싶어 하느냐고 달래어 보았지만 막무가내였다.

그러면서 아들이 하는 말이, "아빠! 다른 것은 다 부모님께 양보해도 내 꿈만은 내가 결정하고 싶어요."

이 말에 감동을 받아서 축구부가 있는 일반 공립학교로 가도록 아들을 전학 보내 주었다. 그러면서 축구를 혹여 그만 두게 되면 다시 두레학교로 돌아오라고 당부하였다. 그러나 아들이 축구를 제대로 해 보기도 전에, 키가 너무 빨리 성장하면서 무릎에 성장통이 와서 공을 제대로 차보지도 못한 채, 치료하기 위해 6개월 동안 병원에 다녀야만 했다.

그러다가 중1이 된 어느 날, 아들이 새로운 꿈을 찾았다면서 말을 걸어왔다. 그 꿈 이야기를 듣고 더욱 암담하고 답답해짐을 느꼈다.

"아빠. 새로운 꿈이 생겼어요."

"그래, 무슨 꿈이 생겼냐?"

"스타크래프트로 프로게이머가 될래요"

"왜? 하필이면 많고 많은 꿈들 중에 프로게이머냐?"

"네. 어느 날 치료 받으러 가서 스타크래프트 경기를 보는데 우승자가 우승하고서 '이 영광을 하나님께 돌립니다.'라고 하는 것을 보았습니다. 저도 그렇게 하고 싶어졌습니다."

"하나님께 영광을 돌리는 것은 그 길 아니어도 방법이 많단다."

"아빠! 지난 번 허락해 주셨잖아요. 내 꿈은 내가 결정하게 해 주신다고요."

"……."

나는 이 말에 아무 말도 하지 못한 채 또 다시 밀어주게 되었다. 그 당시 내가 읽었던 책 중에 아주 감동적으로 읽었던 것이 "부모의 역할"이라는 내용의 책이었는데, 이 책에서 아버지는 자녀가 비록 잘못된 선택을 하더라도 절대적인 지지자가 되어야 한다고 적혀 있었다. 이 글에 내가 크게 감동을 받은 상태였다. 그래서 게임을 하라고 허락을 해 주었지만, 새벽 3시 반까지 자지 않고 게임만 하고 다음 날 낮 11시가 넘어서 겨우 일어나는 아들의 모습을 보면서 걱정과 함께 여러 가지 복잡한 생각이 들었다.

'나는 과연 잘 한 것인가? 이 아들의 뇌는 정말 괜찮은 것일까? 이렇게 아들을 살게 해도 되는 것인가?'

온갖 걱정과 염려가 생기기 시작했다. 나는 솔직히 6개월이면 멈출줄 알았다. 그런데 아들이 중3이 되니까 학교를 아예 안 가겠다고 했다. 지금 전국에서 300등 안에 들어서 이제는 프로에 올인 해야 할 때라고 하면서 학교를 오가는 시간이 아깝다는 것이었다. 그래서 혹시 도중에 꿈이 바뀌어서 공부를 해야 하는 꿈을 갖게 되면, 암기 과목은 그날부터라도 열심히 하면 따라갈 수 있지만, 영어와 수학은 쉽게 따라갈 수 없으니 학교에서 영어, 수학 수업만 참여하자고 제안했고, 이에 동의한 아들은 지가 무슨 대학생이라도 된 듯이 영어와 수학 시간에만 참여하고는 집에 가버렸다.

이런 아들의 모습을 우리 선생님들이 보면서 속으로 얼마나 걱정하고 염려를 했을까 생각하니 참으로 미안하기만 하다.

이렇게 아들이 모든 이들의 걱정의 대상이 되어 살아가는 동안 집에 들어오면 아내에게서도 문제가 보이기 시작했다. 내가 집에만 들어오면 아내는 나에게 자기를 사랑하느냐고 물어왔다. 처음에는 깜짝 놀라서 얼마나 사랑하고 있는지, 사랑하니까 결혼했고, 사랑하니까 지금 이렇게 사는 것이라고, 두 시간 넘도록 찬찬히 설명을 했건만 아내는 가슴으로 느껴지지 않는다는 말만 되풀이 했다. 참으로 답답하기만 했다.

이런 시간을 10일 넘게 계속 보내다 보니 나는 집에 들어가는 것이 너무나도 싫었다. 집에 들어가면 아내가 또 듣기 힘든 말을 늘어놓으면서 사랑하느냐고 물을 거라 여겨지니까 일부러 일을 만들어서 늦게 들어가려고 애를 썼었다.

이렇게 살기를 6년 째 했을 때, 아내가 도저히 못 참겠다고 이혼을 요구해 왔다. 나도 더 이상 다른 방법이 없어서 이혼을 해 주겠다고 했다. 아마 하나님께서 우리 부부를 그냥 내버려 두셨다면 지금쯤 이혼하고서 각자 불행하게 살고 있었을 것이다.

하나님께서는 이 시점에 우리 부부와 가정의 모습을 보고서 극약 처방을 하셨다. 바로 나에게 투석을 받도록 하면서 죽음 앞에 서게 하셨고, 무엇이 문제며, 어디에서 잘못 되었는지를 깨닫게 해 주셨다. 특히 이 시기에 일산에서 사역하시는 한창현 목사님을 계속 만나도록 이끌어 주시면서 아들이나 아내의 문제들이 바로 나에게서 비롯된 것들이었다는 것을 알게 하셨다.

나는 그때까지만 해도 내가 이렇게 불행하게 살게 된 것이 아들과 아내의 문제라고만 느꼈다. 아버지의 뜻을 전혀 모르고 자기 멋대로 삶을 살면서 친구들을 때리고 욕하는 아들이 달라지고 바뀌면 된다고 생각했고, 남편이 사랑하고 있음에도 불구하고 사랑이 느껴지지 않는다고 하면서 힘들게 하는 아내가 변화되면 된다고 여기고 있었다. 그러면서 나는 흠잡을 데 없는 지극히 모범 아빠이며, 좋은 남편이라 여겼었다.

그러나 하나님은 아들과 아내의 문제가 아니라 바로 나의 문제로부터 시작된 것임을 깨닫게 해 주셨다. 아들이 그렇게 힘들었던 것은 아들에게 아버지가 없었던 것이며, 내가 학교나 집에서나 교장으로서만 아들을 대했고, 아들에게는 자신을 절대적으로 지지해 주고 사랑해 주는 아빠가 없었던 것이다. 하나님은 전적으로 아빠인 나의 잘못이요, 나의 책임이라는 것을 깨우쳐 주셨다.

또한, 아내가 외로워하고 힘들어 했던 것도 아내의 잘못이 아니라 남편인 나의 잘못임을 알게 해 주셨다. 아내가 자기를 사랑하느냐고 물은 것은 자신을 이 세상에서 첫 번째로 가장 사랑하느냐고 물었던 것인데 나는 그 당시에 아내를 최고 우선순위에 두지 않았다.

내가 경상도에서 자라나다 보니 어렸을 적부터 어른들에게 자주 들었던 말이 있었다.

"부모는 한 분 뿐이지만 계집(여자)은 골짜기마다 있다."

그러므로 어렸을 때부터 부모에게 잘 해야 한다고 말씀을 듣다 보니 내가 가장 우선순위에 두고 살아온 것이 부모님이었다. 그 다음으로 어린 아들이고 아내는 세 번째 정도 해당 되었다. 그러니까 아내는 외롭다고 느낄 수밖에 없었던 것이다.

아내가 자신을 사랑하느냐고 물었던 것은, 자신을 이 세상에서 가장 사랑하느냐고 물었던 말인데 나는 아내를 세 번째 순서로 사랑하면서 사랑하고 있다고 계속 말을 하니까 아내 입장에서는 자신을 첫 번째로 사랑하는 것이 느껴지지 않는다고 말했던 것임을 나중에서야 알게 되었다.

아내 입장에서는 당연히 첫 번째로 사랑받는 것이 느껴지지 않는다고 말하는 게 맞을 것이다. 내가 답답했던 것은 비록 세 번째이더라도 내가 사랑하지 않았던 것은 아니니까 사랑하고 있다고 아무리 설명해도 가슴에 와 닿지 않는다고 말하는 아내가 그 당시에는 이해가 되지 않았던 것이다. 하나님은 이런 이유 때문에 우리 부부가 행복을 느끼지 못하고 힘들게 살아왔다는 것을 알려 주셨다.

그러고 보니 모든 것이 나의 잘못이었다. 나 때문에 아들이 6년 가까운 시간을 방황하며 힘들어 했고, 아내는 아내대로 외로운 시절을 보내야 했었던 것이다. 너무나 미안했다.

그래서 시간을 내어서 아들에게 우선 미안한 마음을 토로하였다.

"태현아! 미안하다. 아빠가 아빠 역할을 잘 못해서 네가 그동안 고생이 많았구나. 모든 것이 아빠의 잘못이며 네 잘못은 아무 것도 없었단다. 이제는 아빠가 네 편이 되어 줄게 어떤 잘못이나 실수가 있어도 아빠가 너를 지지해 주고 너의 편에서 바라봐 줄게."

그 날 이후로 아들이 조금씩 달라지기 시작했다. 그리고 아내를 제일로 하고 두 번째로 아들, 세 번째 부모님을 우선순위로 하면서 우리 가정은 점점 행복한 가정으로 변화되기 시작했다.

요즘 아내는 결혼한 이래로 이렇게 행복한 적이 없다고 하면서 너무나도 행복해 한다. 나도 가정이 이렇게 행복한 것임을 깨달으며 날마다 기쁨과 감사가 넘치는 것을 경험하고 있다.

우리 가정이 이렇게 행복해지면서 놀라운 변화가 나타났다. 아들이 너무나도 달라졌다. 프로게이머가 된다고 하던 아들이 정치인이 되겠다는 꿈을 갖게 되면서 열심히 공부를 하고 있고, 언어가 달라지고 생활태도가 확 달라졌다.

더욱 놀라운 것은 우리 부부가 사랑으로 하나가 되고 아들이 변화되면서 우리 가정은 점점 행복한 가정이 되었다. 우리 가정의 변화로 나타난 것이 학교의 변화다. 학교도 분위기가 눈에 띄게 달라졌다. 선생님들의 얼굴에 웃음꽃이 활짝 피었고, 두세 가지로 마음이 나뉜 듯 했던 선생님들이 하나로 마음이 모아지는 게 느껴졌다.

하나님은 우선, 나를 변화시키고 우리 가정을 변화시켰으며 학교까지 변화가 이어지도록 하는 놀라운 계획을 갖고 계셨다는 것을 시간이 한참 흐른 뒤에야 알 수가 있었다.

아들이 중학교 1학년이 되면서부터 이런 말도 했었다.

"아빠! 나는 하나님이 안 믿어지니까 나에게 믿음을 강조하지 마세요. 그 대신 아빠의 사회적 체면을 생각해서 교회는 다녀 줄게요."

나는 사실 이 말이 너무나도 가슴이 아팠다. 남의 자녀들은 잘 전도해서 예수님을 믿게 하는데 내 아들은 안 믿어진다고 하니 이를 어쩌나 하는 생각에 많이 힘들었다. 그런데 아빠와 아들의 사이가 좋아지니까 하나님과의 관계도 좋아지는 것이었다. 이를 통해 육신의 아버지의 이미지가 영적인 아버지의 이미지랑 연결이 된다는 것을 알게 되었다. 아들이 하나님을 안 믿으려고 하고 거부하려고 했던 것은 육신의 아버지가 사랑이 없고 너무나도 무서우며, 두려우니까 그 이미지를 그대로 갖고 하나님 아버지를 생각했던 것이다.

하나님 아버지께서는 나에게 이런 경험들을 통해 하나님의 교육의 원리는 행복한 가정에 있으며, 행복한 가정이 교육의 기본임을 알게 해 주셨다. 그리고 아들 태현이를 비롯해서 사춘기 시절에 힘들게 지내는 아이들의 모습을 잘 이해할 수 있도록 도와 주셨다.

나는 자녀들 중에 게임이나 스마트폰에 빠지는 등, 중독 현상을 보이는 경우, 이를 강제로 못하게 하면 안 된다고 생각한다. 자녀가 게임이나 스마트폰에 빠져든 것은 부모님의 사랑과 관심, 인정이 부족해서 스스로 찾아 들어간 것이므로, 자녀가 스스로 그만 두고 나오도록 해야지 강압적으로 이를 막는 것은 자녀를 더 힘들게 하는 것이라고 여긴다.

또한, 자녀가 욕설이 심하고 거칠게 행동을 하거나 반항기 있는 행동을 하는 것은 부모님의 사랑과 관심이 필요하다는 것을 특별히 말로 하지 않고 몸으로 말을 하고 있는 것이다.

사람은 사랑이 부족해지면 거칠어지고, 사랑이 들어가면 부드러워진다. 사랑과 관심, 인정이 부족해서 이런 현상을 보이는 아이들에게 사랑을 주고 관심을 주면 이런 행동이 사라지는데 학교나 가정에서는 이런 아이들에게 사랑해 주기보다는 꾸중을 가하고 질책을 가하니까 좋아지지 않고 더욱 심해지는 것이다.

부부가 하나님으로부터 사랑을 공급받아서 그 사랑을 서로 나누면 그 사랑이 자녀들에게 그대로 흘러가서 자녀들이 몸과 마음, 영혼이 맑고 건강한 아이로 자라나고 가정이 행복해진다. 가정이 행복하게 되었을 때 그 모습으로 부모님을 정성을 다해 섬기는 것이 하나님이 정한 원리임을 지난날의 안타까운 실수와 경험을 통해 깨달았다.

가정이 행복해지려면 먼저, 남편이 가정의 제사장으로서 중심 역할을 감당해야 하며, 부부가 서로를 가장 우선순위에 두고 사랑해야 한다. 부부간에는 한 몸이기에 어떤 이유로든 논쟁을 하지 않아야 하며, 같은 생각을 하면서 하나가 되도록 노력해야 한다. 특히 자녀들 보는 데서 싸움이나 논쟁은 하지 않아야 하며, 항상 서로 사랑하고 있는 모습을 자주 보여야 자녀가 안정적인 삶을 살게 된다.

이런 하나님의 원리를 깨달은 후, 나는 요즘 우리학교 선생님들이나 학부모님들에게 가정이 행복해야 하며, 그것이 교육의 가장 중요한 기본이라고 자주 강조해 오고 있다.

교육에 대한 비전과 꿈은?

17

나는 오랫동안 아이들을 만나오고 또 교육해 오면서 이들에게 거는 기대가 있었다. 어쩌면 이런 기대감이 있었기에 그동안 그렇게 힘들고 어려운 순간들을 헤쳐 나올 수 있었던 것 같다. 중간에 힘들다고 다른 길로 가거나 교육계를 떠나지 않고 외로이 이 길을 걸어올 수 있었던 것이 바로 교육에 대한 비전이 가슴 속에 뜨겁게 일어나고 있었기에 가능했다.

일찍부터 이런 비전을 가슴에 품고 아이들을 만나오도록 이끌어 주신 하나님께 감사하지 않을 수가 없다.

내가 특별히 공교육의 교사로서 사직서를 제출하면서 대안학교인 두레학교를 처음으로 설립할 때 가졌던 비전의 말씀이 있다.

"네게서 날 자들이 오래 황폐된 곳들을 다시 세울 것이며, 너는 역대의 파괴된 기초를 쌓으리니 너를 일컬어 무너진 데를 보수하는 자라 할 것이며, 길을 수축하여 거할 곳이 되게 하는 자라 하리라."

- (이사야 58:12)

'네게서 날 자들이' 라는 말씀을 읽을 때 나는 이렇게 읽는다. 우리 학교에서 길러내는 아이들이, 우리 가정에서 길러내는 아들이 이사야 58장 12절의 말씀을 구현해 낼 것이라고 기대하며 기도하는 마음으로 읽고 있다.

나는 이사야 58장 12절의 말을 읽을 때마다 힘이 솟아난다. 우리가 길러낸 아이들이 오래 황폐된 곳들을 다시 세우고, 역대로부터 내려오면서 파괴된 기초를 다시 쌓아서 무너진 데를 보수하는 자, 길을 수축해서 거할 곳이 되게 하는 자라는 별명을 얻게 될 것이라고 하니 이 얼마나 신나고 기대가 되는지 모른다.

나는 무너진 곳을 보수하고 길을 수축해서 거할 곳이 되게 한다는 것을 사람 살만한 세상, 하나님의 나라를 만들어 나간다고 해석한다. 참으로 놀랍고 위대한 일들을 우리가 교육하고 양육한 아이들이 일구어 낼 것을 생각하니 그 날이 자못 기대가 된다.

나는 이 땅의 교육이 무너지고 황폐해지는 이야기를 전해들을 때마다 가슴이 아파온다. 우리나라 아이들과 청소년들이 갈 길 몰라 방황하고, 공부하는 기계로 전락하는 듯한 뉴스를 접할 때마다 나도 모르게 두 주먹을 불끈 쥐어본다.

나는 이 땅의 공교육이 하나님의 교육의 원리로 다시 회복되어 지고 새로워지길 소망한다. 수많은 아이들과 청소년들이 자신들의 꿈과 비전을 찾고 이를 이루기 위해 열심히 노력하며 모두가 행복한 인생을 살도록 돕고 싶다.

이를 위해 부족한 힘이지만 우리의 교육을 새롭게 하는 교육 운동을 전개하고자 한다. 나는 죽기 전에 최소한 6개 이상의 학교들을 세우고 이들을 네트웍 시켜서 하나의 교육 운동으로 전개하고자 하는 꿈이 있다.

내가 공교육에서 사직서를 제출하고 나와서 2005년도에 대안교육 운동을 처음으로 시작하려 할 때 책을 읽고 크게 감동받고 모델로 삼은 분들이 있다.

덴마크 이야기다. 지금으로부터 160여 년 전, 덴마크가 프러시아(지금의 독일)와의 전쟁에서 대패하고서 옥토를 빼앗기고, 수많은 전쟁 배상금을 물어 주게 되어 완전히 나라가 망하게 되었다. 온 국민들이 실의에 빠져서 매일 술만 마시다가 길바닥에 엎드려 죽는 사람들이 있을 정도로 황폐화 되었을 때에 그룬투비 목사님이 등장해서 국민 계몽 운동을 전개하기 시작했다. 그룬투비 목사님은 '덴마크를 살리는 방법은 교육에 있다. 3년, 5년, 10년 뒤를 내다보고 인재를 키우자. 교육에 투자하자'고 주장했다. 목사님은 국민계몽 운동을 전개하면서 3가지를 강조하였다.

- 그룬투비 목사님

☆★ 그룬투비 목사님이 전개한 국민 계몽 운동 ★☆

첫째, 덴마크 사람들이여, 하나님을 사랑하자.

둘째, 덴마크 사람들이여, 덴마크(땅)를 사랑하자.

셋째, 덴마크 사람들이여, 백성(이웃)을 사랑하자.

그룬투비 목사님의 설교를 듣고 영향 받은 교사가 한 명 있었다. 크리스텐 콜 교사가 감동을 받고 1851년에 리스링게에 작은 기숙형 대안학교를 세우고 학생들과 함께 먹고 자고 함께 토론하면서 학생들을 변화시키기 시작했다. 이 학교는 교과과정의 50%를 성경교육으로 삼았다. 그렇게 오늘날 덴마크 공교육의 10% 정도가 이 국민고등학교와 뜻을 같이 하는 자유학교들이라 한다. 근대 덴마크의 많은 지도자들이 그의 국민고등학교와 그의 학교를 모델로 하여 세워진 학교를 다녔으며, 대부분의 대안학교들이 덴마크의 국민고등학교를 모델로 하게 되었다고 한다.

이 이야기를 접하면서 한 사람이 너무나도 중요함을 깨달았다. 그룬투비 목사님의 설교를 수많은 사람들이 들었겠지만 그 중에서 한 사람, 크리스텐 콜 교사가 이를 듣고 감동을 받아서 인생을 걸었던 것이다. 인생을 거는 단 한사람이 너무나도 중요하게 여겨진다.

이 이야기를 접하면서 나도 그 한 사람이 되는 꿈을 꾸게 되었다. 그리고 신기하게 위의 이야기와 나의 상황이 신기하게 매치가 되었다. 그룬투비 목사님의 설교에 영향 받은 크리스텐 콜 교사와 김진홍 목사님의 설교에 영향을 받고 작은 학교인 두레학교를 설립한 내가 비슷하게 연결이 되는 것 같았다. 내가 비록 이렇게 작은 두레학교를 시작하지만 먼 훗날 100여년이 흘렀을 때는 이 땅의 공교육의 10%가 우리 학교의 정신과 뜻에 일치하는 학교가 되리라는 생각이 들었다.

믿음은 바라는 것들의 실상이라고 한다. 아직 이루어지지는 않았지만 이 일이 이루어질줄 알고 상상하며 살아가는 것이다. 나는 이미 100년 후에 한국 학교의 10%가 우리와 뜻을 같이하는 학교들로 되어 있는 것을 그려보며 상상하고 있다.

우리가 길러낸 아이들이 이 땅을 변화시키고 회복시켜 줄 것을 기대하면서 이 땅의 교육을 회복하고 새롭게 하는 교육운동을 전개하는 것이 나의 교육에 대한 꿈이며 비전이다.

나의 교사상은?

18

교사로 살아오면서 내가 존경하고 닮아가고 싶은 분들이 있다. 공교육에서 교사로 아이들을 만날 때와 대안학교를 설립하여 교장으로 아이들 앞에 설 때마다 이 분들처럼 아이들을 대하려고 노력했다.

첫째, 교사이신 예수님이다. 2천 년 전에 이 땅에 오셔서 구원의 열매를 맺으셨던 예수님! 그 분은 위대한 스승으로서의 모습을 동시에 우리에게 보여 주셨다. 3년간 제자들과 함께 먹고 자면서 그들의 아픔과 고민에 직접 귀 기울이셨고, 제자들이 변화되어 어떻게 쓰임받게 될지 그 장래를 내다보고 끝까지 인내하며 기다리는 모습을 보여 주셨다.

예수님이 자신의 엄청난 사역을 위해서 손수 선택하신 제자들의 면면을 살펴보면 더 더욱 강한 도전을 받는다. 예수님은 제자들을 선택하면서 똑똑하고 잘난 사람이나 학식과 풍부한 경륜을 갖춘 학자, 장래가 촉망되는 사람들을 찾아다니지 않았다. 오히려 세상에서 인정받지 못하고 버려진 사람, 무식하고 성질도 괴팍한 사람 등 사회의 밑바닥에서 살고 있는 사람들을 선택하셨다. 오늘날 똑똑하고 공부 잘하며 말 잘 듣는 아이들만을 담임하고 싶어하는 우리 교사들의 모습과는 너무나 대조적이다.

12제자와 따르는 무리들을 가르치는 방법도 무척 다양했다. 탁월한 교수법을 지니셨다. 가르침을 받는 자의 수준을 정확하게 보셨고 그에게 가장 적합한 방법으로 교육을 하셨다. 예수님이 성경에 대해 강론할 때 많은 성경학자들이 너무나도 자신 있는 그 분의 가르침과 내용의 깊음에 놀랬고 두려움을 느꼈다고 되어 있다. 교사의 권위는 바로 이것이 아닐까? 이것은 가르치려는 내용을 정확히 알고 계셨기 때문에 가능했을 것이다. 교재를 철저하게 분석하고 풍부한 지식을 가지고서 학생들 앞에 서게 될 때 학생들 수준에 맞는 다양한 교수법을 적재적소에 활용할 수 있는 능력이 생겨나는 것이다.

3년 간 12제자들을 지도했던 예수님의 교육 방법은 처음에는 실패한 것처럼 보여진다. 예수님이 하시려는 사역의 의미를 제대로 이해하지도 못하고 그저 자기만 높은 자리에 앉으려는 욕심을 보이는 제자도 있었고, 예수님이 십자가에 못 박혀 죽게 될 것을 얘기하며 너무나 답답하고 괴로운 심정에서 자신을 위해 기도해 달라고 동산으로 데리고 갔을 때, 제자들은 쏟아지는 잠을 이기지 못해 잠을 자고 있었다.

게다가 스승이신 예수님이 죽임을 당할 때 제자들은 뿔뿔이 흩어졌다. 어느 누구도 스승의 죽음에 대해 함께 하질 못했다. 그러나 예수님은 바로 그 순간까지도 제자들에 대한 희망을 버리지 않으셨다.

이들이 어떻게 성령을 받아서 어떻게 변화될지를 아신 것이다. 우리 교사들도 예수님처럼 아이들이 가진 무한한 가능성을 바라볼 수 있어야 한다. 또한 우리들의 힘으로 교육하는 것이 아니라 성령님이 임하도록 간구해야 한다. 성령님이 아이들과 함께 할 때 아이들은 놀라운 변화를 보이게 된다.

오늘날은 새 시대에 맞는 새로운 교육 방법이 그 어느 때보다도 절실해졌다. 바로 예수님이 12제자들을 가르치시며 보여 주신 그 방법이야말로 새 시대에 맞는 새로운 대안교육이 되리라 확신한다.

그러므로 나는 예수님께서 보여 주신 교육 방법을 모델로 삼아 기독교 정신을 바탕으로 한 기독교적인 인성교육을 구현하고자 한다.

둘째, 인도의 간디 선생님이다. 학생에게 설탕은 몸에 해로운 것이니 끊도록 하라는 이 말을 하기 위해서 먼저 자신이 즐겨 먹던 설탕을 끊기 위한 열흘간의 시간이 필요했던 간디 선생님!

그는 우리의 교사들이 학생들에게 무수히 던져지는 수많은 가르침들에 대해 다시 한 번 그 의미를 되새기게 해 주는 분이다. 비록 하찮은 가르침이라 할지라도 자신이 그런 삶을 살아가면서 나온 것일 때 그 말에는 감동이 있으며 마음을 움직이게 하는 힘이 들어가게 된다.

앞으로 수많은 아이들 앞에 서서 가르침을 줄 때 평생 이 간디 선생님의 모습을 떠올리며 내 자신이 그런 삶을 먼저 살아간 후에 가르치고 싶다. 오늘도 예수님과 간디 선생님이 교사로서 보여준 모습과 자세를 늘 마음에 새기며 아이들에게 평생 본이 될 수 있는 삶을 살겠노라고 다짐해 본다.

3월은 잡아야 한다(?)

19

초임 선생님들이 발령을 받고 나서 선배 선생님들에게 가장 많이 듣는 말이 바로 '3월 달은 잡아야 한다. 그렇지 않으면 1년 내내 고생한다'는 말이다. 사실 3월에 잡으라고 하는 말의 의미는 아이들을 무서운 얼굴을 하고서 만나라고 하는 말이 아니다. 이 말은 현장 경험이 많은 선배들과 현장 경험이 전혀 없는 신규 교사들 경험 차이로 인해 생기는 오해다.

나도 첫 발령을 받자마자 주변 선배님들이 약속이나 한 듯이 이 말을 해줬는데 솔직히 그땐 상당히 거부감이 생겼다. '왜? 아이들을 잡아야 하나?' 오히려 그 말에 대해 반대로 하고 싶은 마음이 생겨 잡지 않고 풀어주는 방법으로 3월을 시작하기도 했다.

초임 교사 때는 현장에 대한 경험이 없기에 선배 선생님들의 이 말을 단순히 문자 그대로 해석했었던 것이다. 그러나 시간이 흐르면서 교직 경력이 쌓이자 선배들이 했던 그 말의 본뜻을 알게 되었다. 선배 선생님들의 말의 본뜻과 후배들이 받아들이는 말의 의미에는 상당한 차이가 있었다.

선배 선생님들이 한 그 말의 의미는, 서로 다양한 가정환경에서 자라났고, 다른 스타일의 선생님들과 1년 동안 지내온 아이들이 새로운 선생님과 아이를 만나 새로운 공동체를 꾸려 나가기 위해서는 3월 첫 시작부터 행동 양식이나 학급에서의 규칙 등을 맞춰 나가야지 그런 노력을 하지 않으면 1년 내내 그것을 맞추느라 고생하게 된다는 뜻으로 해 주는 말이었다.

그런데 후배들이 선배 선생님들의 이러한 깊은 뜻을 헤아리지 못하고 문자 그대로만 이해하다보니 아이들을 무서운 얼굴을 하고서 만나라는 식으로 받아들이게 된 것이다.

절대로 무서운 얼굴로 만나면 안 된다. 3월의 첫 만남은 기대와 신바람으로 가득 찬 만남이어야 한다. 무서운 얼굴로 이것 이것을 안 지키면 무지하게 혼날 것이라는 말로 시작하지 말자.

오래 전 6학년을 담임했을 때, 다른 때처럼 3월 첫 만남을 친절하고 따뜻한 분위기에서 시작을 했었다. 그런지 며칠이 지나지 않아서 한 여자 아이가 상담을 하자며 걱정스런 눈빛으로 찾아왔다.

그래서 무슨 일인가 궁금해서 하던 일을 멈추고 마주 앉았다. 그랬더니 그 여자 아이는 뜻밖의 말을 하였다.

"선생님! 이렇게 시작하시면 안 돼요. 3월 한 달은 꽉 잡아야 해요. 무서운 얼굴로 잘못하면 손바닥도 때리고, 무시무시하게 해야 해요. 그렇지 않으면 1년 내내 고생만 해요. 우는 선생님도 많이 봤어요. 그러다가 3월이 지나면 4월부터 서서히 풀어줘야 해요."

그 여자 아이는 선생님들이 어떤 스타일로 시작하는지를 다 알고 있었다. 참으로 어처구니가 없었다. 그래서 빙그레 웃으면서 말했다.

"응. 중요한 얘기를 해 줘서 고마워. 그런데 선생님은 말이야. 아이들과의 첫 만남이 너무나도 소중하고 기대가 되기 때문에 차갑고 무서운 얼굴로 아이들을 만나고 싶지 않아. 오히려 그러다가 나중에 진짜 고생을 하는 한이 있어도 지금은 이렇게 시작할거야. 선생님을 생각하면서 이런 얘기를 해 준 것은 너무도 고마워. 앞으로도 종종 선생님에게 도움이 되겠다 싶은 것이 있으면 어떤 것이라도 좋으니까 계속 이야기해 줘."

이렇게 상담을 끝내고 여자 아이랑 헤어지긴 했지만 씁쓸한 마음은 이루 말로 표현할 수가 없었다. 영리한 우리 어린 아이들 중에는 선생님들의 이런 방법들을 알고서 미리 마음의 준비를 단단히 하고 있는 경우도 있음을 우리는 기억하고 있어야 한다.

3월엔 학습 진도를 나가는 것보다 기본 생활훈련에 많은 비중을 두어야 한다. 고학년이든 저학년이든 마찬가지라 생각한다. 기본 생활훈련이 철저하게 잘 이루어지면 학습 진도는 자연스럽게 빨리 나갈 수 있다. 이를 위해 명심해야 할 것은 구체적인 안내와 지속적인 반복 훈련이 이루어져야 한다는 것이다. 나이가 어릴수록 구체적으로 안내하지 않으면 이해를 하지 못한다. 동작을 구분해서 하나씩 설명해서 이해를 시켜야 한다. 아울러 한 번 해봤다고 다음에도 그렇게 하리라고 생각해서는 곤란하다. 끊임없는 반복 훈련을 통해서 몸에 체득이 되도록 해야 한다.

훈련 방법의 예를 몇 가지로 나눠 설명하면 다음과 같다.

첫째, 아이들이 등교를 하면 제일 먼저 가방을 정리하게 한다. 만약에 책상에 서랍이 있을 경우 가방에 있는 교과서와 공책을 꺼내 놓고 시간표 순서에 따라 책상 서랍 속에 넣게 하는데 왼쪽엔 교과서를, 오른쪽엔 공책을 넣도록 지도한다.

교과서를 넣을 때도 과목명을 한눈에 볼 수 있도록 옆으로 돌려 가로로 넣도록 지도하면 좋다. 세로로 넣어두면 다른 교과목을 보려고 할 때, 서랍 속에서 모든 책을 다 꺼내서 찾아야 하므로 그만큼 불편하고 산만해 질 수 있기 때문이다.

가방 정리가 끝나면 필통을 꺼내서 연필이 부러진 것이 없나 확인하고 부러진 것이 있으면 미리 깎아 두도록 지도한다. 연필은 항상 4자루 이상 가지고 다니되 가급적 집에서 깎아 오도록 한다. 수업 시간 중에는 연필을 깎지 않도록 지도한다.

집에서 과제를 해 온 것은 항상 선생님 교탁 위에 올려놓는데, 수업 중에 검사한다고 안내한 과제는 책상 서랍 속에 넣어 두게 한다. 그런 후에 조용히 앉아서 자기 할 일을 하도록 안내한다.

이렇게 매일 일상적으로 되풀이되는 일들을 3월에 구체적으로 안내해 주지 않으면 1년 내내 매일 마다 어떻게 하라고 얘기를 해줘야 하기 때문에 힘이 들게 되고 이런 걸로 여러 명의 아이들이 질문을 해오면 처음엔 친절하게 안내를 하다가도 나중에 짜증이 나서 화를 내게 되는 경우도 생긴다.

선생님들이 아이들에게 짜증을 내게 되는 경우가 똑같은 말을 두

번 세 번 반복하게 될 때가 많은 것 같다.

예를 들어, 새로 아이들을 만나면서 아이들에게 "과제를 해결해 오면 아침에 등교할 때 교탁 위 바구니에 담아 주세요."라고 말을 했을 때, 아이들이 분명히 예라고 크게 대답을 하고 갔으니 다음 날 아침에 모두가 다 과제물을 바구니에 담을 것이라고 기대해서는 안 된다.

분명히 한 친구가 과제 한 것을 갖고 와서는 "선생님! 과제 한 것 어떻게 해요?"라고 물을 것이다. 한번 들은 말보다는 1년 동안 몸에 밴 것이 자연스럽게 행동으로 묻어 나오게 되어 있다. 아마도 이 학생은 작년에 선생님에게 직접 제출했던 아이일 것이다.

이때, 담임교사가 "아하! 과제 해결해 왔구나. 잘 했어요. 여기 바구니에 담아 주세요."라고 하면 다른 아이들도 다 들었으니 모두가 그냥 갖고 나와서 바구니에 담으면 되는 것이다. 그런데 또 다른 아이가 과제물을 들고 나와서 묻는다.

"선생님! 과제 해온 것 어떻게 해요?"

이때 교사가 못 들은 줄 알고 다시 친절하게 "아하. 선생님이 한 얘기를 자세히 못들었군요. 여기 바구니에 담아 주세요."라고 말하면, 또 다시 다른 아이가 과제 한 것을 갖고 나온다.

"선생님! 과제 해결한 것 어떻게 해요?"

그러면 교사는 귀찮아서 말도 하지 않고 교탁을 탁탁 손바닥으로 두드린 후에, 손가락으로 바구니를 가리킨다. 이 정도 되면 아이들은 이제 그만 나오라는 뜻으로 얼른 알아차려야 하는데 분위기를 파악하지 못한 다른 아이 나오면서 "선생님! 숙제 한 것 어떻게 해요?"라고 말하면 그땐 교사가 폭발을 한다. 교사가 여러 번 똑같은 말을 해야 하는 것이 화가 났기 때문이다.

“너는 귀 없니?”라고 크게 말하면 이 아이는 시무룩해져서 아무 말도 안 하고 과제물을 바구니에 넣고 들어간다. 그렇게 되면 갑자기 심각한 공정성 문제가 제기된다. 졸지에 귀 없는(?) 아이가 된 그 아이 입장에서 생각해 보면 ‘나도 과제 했고, 제일 먼저 제출한 그 녀석도 과제 했는데 처음 가져간 아이에게는 선생님이 친절하게 웃으며 과제 해 왔구나. 여기 바구니에 담으라고 말했고, 두 번째 아이에게도 친절한 목소리로 바구니에 담으라고 했는데. 내가 나갔더니 갑자기 소리를 지르며 너는 귀 없니 라고 화내며 소리를 질렀다. 선생님은 분명히 나를 미워하는 거야.’라고 확신하게 된다. 이를 집에 가서 엄마에게 얘기하면 엄마는 담임교사를 차별하는 교사로 여긴다. 교사의 입장에서는 그나마 너는 귀 없니 라는 말을 했기에 그만 아이들이 나온 것이지. 친절하게 받아줬으면 과제해 온 아이는 다 나왔을 것이라고 생각한다.

그런데 학교현장에서 빚어지는 오해나 불신의 문제를 자세히 들여다보면 이와 유사한 일들이 대부분이다.

그러므로 이런 일들을 겪지 않으려면 새로운 행동 양식이 몸에 밸 때까지 지속적으로 반복하면서 인내심을 갖고 지도해야 한다.

둘째, 조용한 분위기 속에서 사물함을 정리하게 한 후 ‘사물함 정리가 다 된 사람은 가져다가 넣도록 해.’라고 지시를 하면 그 순간 교실은 아수라장이 된다. 정리가 끝난 아이들이 너도 나도 일어나서 사물함으로 가게 되기 때문이다.

그러므로 항상 어떤 일을 시킬 때는 순서를 지정해 주어야 한다.

"번호가 1~5번인 친구들만 일어나서 가져다가 넣도록 해요."라고 하면 소수가 움직이기 때문에 소란하지도 않고 질서 있게 이루어진다. 그리고 다른 아이들은 먼저 하는 친구들이 어떻게 하는지 지켜보게 하고 잘못 하면 다시 반복하게 하면 된다.

"다음 시간에는 체육이니까 모두 운동장으로 내려가도록 하세요." 라고 말을 해서는 절대로 안 된다. 이렇게 말을 해야 한다.

"체육하러 갈 준비가 다 된 사람은 일어서세요. 의자를 밀어 넣고 책상 위가 깨끗하게 정리되었는지 확인하도록 하세요. (그렇게 된 것을 확인하고서) 남자 1~10번까지 조용히 복도로 나가서 신발을 갈아 신고 키 순서대로 서도록 합니다. 선생님의 지시가 있을 때까지는 그곳에서 기다립니다. (만약 이때 아이들이 소란스럽게 나가거나 하면 다시 반복해서 시킨다) 좋았습니다. 아주 잘했어요. 다음 친구들도 이렇게 해야 합니다. 11~20번까지 나가 주세요. 그 다음 여자 1~10번까지… 다음 여자 11~20번까지 이동하세요."

이런 식으로 해서 조용한 가운데 복도에 두 줄로 서면 담임이 앞장서서 조용히 인솔해야 한다. 그냥 내려가게 하면 고함을 지르면서 뛰어가기도 하고, 장난을 치면서 내려가기도 하는데, 이러다가 자칫 잘못하면 대형 사고가 생길 수도 있다.

고학년이라 할지라도 교실에서 교실로 이동할 때에는 담임이 앞장서서 인솔해서 다녀야 한다. 뒤를 따라오면서 장난을 치면 화를 내지 말고, 처음 위치로 되돌아가서 다시 걸어오기를 여러 번 되풀이하면 절대로 실내를 이동하면서 뛰거나 장난치지 않는다. 교사가 얼마나 인내하며 반복해서 지도하고, 구체적으로 아이들이 알아들을 수 있는 언어로 안내를 하느냐가 중요하다.

셋째, 수업을 하다가 보면 '선생님! 이것 다하고 나면 다음에는 뭐 해요?'라고 질문을 하는 경우가 종종 있다. 그러다가 보면 수업의 흐름도 끊기고 계속해서 이런 질문이 들어오면 일일이 답변해야 하는 것에 대해 짜증이 나기 쉽다.

그러므로 수업을 시작하면서 이번 시간에는 무엇을 배우게 되는데 이것이 끝나고 나면 다음에 무엇을 어떻게 해야 하는지 칠판에 적어 두면 좋다. 흐름도와 같이 간단한 기호화를 해서 보여주는 것도 좋다. 이것이 사전에 안내되어 있으면 다음에 무엇을 해야 하느냐는 식의 질문은 더 이상 듣지 않을 수 있다. 쓸데없는 질문이 나오지 않도록 미리 충분히 안내를 해두는 것이 좋겠다.

수업의 흐름을 끊는 또 다른 경우가 있다. 한창 설명을 하고 있는데 손을 들고 화장실 가도 됩니까 라는 질문이다. 전체 수업의 분위기를 흐려 놓기 마련이다. 그러므로 사전에 이런 것에 대해 안내를 하고 숙지하도록 훈련을 시켜야 한다.

교실 뒤쪽에 '화장실 사용 목걸이' 2개(남자용, 여자용)를 만들어 걸어두고 수업 중에 화장실을 가야 하는 경우가 생길 경우, 다른 친구들에게 방해가 되지 않게 조용히 뒤로 가서 목걸이를 목에 건 후 선생님과 눈이 마주치면 화장실을 가는 것으로 약속해 둔다.

반드시 남자, 여자용을 구분해서 사용하도록 하고 절대 선생님이 설명 중일 때는 가지 않도록 한다. 남녀를 구분하는 것은 동성끼리 같이 가면 화장실 안에서 장난을 치다가 오는 경우가 있기 때문에 이를 막기 위함이다. 수업 중에 화장실을 가려면 반드시 목걸이를 사용하도록 하는 것처럼 수업에 방해가 되지 않게 하면서 조용히 다녀올 수 있도록 하는 방법을 많이 모색해야 한다.

★아침 등교시 할 일

가. 교실에 들어오면 조용히 자리에 앉아서 책가방 정리를 한다.

나. 시간표 순서대로 사물함에서 책을 꺼내서 책상 서랍 안에 넣어둔다.

다. 책을 넣어 둘 때 책이름이 보이도록 돌려 넣는다.

라. 공책은 의자 밑에 넣어둔다.

마. 과제물은 지정된 자리에 제출한다. 별다른 지시가 없는 것은 지시가 있을 때까지 의자 밑에 넣어둔다.

바. 가방은 좌측 가방걸이에 걸어둔다.

사. 선생님이 오실 때까지 조용히 자기 할 일을 찾아서 한다.

★특별실 이동

가. 자리를 이동할 때에는 항상 책상 위를 정리해 두고, 의자는 반드시 밀어 넣는다.

나. 이동할 준비가 끝나면 자리에서 조용히 일어선 후에 다른 친구들이 준비가 끝날 때 까지 기다린다.

다. 모두 준비가 끝나면 복도로 나가서 남녀 1줄씩 번호 순서대로 줄을 맞춰 선다.

라. 회장이 그 줄 맨 앞에 서고, 부회장이 맨 뒤에 선다.

마. 선생님이 앞에 서면 조용히 뒤따라간다.

바. 이동 중에는 절대 입을 벌려서 이야기하거나 장난치지 않는다.

사. 이동할 때는 반드시 우측통행을 하며, 이동 중에 간격이 많이 벌어지면 뛰어가지 말고, 자신이 제일 앞이라고 생각하고 조용히 걷는다.

아. 특별실 수업이 끝나고 나면 선생님이 데리러 오실 때까지는 복도에 줄을 서서 기다려야 한다.

자. 계단을 오르고 내릴 때엔 소리가 나지 않도록 특별히 주의한다.

★수업 중에 지켜야 할 일

가. 항상 반듯한 자세로 수업에 임한다.

나. 선생님이 설명을 하고 있을 때에는 절대 질문을 하지 않는다. 질문이 생각나면 메모를 해두고, 설명이 끝난 후 질문을 한다.

다. 선생님이 설명 중일 때에는 절대 화장실을 갈 수 없다. 자기 스스로 하는 시간에만 갈 수 있는데 이땐, 반드시 화장실용 목걸이를 걸고 가야 한다.(남자용과 여자용을 1개씩. 반드시 구분해서 사용한다.)

라. 선생님이 다른 친구들 도와주고 있을 때에는 절대 질문을 하거나 도움을 청하지 않는다. 다만, 조용히 손을 들고 선생님이 볼 때까지 손을 들고 기다려야 한다.

마. 수업을 시작 할 때엔 순번제로 기도 담당자가 기도를 하고, 공부를 시작한다.

★사물함 이용

가. 자기 이름이 씌여진 사물함만을 이용해야 하며, 남의 사물함은 무슨 이유로든 함부로 열어 봐서는 안 된다.

나. 사물함에는 물감이나 수채화 용구, 서예도구 등 부피가 크거나 잘 이용하지 않는 것을 제일 아래에 두고, 작거나 자주 이용하는 순서대로 위에 둔다.(선생님이 일러 주는 순서대로 넣는다.)

다. 1주일에 한번씩(월요일 아침) 사물함 정리 정돈을 다시 한다.

★ 수업이 끝나면

가. 그 시간에 배운 내용을 간단히 살펴보고, 다음 시간에 배울 교과서를 미리 펼쳐둔

후, 화장실에 가거나 휴식을 취해야 한다.

나. 6교시가 끝나고 나면 자기 자리 주변에 떨어져 있는 쓰레기를 20개씩 주워 버리고, 마침의 시간이 끝나면, 가방을 들고 하교한다.

다. 청소 당번이 청소하기 쉽게 의자를 올려놓는다.

★ 지켜야할 예절

가. 모든 용어는 극존칭어를 사용해야 한다. 예를 들어, "~다.", "~까?" 등으로 고쳐 사용해야 하며, "~요"는 사용하지 않는다.

나. 학교에 오신 손님이거나 학교에 계시는 모든 분들에게는 만날 때마다 정중한 자세로 인사를 한다.

다. 수업 중일 때에는 손님이 오더라도 인사를 하지 않는다.

라. 화장실이나 실내에서 선생님이나 웃어른을 만났을 경우에는 가벼운 목례로만 인사를 한다.
마. 걸어가다가 인사를 할 경우에는 반드시 걸음을 멈추고 반듯한 자세에서 인사를 한다.
바. 실내를 출입할 때에는 반드시 노크를 한 후 들어와야 한다.
사. 문을 열었을 때 어른을 만나면 먼저 길을 비켜서서 어른에게 길을 먼저 양보한다.

★운동장에서 체육을 할 경우

가. 복도에서 남녀 1줄씩 줄을 서서 이동 한 후 신발장 앞에서 신발을 갈아 신고 선생님이 나오실 때까지 줄을 서서 기다린다.
나. 준비물 담당자는 미리 가서 준비물을 꺼내 놓고서 대기하며 선생님과 다른 친구들이 오실 때까지는 조용히 줄을 서서 기다린다.

★여가 활용

가. 텔레비젼은 반드시 어린이 프로만 시청하고, 절대 드라마나 연예계 소식, 가요 및 쇼프로는 시청하지 않는다.(다큐멘타리나 뉴스는 시청 가능)
나. 동요를 불러야 하고, 절대 유행가를 부르거나 가수들의 춤을 따라 추지 않는다.
다. 인터넷 PC방이나 오락실, 만화방은 출입하지 않는다. 단, 보호자가 동행할 경우에는 예외로 한다.

★담당 구역 청소

가. 청소는 쉬는 시간과 점심 시간을 이용해서 스스로 하고 반드시 검사를 맡아야 한다.

나. 자기 자리 주변에 있는 자신이 해결한다.

다. 교실에서 공통으로 사용하는 쓰레기통이나 폐휴지함은 별도로 두지 않는다.

라. 수업 시간이나 청소할 때에 나오는 쓰레기나 폐휴지는 선생님 것을 이용한다.

★친구 집을 방문할 경우

가. 반드시 집으로 가서 부모님 허락을 얻고 친구 집으로 가야한다.

나. 친구 집에 방문하는 목적과 돌아오는 시간 등을 반드시 말씀 드린다.

나. 임원으로 당선된 후에 선물을 사주거나 음식을 사주면 당선 무효로 한다.

★복장

가. 학교에 등교할 때에는 반드시 교복을 착용해야 하며 체육이 있는 날은 체육복을 입고 온다.(반드시 학교에서 지정해 준 것이어야 한다.)

나. 실내에서는 덧신을 신어야 하며, 가방은 등에 짊어지는 것이 좋으며, 가방 끈을 길게 늘어뜨려서 다니는 것은 안 된다.

★일기쓰기

가. 1주일에 3회 이상 쓰고 매주 목요일에 검사를 맡는다.

나. 선생님이 읽어봐도 되는 것은 날짜 위에 ☆를 해둔다. 그렇지 않은 일기는 읽지 않으면 선생님은 일기를 얼마나 성실하게 쓰고 있는지 확인하고 맨 마지막 부분에 싸인만 한다.

다. 일기장은 매주 목요일 등교하면 선생님 책상 위에 제출한다.

위의 자료들처럼 항목별로 지도할 구체적인 내용들을 만들어 두고 인내심을 갖고 지속적으로 꼼꼼하게 지도하는 것이 중요하다.

준비물 챙기기

20

새 학기가 되면 아이들은 새 학기 준비를 하면서 제일 먼저 하는 것이 학용품이나 기타 준비물들을 갖춰 두려고 한다. 공책도 새로이 사고, 연필이나 색연필, 자, 지우개 등을 미리 챙겨 둔다.

3월 첫 만남이 이루어지고 나면 꼭 잊지 말고 해 주어야 할 것이 선생님이랑 공부할 때 어떤 공책을 어떻게 사용할 것인지, 필요한 학용품들은 어떤 것들인지를 정확하게 미리 다음과 같이 안내를 해 주어야 한다.

〈기본 적인 준비물〉

자 15cm, 색연필 12색 이상, 지우개, 연필 3자루 이상, 볼펜 3자루(빨, 파, 검), 풀, 스케치북, 물감 24색 이상, A4 파일 4권, 종합장, 일기장, 독후감, 플라스틱 필통, 가위, 연필깎이용 칼 등

준비물을 안내 할 때 주의해야 할 사항이 있다. 아이들에게는 항

상 구체적으로, 실물을 보여 주면서 준비하라고 하는 것이 바람직하다. 특히 학년이 저학년일수록 더 정확하게 구체적으로 안내가 되어야 한다.

아주 오래 전에 이런 일이 있었다. 늘 고학년만 담임하던 선생님이 1학년을 담임하게 되었는데 이 선생님은 교사들 모임에 나오기만 하면 1학년 아이들 지도의 어려움을 이야기 했다.

"1학년은 도대체 지도 못하겠어요. 사람이 아닌 것 같아요."

"아니, 또 무슨 일이 있었길래 그러세요?"

웃으며 받아주었더니 자세하게 이이야기를 들려 주었다.

며칠 전에 아이들에게 우유 급식비를 걷어야 하기에 아이들 앞에서 이렇게 말했었다고 했다.

"애들아! 너희들 우유 먹었지? 내일 올 때 우윳값 갖고 와!"

"예!!"

힘차게 대답을 해서 그런가 하고 보냈는데 그 다음 날 우윳값을 가지고 오지 않고 우유갑을 가지고 온 아이들이 몇 명 있었다.

"너희들! 왜 우유갑을 가져왔니? 우윳값을 가져오라고 했는데?"

"어? 어제 선생님이 분명히 우유갑을 가져 오라고 했는데요."

'아하! 이 녀석들이 내가 우윳값을 가져오라는 말을 우유갑을 가져오라는 것으로 들었구나.'

얼른 이해가 되어서 우유갑을 높이 들어 보여 주면서 이야기를 했단다.

"얘들아! 선생님이 어제 가져오라고 한 것은 우윳값을 이야기 한 것이지, 이 우유갑을 가져오라고 한 것이 아니야. 오늘 우유갑을 가져온 사람과 아예 잊고 안 가져온 사람들은 내일 꼭 우윳값을 갖고 와야 하는 거야!"

이렇게 말하고서, 하교를 했는데 그 다음 날도 또 다른 아이들 몇 명이 우유갑을 가져왔단다.

"너희들은 왜 또 우유갑을 가져온 거니?"

"응? 어제 선생님이 보여 주면서 우유갑을 가져 오라고 했는데…."

"……."

그래서 안 되겠다 싶어서 칠판에 큰 글씨로 '내일 올 때 우유 먹은 돈 가져오기'라고 크게 써 놓고는 알림장을 꺼내서 쓰라고 했더니 어찌나 글씨를 천천히 쓰던지 40명 다 쓴 것을 확인하는데 1시간이 다 지나갔다면서 1학년은 절대 못 가르치겠다고 한숨을 내쉬었다.

초등 저학년 아이들에게 공지할 때는 아주 구체적으로 정확하게 안내가 이뤄지지 않을 경우 엉뚱하게 받아들이는 아이들이 꼭 생기게 된다.

수업 중에 사용한다고 자를 준비하라고 해 보자. 구체적으로 안내하지 않으면 전국에 있는 자라고 하는 자는 다 갖고 오는 것을 볼 수 있을 것이다. 15cm 자, 12색 색연필. 이런 식으로 구체적으로 제시해야 한다.

연필은 반드시 집에서 깎아서 오도록 하고, 필통을 가지고 다니게 하되, 필통은 떨어지더라도 소리가 나지 않는 것이 좋다고 안내해야 한다. 수업 하다가 보면 종종 필통이 떨어지면서 수업 분위기를 떨어뜨리는 경우가 있기 때문이다.

가급적이면 샤프펜은 계산할 때를 제외하고는 이용하지 않도록 지도해야 한다. 글씨체가 나빠지기 때문이다. 그리고 모든 학용품마다 반드시 견출지에 이름을 써서 붙이는 것이 습관이 되게 지도하자. 이는 선생님이 월마다 한 번씩 학용품에 이름을 썼는지 확인을 해야지 습관화 될 수 있다. 그러지 않으면 4월이 지나면 다 흐트러지게 된다.

12색 색연필일 경우 케이스에만 붙이지 말고 12자루 모두 붙이게 해야 한다. 무엇보다 준비물은 학습활동의 기본이다. 학부모님들에게 연락해서 적어도 1주일에 한 번씩은 자녀의 가방을 들여다보고 준비물들이 가지런히 정리되어 있는지 확인해야 한다고 부모들에게 요청하는 것이 좋다.

공부에 대해서

21

부모님이나 선생님들은 한결 같이 아이들이 공부를 열심히 잘 하기를 기대한다. 그래서 종종 공부해라. 공부해서 남을 주냐 라고 하면서 공부를 하도록 강조하고 있다.

그런데 우리 어른들이 아이들에게 공부를 하라고 강조하거나 다그치지만 말고 진정한 공부가 무엇인지, 공부는 어떻게 해야 하는 것인지에 대해 깊이 생각해 볼 필요가 있다.

과연 공부란 무엇일까? 공부를 무엇이라고 여기고 있는가? 아이들이 공부를 즐겁게 하도록 하려면 어떤 노력이 필요한지 한번 생각해 보자.

내가 정부도 인정해 주지 않는 비인가 대안학교를 시작하면서 세운 가장 큰 목표는 아이들이 행복한 학교였다. 아이들이 학교 오는 것이 너무 행복해서 방학을 줄여달라고 요청하는 학교를 만들어보는 거였다. 어떻게 하면 그런 학교를 만들 수 있을까 지금도 궁리를 하고 있다. 나는 학교가 아이들이 즐겁고 활발한 모습으로 생활할 수 있는 곳이었으면 좋겠다고 생각하고 있다.

첫 번째로, 과연 공부는 뭘까? 공부가 무엇인지 정의를 정확하게 해야 지금 우리 아이들은 제대로 공부다운 공부를 하고 있는지, 아이들에게 공부를 제대로 가르치고 있는지 성찰을 해볼 수 있으리라 생각해서 자료를 찾아봤다.

먼저 사전에서 공부를 어떻게 정의하고 있는지를 살펴봤더니 공부는 배우고 익히는 것이라고 나와 있었다. 배우고 익히는 게 공부라고 한다면 도대체 무엇을 배우고 익히는 게 공부인지 우리 나름대로 정의를 해야 되지 않을까?

나는 오랜 시간동안 교사와 교장으로서 교육 현장에서 아이들을 만나왔다. 과연 이 아이들에게 무엇을 가르치려고 하는지, 무엇을 가르치려고 이런 학교를 설립했는지 고민해 왔었다. 선생님들과 수없이 밤낮으로 고민하고 얘기 나누다 내린 결론은 사람답게 살 수 있도록 돕는 것이었다.

그럼 사람이 사람답게 살아가도록 한다는 것은 과연 무엇일까? 사람답다는 것은 과연 무엇을 의미하는 것일까?

이 지구상에 존재하는 수많은 생명체 중에서 사람만이 갖고 있는 속성이 바로 사람답다 라고 할 수 있지 않을까 싶었다. 그래서 그런 게 어떤 것들이 있을지를 생각해 보았다. 언뜻 떠오르는 것들이 있었다.

사람을 동식물과 비교했을 때 유일하게 사람만이 할 수 있는 것들이 노래하고, 웃고, 말하고, 글 쓰는 것, 판단하는 것 등이 아닌가 싶다. 그리고 물론 일부 동물도 판단은 하지만 판단력이 뛰어난 것은 사람뿐이다. 또 예절을 지키는 일도 사람에게만 있는 능력이다. 이런 것을 전부 '사람답게 하는 것'이라고 보고 싶다. 나는 이런 것들을 배우고 익히는 것이 공부라고 생각하게 되었다.

우리는 지금까지 공부라고 하면 지식을 받아들이는 것으로만 국한해서 생각했을 가능성이 커다. 이런 의미에서 살펴보면, 갓 태어난 아이는 외형으로는 사람이지만 사람 구실을 하기에는 미흡한 상태다.

즉, 사람 구실할 수 없는 상태에서 사람구실을 하면서 살 수 있도록 여러 가지 능력을 배우고 익히게 하는 것이 공부라는 의미로 해석할 수 있다. 그렇게 본다면 우리가 지금 아이들에게 공부하라고 할 때 이런 부분을 다 망라한 것인지 생각해 봐야 한다.

어떤 일을 추진해 나갈 경우 다음 세 가지를 깊이 고민한 후, 나름대로 답을 얻고 추진하면 오류가 적게 된다.

나는 공부에 대해서도 세 가지 기준을 갖고 살펴보려고 한다. 공부와 관련해 먼저 생각해 봐야 할 것은 'why'이다. 왜 공부를 해야 하는가? 공부를 해야 되는 이유를 좋은 대학에 가기 위해서라고, 좋은 직장에 가기 위해서라고 얘기해야 할까? 아니면 칭찬받고 인정받기 위해서, 우리 가문을 떨치기 위해서, 명예를 드러내기 위해서 라고 말해야 할까? 과연 어떻게 말해야 아이들이 공부 해야겠구나 하는 마음을 먹게 할 수 있을까?

이런 것들을 고민하다 보면 공부에 대한 생각을 바르게 정립할 수 있을 것이다. 나는 앞서 얘기했던 사람답게 살기 위해, 정말 온전한 사람이 되기 위해서 공부해야 한다고 생각한다.

그러면 공부를 학생 때만 해야 하는가? 어른이 되면 온전한 사람이 되었다고 할 수 있을까? 온전한 사람이 되기 위해서는 부단히 노력해야 한다. 그러기에 요즘을 평생교육시대라고 하는 것이 아닌가?

온전한 사람을 이루어 가는 것을 '인격형성'이라 한다. 인격형성을 제대로 하기 위한 교육을 우리는 '인성교육'이라고 한다. 우리나라 교육의 주된 화두가 인성교육이다. 그러나 나는 오늘날 이 인성교육이 실패했다고 생각한다. 인성교육이 잘 이루어졌더라면 학교에서의 집단 따돌림, 학교폭력이 사회적 문제로 대두되지는 않았을 테니까. 인성교육이 왜 실패 했는지 이미 앞에서 언급을 했었기에 다시 언급하지는 않을 것이다.

둘째로는 'what'이다. 무엇을 공부해야 할까? 온전한 사람이 되기 위해서, 사람이 사람답게 하기 위해서는 무엇을 배우고 익혀야 되느냐 하는 것을 알아봐야 하지 않겠는가?

지금 우리가 아이들에게 공부하라고 하면서 어떤 내용을 제시하고 있는지 살펴봐야 한다. 그 결과에 따라서 내가 아이에게 훌륭한 공부를 하도록 도와주고 있는지 아니면 내가 이 부분에 문제가 있는지를 스스로 느끼고 깨달을 수 있을 것이다.

아이가 책상에 앉아 열심히 문제를 풀고 있으면 엄마나 교사의 마음이 뿌듯해진다. 공부하는 것으로 여기기 때문이다. 아이가 문제를 풀고 있는 것이 온전한 사람이 되기 위한 무엇을 충족시켜 줄 수 있을까? 교과서 내용을 들여다보고 단순 지식들을 받아들이는 것이 우리가 생각하는 공부의 전부라고 여기고 있지 않은가? 이런 공부가 우리 아이들을 사람답게 해주고 온전한 사람으로 만들어가도록 할 수 있는가, 미성숙한 아이가 성숙한 어른으로 되도록 하는 데 필요한 것이 과연 무엇인지 꼭 생각해 보아야 한다.

그래서 나는 두 가지로 생각해 본다. 하나는 지혜이다. 즉, 이 세상을 살아갈 때 필요한 지혜를 아이들이 배우게 해야 하지 않을까? 지식하고 지혜하고는 구분해야 한다. 지식은 시간이 흐르면서 얼마든지 변할 수 있다. 지혜는 세월이 흘러가도 크게 변하지 않는다. 사람을 사람답게 해줄 수 있는 지혜를 배우게 해야 한다. 다른 하나는 방법이다. 의사소통하고 다른 사람을 대할 때 지켜야 할 예절은 어떤 것들이 있는지, 감정을 잘 다스리며 관계를 맺는 방법 등을 배우고 느끼고 깨닫게 해주는 것이 공부다.

셋째는 'how'이다. 어떻게 이 공부를 하게 할까? 온전한 인격체로 만들기 위해서 어떤 방법을 써야 될까? 일반 학교나 가정에서 쓰는 방법으로 아이들을 잘 기를 수 있을까?

수업에 시간에 일방적으로 선생님이 넣어 주는 주입식 강의가 효과적일 때도 있다. 문제는 이것이 일방적이라는 것이 문제다. 선생님에 의해서 일방적으로 넣어 주는 것이 공부의 방법으로 적합할까? 단순한 지식을 암기하게 하는 데는 이 공부의 방법이 효과적일수도 있을 것이다.

공부가 정말 공부다워지려면 아이들이 직접 조사하고 탐구하고 실험하고 실습하는 과정이 필요하다고 본다. 이는 아이들이 경험할 수 있다는 점에서 중요한 점이라 생각한다. 자기가 만져보고 조사해 보고 탐구하다 보면 체험을 하게 되고, 체험은 곧 생각으로 이어지기 때문에 아주 중요하다.

'야, 이거 괜찮은데?'

'참 좋은데!'

'이거 무지 힘든걸?'

이렇게 경험하고 느끼다 보면 사고의 작용이 생기면서 생각하고 사고하는 힘이 같이 길러질 수 있다.

그냥 일방적으로 주어지는 것은 그런 사고의 확산이 이루어지기 어렵다. 아이들이 생각하고 깨달을 수 있는 수준까지 가게 하려면 무엇보다 경험하는 과정이 필요하다.

우리 학교는 초등학교부터 고등학교까지 12학년제를 운영하고 있는데, 내가 우리 중고등학교 선생님들한테 다음과 같이 요청을 한 적이 있다.

"선생님! 저는 우리 아이들이 과학 시간이나 생물 시간에 아이들이 즐겁게 공부에 참여했으면 좋겠어요. 일반 학교에서는 아이들이 수업 시간에 거의가 다 졸고 있다고 하잖아요?."

나는 외부의 중고등학교든 초등학교든 강의 요청이 있으면 한 시간 정도 일찍 찾아가서 이 학교는 수업을 어떻게 하는지 교실을 돌아보곤 한다. 내가 가본 고등학교 학생의 3분의 2 정도는 거의가 다 수업 시간에 졸고 있었다. 겨우 5~6명 정도만 깨어 있는 경우가 허다했다.

공립에서 근무하던 과학 선생님이 우리학교에서 근무를 하려고 지원해서 면접 중에 이 얘기를 했더니 그나마 일어나 있는 아이가 고맙다는 것이다. 물론 잠자고 있으면 방해를 안 하니까 괜찮긴 하지만, 너무 무시당하는 느낌이 들어서 앉아 있어주기만 해도 고맙다는 생각이 들었다고 했다.

그 선생님에게 아이들이 과학 수업을 즐겁고 재미있게 느낄 수 있는 방법을 물었더니 실험하고 실습하면 된다고 했다. 그래서 그러면 왜 일반 공립학교는 그렇게 안 하느냐고 물었더니 그럴 경우 진도를 못 맞춘다는 것이었다. 그래서 진도를 맞추려고 실험·실습 다 빼버리고 시범으로 보여 주거나 영상으로 대체한다는 것이었다.

매 시간마다 실험하고 탐구하거나 직접 실습하게 하면 아이들이 얼마나 흥미 있어 할까? 그러느라 시간이 늦어져서 방학할 때까지 진도를 다 못 마치면 아이들한테 "얘들아, 우리가 매 시간마다 실험하고 실습하다 보니까 한 단원을 못하게 됐는데 이거 어떻게 하지?"라고 하면 아이들이 그냥 지나가자고 할 아이들이 있을까? 호기심이 계속 생긴 아이들인데 당연히 방학 때 보충시간을 갖자고 할 것이다.

우리 모두 지난 날 우리들의 공부 과정을 되돌아보고 앞에서 살펴본 내용에 비추어 우리들은 정말 제대로 공부했는지, 또, 지금 우리 아이들에게 공부다운 공부를 시키고 있는지 잘 살펴보았으면 좋겠다.

지적 성장을 위한 조건과 부모의 역할

22

아이들의 지적인 성장이 이루어지도록 하기 위해서는 어떤 조건들이 필요한 지를 고민해 볼 필요가 있다. 그 중에 가장 중요하게 여겨지는 것이 행복한 가정에서 아이가 부모의 사랑을 받으며 행복하게 자라나는 것이다. 물론, 학교에서도 행복하게 지내야 함은 당연할 것이다.

즐겁고 행복한 분위기가 공부를 더 잘 하게 만들어 준다. 그러므로, 자녀가 등교할 때 부모님이 잔소리하면 안 된다. 빨리 등교 안 하느냐고 소리 지르고 준비물을 미리 준비하지 않고 아침에 바쁜데 사달라고 하느냐며 등짝 때려 보내면 아이가 공부할 분위기가 되겠는가? 물론 학교에서도 선생님이 아이들을 꾸중하면 안 된다.

꾸중 들으면서 공부해서 성적이 당연히 낮게 나오는 것인데 성적 잘못 받아왔다고 또 호통을 치니까 악순환이 되는 것이다. 성적이 잘 안 나왔다고 다그치기보다 공부를 잘할 수 있는 조건들을 먼저 갖춰 놓도록 하는 것이 중요하다.

가정에서 자녀들의 지적인 성장이나 발전을 위해서 특별히 돌봐주어야 할 것들이 여러 가지 있다.

그 중에 첫째, 부모님이 매일 같이 자녀들과 해 주었으면 하는 것이 가방 정리이다. 아이가 학교에 갔다 오면 자녀랑 같이 가방을 정리하면서 시간표 순서대로 수업 시간에 어떤 것을 배우고 되었는지 확인을 해 보자. 이때 엄마가 자녀에게 꼭 확인해 볼 것이 있다.

오늘 학교에서 뭘 배웠는지를 묻지 말고 오늘 선생님한테 뭐 질문했는지 물어 보자. 아마도 분명히 질문을 안 했다고 할 것이다. 그러면 살짝 실망한 얼굴을 보이며 지나가자. 다음 날도 가방을 정리하면서 무엇을 질문했는지 물어본다. 역시 질문을 안 했다고 하면 그냥 지나간다. 이것이 3일 정도 반복되면 아이가 느낄 것이다.

'엄마가 무엇을 질문했는지를 매일 물어 보는구나. 오늘은 학교 가면 질문 하나 해야겠네.'라고 고민을 하게 된다. 그래서 아무 거나 질문할 수는 없으니까 무엇을 질문할까 생각하면서 선생님의 말씀을 자연스럽게 경청하게 된다.

어쨌든 가방 정리를 매개로 해서 자녀와 얘기도 나누고, 내일 무엇을 배울지 챙기는 것이 중요하다. 꼭 준비물을 엄마가 같이 챙겨야 한다. 이것을 언제까지 해야 하는가? 적어도 6학년까지는 해야 한다고 생각한다.

초등학교 다닐 때까지는 모든 것들이 몸에 배게 해야 한다. 습관이 되어서 '엄마! '가방 정리는 엄마가 안 해주셔도 되니까 그만 해 주세요. 이젠. 제가 할 수 있어요' 라고 할 때까지 계속 해줘야 한다. 자립심을 키워준다는 의미에서 네가 직접 혼자서 하라고 주문만 해서는 이러한 것은 습관화되기가 어렵다.

두 번째, 가정에서 꼭 챙겨주어야 할 것이 예습과 복습이다. 나는 예습과 복습이 사교육을 하지 않아도 공부 잘할 수 있는 방법이라고 생각한다. 예습과 선행학습은 구분해야 한다. 선행학습은 미리 당겨서 본격적으로 공부하는 것이고, 예습은 훑어보는 것이다. 집에서 엄마와 같이 예습을 하고 오도록 지도해야 한다.

아이의 시간표를 챙길 때 엄마가 "이거 참 재밌었겠다. 내일은 뭐 할 건지 보자."라고 하면서 교과서 내용을 한번 자녀랑 같이 훑어보는 것이 예습이다. 예습과 복습은 주지교과만 하면 된다. 초등학생일 경우 주지과목 수업이 하루에 두 과목 전후이다. 그 한두 과목 정도를 미리 당겨서 '내일 뭐 배울지 한번 볼래? 어떤 내용이지?' 하고 그냥 자녀랑 같이 훑어보는 정도이니까 어렵지는 않을 것이다. 사진이나 자료를 같이 보면서, '이런 내용이구나, 제목이 뭐지? 내일 이런 거에 대해서 배우겠네? 혹시 궁금한 건 없어?' 하면서 얘기를 나무면 된다. 이러면 아이가 기대가 생기게 된다.

컴퓨터에 보조 기억장치가 있고 오래 기억하는 주기억장치가 있는 것처럼 우리 뇌의 구조도 마찬가지라고 한다. 임시로 기억하는 곳이 있고 영구히 기억하는 장치가 있다.

우리가 어제 오늘 있었던 일을 기억하지만 10년 지나면 잊어버리는 이유는 오래 기억하는 뇌로 정보가 들어가지 않았기 때문이다. 중요하지 않기 때문에 잊어버린 것이다. 우리가 20년 동안의 일을 다 기억한다면 얼마나 머리가 아프고 복잡하겠는가? 중요하지 않은 것은 날려버리고 중요한 것은 오래 기억하는 장소에 저장해두는 일이 우리 뇌에서 이루어지고 있다.

해마가 임시 기억장치 역할을 하고 있다. 이 임시 기억장치에 많은 정보가 들어가는데 이 기억들 중에서 '이건 중요한 거니까 장기 기억장치로 옮겨야 돼'라고 느끼게 만드는 것이 바로 '반복'이라고 한다. 반복하면 중요한 것으로 여겨서 장기 기억장치로 넘어간다.

이것을 연구했던 사람이 헤르만 에빙하우스이다. 에빙하우스에 의하면 우리가 어떤 새로운 것을 배웠을 때의 기억을 100으로 잡으면, 10분이 지나면서부터 망각이 시작된다고 한다. 하루만 지나도 70%를 잊어버린다. 아이가 바른 자세로 앉아서 열심히 경청을 해서 100%을 배웠더라도 그냥 하루만 지나도 70%가 잊게 되는 것이다.

열심히 경청하지 않았다면 그 아이가 갖고 있는 것은 30%도 훨씬 안 될 것이다. 성적이 향상 안 되는 이유가 바로 여기에 있을 수 있다. 한 달이 지나면 80% 이상 망각하게 되는데 이것을 방지하려면 어떻게 해야 하느냐를 에빙하우스가 연구했다. 바로 학습을 하고 나서 잊어버리려고 할 때 복습을 하는 것이 중요하다고 결론 내렸다.

회상을 시켜주는 것이 중요하다. 공부한 지 10분 후에 한 번 더 복습하고, 그 다음은 하루 지나서 한 번 더 복습하고, 그 다음 1주일 후에 복습하고, 그 다음에 한 달 후에 한 번 복습하면 반복이 됐기 때문에 6개월 이상의 장기 기억장치로 옮겨지게 된다고 한다.

복습을 네 번(10분 뒤, 1일 뒤, 1주일 뒤, 한 달 뒤) 주기적으로 해 주면 영구히 장기 기억장치로 간다는 것이다.

셋째, 가정에서 자녀를 도와주어야 하는 것이 학습 환경에 적합한 환경을 구축하는 것이다. 아이가 방에 들어갔을 때 집중이 될 수 있는 조건을 먼저 갖춰놔야 한다. 방이 어질러진 상태로 있다든지, 엄마는 드라마를 보고 있다든지 하면 아이가 공부할 환경이 안 된다.

텔레비전 시청 시간이나 스마트폰 사용 시간도 조절하는 등 공부할 환경을 만들어 줄 필요가 있다. 텔레비전이나 스마트폰 사용 시간이 1시간 넘어가는 아이가 ADHD 증상으로 보일 가능성이 커다고 한다. 요즘 식당에 가면 어린 아기들이 엄마를 보채니까 엄마 핸드폰을 주거나 해서 영상을 보게 하는 경우가 많다. 정말 염려가 된다.

대부분의 학교가 스마트폰을 못 가져오게 하고, 만약 가져왔을 때는 선생님한테 맡기고 집에 갈 때 찾아가도록 하고 있는 것처럼 집에서도 그런 규칙을 자녀랑 상의해서 만들고 지속적으로 실천이 되도록 해야 한다.

집에 오면 휴대전화를 마음껏 쓸 수 있다는 건 공부의 방해 요소가 잔뜩 몰려 있는 상태인 것이다. 차단해야 한다. 물리적으로 집안을 차분하고 조용하게 만들어 주는 것, 안정적인 느낌이 들게 끔 해 주는 것, 편안한 마음이 들게 해 주는 것이 중요하다.

넷째, 부모는 자녀 행동의 거울이라는 점을 기억해야 한다. 부모가 말하는 것과 행동이 상반될 때 아이는 갈등한다. 엄마 아빠가 먼저 자녀들 보는 데서 배움의 모습을 보여야 한다.

엄마가 드라마에 집중하다가 '넌 공부 안 하냐?' 하면 아이는 더 화가 나게 된다. 요즘 텔레비전을 없애는 가정, 거실을 책 보는 곳으로 만드는 가정이 많이 늘어났다. 바람직한 일이다. 약속 및 준법정신을 강조하려면 엄마 아빠가 한번 약속한 것은 무슨 일이 있어도 지키려고 노력하는 모습을 보이는 것이 중요하다. 이런 모습은 결국 숙제는 반드시 해야 한다는 생각으로 이어질 수가 있다. 요즘 숙제 안 해도 크게 잘못했다 여기지 않는 아이가 의외로 많아졌다. 선생님한테도 문제가 있겠지만, 가정에서도 지킬 것은 반드시 지켜야한다는 것을 가르쳐주지 않은 탓이 크다고 하겠다.

다섯째, 부모들은 반드시 자녀들의 가방을 살펴보아야 한다. 남자아이들의 경우에는 일주일만 안 뒤져보면 가정통신문이 꼬깃꼬깃 접혀서 밑바닥에 깔려 있을 것이다. 매일 살펴보면 더욱 좋고, 최소한 2~3일에 한 번씩이라도 해야 한다.

이런 내용들을 시간이 날 때마다 부모들에게 들려주어서 가정에서 꾸준히 실천이 이루어지도록 해야 한다.

일기쓰기 지도

23

발령을 받게 되면 대부분 선생님들은 아이들의 일기장 쓰기 지도를 해야 하는 것으로 생각하고, 또 아이들도 당연히 선생님께 일기장을 검사 맡아야 하는 것으로 여기고 있다.

그런데 우리나라 교육과정 어디에도 일기장 쓰기 지도에 대한 내용이 없다. 몇 학년 때까지 그림일기를 쓰고, 줄 글로 된 일기장은 몇 학년 때 지도를 해야 하며, 일기 쓰기 지도를 어떻게 해야 하는지, 일기장에 교사가 검사를 한 후에 덧붙임 글을 달아 줄 때는 어떤 점에 주의해야 하는지를 기록해 놓은 곳이 없다.

그럼에도 불구하고 대부분의 선생님들은 일기장 쓰기 지도를 자신이 해야 할 것으로 생각하고 있다. 또한 일기장에 선생님이 코멘트를 어떻게 달아주느냐로 학부모들에게는 열의가 있는 선생님으로 여겨지거나 무관심한 선생님이라는 평가를 받게 되기도 한다.

그럼, 교사들은 일기쓰기에 대해서 어떤 생각을 갖고 어떤 방법으로 지도해야 할까? 교육과정에는 어떠한 지침도 없지만, 나는 그동안의 경험을 통해 일기쓰기 지도를 어떻게 해야 하는지 알게 되었다.

'일기쓰기 지도를 해야 하는 이유가 무엇이라 여기는가?'

먼저 스스로 이 질문을 해 보는 것이 좋다. 그래서 나름대로 이유를 찾아내는 것이 중요하다. 이렇게 하면 일기쓰기 지도에 대해서 각자의 이유들이 만들어진다. 이것이 일기쓰기 지도에 대한 자신의 교육철학이 된다.

일기 쓰기 지도를 해야 하는 이유가 분명해지면 그 이유에 맞게 하려면 어떻게 지도해야 하는 가를 생각하게 된다. 이렇게 노력하다가 보면 우리 반만의 독특한 일기쓰기 지도하는 방법이 만들어진다. 결국 일기쓰기라고 하는 매개는 똑같지만 이유에 따라서 방법이나 형태가 달라질 것이다.

일기쓰기 지도를 하면서 한 아이 때문에 깊이 깨달았던 적이 있다. 이를 소개하고자 한다.

나는 교사로 첫 발령을 받으면서 제일 먼저 하고 싶었던 것이 일기장 검사였다. 글을 잘 쓰는 아이가 있으면 그 아이의 일기장이나 쓴 글들을 모아서 책으로 만들어 주고 격려해 주고 싶은 마음을 갖고 있었기 때문이다.

그래서 첫 주부터 일기장을 두레별로 거둬서 검사를 했는데 별로 눈에 띄는 것이 없더니 그 다음 주에 여자 아이들의 일기장을 확인하는데 한경하의 일기장에서 내 눈이 멈췄다. 왜냐하면 너무나도 재미있고 독특한 일기 내용 때문이었다.

하루 생활한 것 중 가장 인상에 남는 것으로 일기를 썼는데 어찌나 내용이 재미있고 그림도 잘 그렸는지 나는 그 일기를 몇 번이나 읽어 보았다.

보통 초등학생이 쓴 일기를 보면 '오늘은…' 또는 '나는…'으로 시작해서 '다음에는 절대로 그러지 않겠다고 결심했다.'로 끝나는 그런 것이 대부분인데 5학년 경하의 일기는 전혀 그런 게 없었다. 억지로 쓴 흔적은 찾아볼 수 없었고, 일기 쓰는 재미를 느끼고 있는 것 같았다. 특히 경하의 일기에서는 이상한 점이 하나 있었다.

일기 중간 중간에 "키티"라는 이름이 등장하는데, 마치 그 사람에게 편지를 쓴 것 같은 표현이 있었다. 이 "키티"라는 사람은 누구를 가리키는 것일까? 혹시 애견이거나 인형의 이름일까? 무척 궁금했다.

그래서 나는 일기장에다가 이렇게 써주었다.

"경하야! 일기를 무척 재미있게 잘 쓰는구나. 너무 재미있었어. 읽느라 시간가는 줄 몰랐어. 그런데 참! 키티는 누구니? 선생님이 좀 알면 안 될까? 그리고 그 동안 경하가 써 놓은 일기가 있으면 좀 가져와 볼래? 선생님이 읽고 싶어서 그러는데 괜찮다면 가져와."

그 다음 날, 경하가 일기장을 가져왔는데 놀랐다. 글쎄 일기장을 13권이나 가져왔다. 유치원 때 쓴 그림일기부터 시작해서 5학년 때까지 일기장에 순서대로 번호를 붙여 가며 잘 보관을 해두고 있었다. 그래서 퇴근하고 저녁마다 일기를 밤마다 읽었는데 사흘이나 걸렸다. 정말이지 내가 그토록 뭔가를 열심히 읽어 보기도 처음이었다.

경하의 일기는 정말 독특했다. 저학년에서는 날씨까지도 재미있게 표현을 했는데. 예를 들면, '선풍기 바람이 그리운 날씨', '괜히 기분 좋은 맑은 날씨', '흐리다가 기어이 비가 조금 옴', '머리가 따갑도록 더움' 등으로 되어 있었다. 일기장에 이런 식으로 날씨를 표현할 수 있다니! 경하의 표현력에 감탄이 저절로 나왔다.

3학년 때의 일기를 읽다가 드디어 '키티'라는 사람의 궁금증이 풀렸다. 그러니까 3학년 때 '안네의 일기'라는 책을 읽다가, 안네가 일기장 이름을 '키티'라고 쓰고 자기 친구같이 자연스럽게 써나가기 시작한 것을 알고는 자기도 안네의 일기를 이어받고자 '키티'라고 이름을 붙였다는 것이다.

<3학년 때의 일기>

1988년 11월 17일 목요일

제목 : 안네의 일기

이동 도서관에서 빌려온 '안네의 일기'를 읽어 보았다. 안네라는 언니는 일기장의 이름을 '키티'라고 쓰고 '키티'가 진짜 자기 친구같이 자연스럽게 써나가기 시작하였다. 그리고, 자기 마음 속 느낌을 솔직히 털어놓으며 차근차근 잘 쓴 것이 내 마음에 들었다.

유태인인 안네의 가족은 유태인이란 이름 때문에 전차를 타지도 못하고 오후 3시부터 5시 사이에만 물건을 살수가 있다. 그것도 '유태인 상점'이라고 써 놓은 곳에서만 물건을 살수가 있다.

안네는 유태인 때문에 여러 가지 아픔을 받고 15세의 나이에 죽었다. '유태인'이란 이유 때문에 이렇게 아픔을 당하다니….

1988년 11월 18일 금요일

제목 : 남는 시간

여기는 학교 컴퓨터실이다.

할 일이 없었기 때문에 지금 여기서 일기를 쓰는 것이다. 시간을 그냥 가만히 앉아서 보내는 것보다 책이라도 읽으면서 유익하게 시간을 활용할 것을 이 일기장에 약속하였다. 나도 일기장의 이름을 짓고 그 친구를 영원히 사귀고 싶다.

그래! 안네의 일기를 이어받아 '키티'라고 이름을 짓자!

키티!

첫 인사를 드립니다. 안녕하셔요. 앞으로는 친하게 지내기로 해요.

〈우리 경하에게 아주 만족할 만한 친구 키티가 생겨서 엄마도 만족스럽구나. 키티는 경하가 원할 때까지 항상 너와 함께 해 줄 거야. 키티! 우리 경하와 진실하고 즐거운 대화 많이 나누기 바래요.〉

1988년 11월 28일 월요일

제목 : 안네의 마지막 일생

키티!

오늘에서야 '안네의 일기'를 다 끝마칠 수 있게 되었습니다. 끝 부분을 읽고 무척 울었어요. 안네가 너무 불쌍해서요. 은신처(안네 가족과 패터 가족, 듀셀 씨가 숨어 살던 곳) 사람은 죄수 호송차에 실려 암스테르담 중앙 형무소에 있는 독일 비밀 경찰 본부로 끌려갔어요.

그래서 노동이나 실컷 하다가 장티푸스에 걸려 마르코트가 죽은 후, 안네는 자기 가족이 모두 돌아가셨을 것이라 생각하고 고요히 죽고 말았어요. 그땐 참을 수 없는 눈물이 흘러 내렸답니다.

〈엄마도 안네의 일기를 읽고 너와 비슷한 생각을 했어. 어려운 환경에서도 희망을 잃지 않고 살다가 가족이 죽었다고 느낀 후 희망을 잃고 더욱 빨리 죽은 것 같아. 안네가 희망을 가졌더라면 혹 가족도 만나고 더 오래 살 수도 있었을 텐데. 어려움이 닥쳐도 잃지 말아야 할 것은 희망이라고 절실히 느꼈어. 우리들에게도 꼭 가져야 할 것은 희망이야.〉

<4학년 때의 일기>

1989년 10월 22일 일요일

제목 : 청소

키티!

지금 나는 너무 가슴 뿌듯해.

방금 실내화를 빨고 남은 물로 마당이고 화장실이고 깨끗이 청소를 해놨어. 엄마는 동창회겸 외갓집에 가셨어.

냄새나는 화장실을 치우긴 귀찮았지만 다 치운 내 마음을 키티는 모를 거야. 방에 들어와서는 창문을 열고 공기를 듬뿍 듬뿍 마시고 일기를 쓰는 거야. 그러니까 조금 화났던 일도 금방 풀려 버리고….

키티!

이건 정말 여태까지 아무에게도 얘기하지 않을 것이고 엄마에게만 말할 건데 내 친구 동숙(가명)이는 무척 착하거든. 순진하고 마음씨 고운 아이야. 그런데 동숙이네 엄마가 새엄마라는 거야. 처음엔 믿어지지가 않았어. 그리고 그 새엄마는 재혼하고 낳은 아들은 무척 애지중지 키우고, 동숙이는 그냥 막 키운데.

'장화홍련'과 '백설공주', '7마리의 까마귀'같이 슬펐어. 잘 대해주기만이라도 했으면 좋겠는데, 새엄마가 그러질 않나 봐. 새엄마가 자기를 무시함에도 불구하고 언제나 밝게 살아가는 동숙이가 대견스러워.

동숙아! 그게 사실이라면 언제나 용기 잃지 말고 꿋꿋하게 살아!

〈엄마 없는 사이. 청소를 깨끗이 하여서 얼마나 고마운지. 이제 시집 보내도 되겠네? 동숙 얘기 잘 들었어. 좀 더 다정한 새엄마였더라면 얼마나 좋을까? 동숙이 보고 경하가 이렇게 말해봐. 새엄마라도 말 잘 듣고 따르면 아마 서로 좋아하게 될 거라고 말이야.〉

이 일기를 보고서 하나 더 놀란 것은 엄마의 덧붙임 글 때문이었다. 나는 처음에는 담임 선생님이 쓰셨나 보다 했는데 자세히 보니 그게 아니었다. 엄마랑 거의 매일 일기장을 통해서 얘기를 주고받고 있었다. 경하의 글 솜씨가 늘었던 것은 엄마의 영향이 아닌가 하는 생각이 들었다.

어쨌든 발령받기 전에 일기 잘 쓰는 어린이가 있으면 책으로 만들어 주겠다던 생각이 이루어질 수 있는 좋은 발견인데 내가 어찌 그냥 넘기겠는가? 당장 그 날 저녁부터 경하의 13권짜리 일기를 면밀히 검토를 하기 시작했다. 과연 이것을 시중에 판매하는 책으로 만들 수 있을까? 그 정도의 가치가 있는 건가?

다른 이들에게도 내가 느낀 것처럼 독특하고 재미있는 일기로 느껴지는 건지 확인을 하고 싶어서 모 대학교 대학원에서 국문학을 전공하고 있는 교회 누님 한 분에게 전화로 문의를 했더니 한번 가져와 보라고 했다.

퇴근하는 길에 당장 교회로 달려갔다. 꼭 나의 작품을 테스트 받으러 가는 심정이었다. 경하의 일기를 읽어 본 누나는 감탄을 연발했다.

"어쩜, 초등학생이 이렇게 일기를 잘 쓸 수 있느냐."

누님의 이 평가에 힘을 입어 작업을 시작했다.

우선, 일기를 읽어 보면서 내용이 좋거나 표현이 뛰어난 것을 원고지에 옮겨 적었다. 그것을 출판사에 보내보고 싶었기 때문이었다. 매일 밤늦게까지 작업한 끝에 한 달 만에 400쪽이 훨씬 넘는 분량의 원고가 만들어졌다.

이것을 복사하여 유명한 출판사 편집부에 보내 보았다. 회신이 오기만을 기다리다 한 달이 넘도록 아무런 연락이 없어 전화를 하니까 그쪽에서는 일기 내용이 참신하기는 하지만 상품성이 떨어진다는 거였다.

요지는 경하의 가정환경이나 자라온 과정이 특별하면 상품성이 높겠지만 그렇지 않기 때문에 출판을 하기가 선뜻 내키지 않는다는 거였다. 그래서 또 다른 출판사에 원고를 보냈다. 그러기를 여러 번 되풀이하다 동일한 대답을 듣게 되면서 아쉽지만 상품화되는 책으로 만들지는 못하더라도 문집처럼 만들어줘야겠다고 결론을 내렸다.

그러다가 교회 청년회 회지를 만드는 후배에게 그런 과정을 이야기 해줬더니 경하의 일기를 책으로 만드는 일을 도와주겠다고 했다. 후배가 경하가 쓴 일기를 예쁜 글씨로 A4용지에 써주고 일기장에 그려진 삽화는 경하가 그대로 그렸다.

그런 작업이 두 달에 걸쳐 이루어진 끝에 드디어 작은 책이 만들어졌다. 일기장의 이름은 경하가 "키티야! 내 꿈은…"이라고 붙였다. 경하의 맑고 깨끗한 아름다운 꿈들이 많이 숨어 있는 정말 귀한 일기장이었다. 지금 책꽂이에 꽂혀 있는 경하의 일기장을 보면 그때의 일들이 주마등같이 스쳐 지나간다.

경하의 일기를 보면서 아이들에게 일기를 어떻게 쓰는 것이 바람직한지 가르쳐 줄 수 있는 좋은 소스를 얻을 수 있었다. 솔직하게 자신의 생각이나 감정을 표현하도록 자주 강조를 했다.

내가 아이들에게 일기 쓰기는 이렇게 해야 한다고 강조했던 내용들을 하나로 모아보면 다음과 같다.

★일기는 매일매일 자신의 삶을 되돌아보며 기록하는 습관이 중요하다. 쓸 거리가 없을 경우 어떤 중요한 일들이 있었는지만이라도 간단히 메모해 두는 것이 중요하다.

★중요한 일이나 인상 깊었던 것을 글감으로 정한다.

★하루 지내면서 깨달은 점이나 느낀 생각을 기록하는 것이다.

★실수나 반성 거리도 솔직하게 기록한다. 일기는 나 혼자만 보

는 것이다. 내용에 구애됨 없이 솔직하게 작성해야 한다.

★첫머리에 날짜, 요일, 날씨를 반드시 쓰고, 제목을 붙여서 글감에 대하여 짜임새 있게 작성한다.

★한 가지 일에 대하여 자세하게 쓴다.

★매일 되풀이되는 일상생활은 쓰지 않는다.

★'나는'이나 '오늘은' 등의 낱말은 가급적 쓰지 않는다.

★일기는 미루지 않고 그날 그날 쓰도록 한다.

고학년이 되면 자연스럽게 비밀이 생기고 어떤 아이들은 검사 맡기용과 자신만의 비밀용으로 일기장을 두 개 갖고 있는 아이도 생겨났다. 그래서 나는 아이들에게 이렇게 얘기했다.

"일기는 자신만의 고유 공간이라 생각해요. 그래서 솔직하게 기록해야 해요. 일기장은 누구라도 함부로 열어봐서는 안 된다고 생각해요. 부모님이나 선생님도 보려면 허락을 얻어야 하고 주인이 허락하지 않으면 절대 봐서는 안 된다고 생각합니다. 선생님이 분명히 약속해요. 여러분들의 일기장 내용을 함부로 보지 않겠다구요. 다만, 선생님은 여러분들이 일기를 꾸준히 잘 쓰는지 확인하고 도와야 하니까 검사는 할 거에요. 다만 내용을 읽지는 않을 거에요. 혹여, 일기장에 선생님이 싸인만 해 두었다고 실망하지 마세요. 며칠 동안 일기를 기록했는지 확인만 할 거에요. 그런데 혹시, 선생님이 일기장을 읽어보고 덧붙임 글을 기록해 주길 원하는 친구는 일기장 쓴 날짜 위에 별

표를 해 주세요. 그 내용만 읽어보고 달아 줄게요."

이 취지를 학부모님들에게 알려서 오해가 생기지 않도록 할 필요가 있다. 자칫 일기장에 싸인만 하고 덧붙임 글을 안 달아줘서 무성의한 선생님으로 오해를 하는 학부모가 생기면 안 되니까….

좌석 배치

24

새 학기가 시작되면서 어린 아이들에게 가장 큰 관심사 중의 하나는 자기 옆 짝꿍이 누구인가 하는 것이다. 학급에서 가장 많이 얼굴을 맞대고 지내야 하기에 자기가 같이 앉고 싶었던 친구랑 짝이 되면 그날부터 신바람 나는 날이 되지만, 그렇지 못할 경우엔 괴로운 날이 되고 만다.

그러므로 어린 아이들에게 짝꿍 문제는 실로 중요한 문제가 아닐 수 없다. 그러나 실제로 자리가 정해지는데 이들의 요구나 바람이 고려되는 경우는 드물다.

대부분의 교사들은 좌석을 어떻게 배치하느냐가 학습의 분위기에 많은 영향을 준다고 보고 있기에 서로 친해 보이거나 장난끼 있어 보이는 친구들은 떼어 놓거나 아예 남녀끼리 짝을 하도록 하는 경우가 대부분이다.

짝은 어린 아이들이 사회화를 경험하게 되는 학교에서의 가장 작은 단위이다. 서로 다른 성격의 소유자들이 좁은 책상에 같이 앉아 생활하면서 사랑을 느끼기도 하고, 때로는 의견 차이로 갈등을 겪기도 한다.

이런 일들을 겪으며 우리 아이들은 점차 사회를 경험하게 되는 것이다. 그러므로 짝을 어떻게 정해 주느냐에 따라서 사회화의 정도가 달라질 수 있음을 염두에 두고 배정을 해야 한다.

나는 초임 교사 시절 5년차 때《365일 열린 교실을 위한 학급경영》(1995. 우리교육)이라는 책을 출판 한 적이 있었다. 그때 쓴 책에 자리 배치하는 방법에 대해서 기록해 놓은 것이 있었는데 지금 읽어 보니 순 엉터리였다는 생각이 들어 창피하게 여겨진다. 자리 배치에 대해 성찰을 깊게 하지 못했던 시기였다.

'무식하면 용감하다더니 내가 그랬구나!!'라는 생각이 들었다.

나는 지금은 수업의 목표 달성에 가장 큰 영향을 줄 수 있는 요인이 자리 배치라고 생각한다. 짝꿍을 누구랑 같이 해주느냐에 따라 학습의 효과가 달라질 수 있다.

예를 들어, 소대장이 자기 소대원들을 데리고 전투를 한다고 가정해 보자. 소대원들마다 역할 분담이 되어 있고 갖고 있는 화기들이 다 다를 것이다. 그런데 소대장이 자기 소대원들 전투 대형을 지시해 줄 때 아무데나 자기가 싸우고 싶은 위치로 가서 싸우라고 하겠는가? 그렇게 하지 않을 것이다. 어떤 화기를 어디에 배치하고 싸워야 효과적인지, 의무병이나 무전병은 어디에 배치하는 것이 맞나 고민하면서 가장 효과적으로 소대원들을 배치할 것이다. 소대원들 중에 무서움을 많이 느끼거나 심리적으로 불안함을 느끼는 대원은 무서움을 모르고 강한 심장을 지닌 대원과 함께 있게 하는 것이 더 안정적일 것이다. 소대장은 이런 여러 가지 요인들을 충분히 고려하며 반드시 전투에서 이길 수 있도록 대원을 배치하게 된다.

나는 교실에서 수업할 때 학생들 자리 배치도 소대장이 소대원들을 배치해 주듯이 교사가 아주 신중하게 생각하고 고민하면서 배치해야 한다고 생각한다. 어떤 친구랑 짝이 될 때 학습에 잘 참여할 수 있을까를 꼼꼼하게 따져보아야 한다.

나는 초임 시절에는 자기가 앉고 싶은 자리에 앉는 것(한번 앉은 친구와는 앉을 수 없음)을 원칙으로 하되 여러 가지 방법을 골고루 활용하며 좌석 배치도 수시로 달리했다. 매주 짝을 바꿔 주어 많은 친구들과 짝을 할 수 있도록 기회를 제공하려고 애썼다.

내가 초임 때 가졌던 자리 배치는 아이들의 사귐의 기회를 많이 만들어 주어서 관계성을 높여 주는 데는 효과가 있었다. 그러나, 자리 배치에 대한 중요성이 수업의 목표 달성에 까지는 이르지 못했었다.

교실하면 4개의 분단으로 되어 있는 정형화 된 모습이 쉽게 연상되는데 오늘날에는 선생님들의 노력으로 이런 모습들이 많이 바뀌고 있어 다행이라 여긴다.

나는 아이들이 다양한 사고를 할 수 있도록 하려면 생활 속에서 어느 정도의 고정된 틀을 벗어날 수 있게 해 주는 것이 필요하다고 생각을 해서 수시로 변화를 주려고 했었다. 이점은 지금 생각해 봐도 아주 잘 한 것이라 생각한다.

그리고 어떤 형태로든 자리를 정해 주고 나면 반드시 잊지 않고 다음과 같이 말을 덧붙여 주었다.

"오늘부터 새로운 친구와 한 주를 지내게 되었어요. 여러분 중에는 같이 앉기를 원했던 친구와 앉게 된 경우도 있겠고, 그렇지 못한 경우도 있을 거에요. 그렇지 못한 경우에는 그것을 겉으로 나타내지 마세요. 옆 친구도 분명이 그런 상태일 테니까 서로 기분만 상할 거에요. 마음에 안 든다고 한 주 동안 서로 찌푸리면서 지내는 것 하고 원하지는 않았지만 나의 짝이 되었으니 한 주 동안 이 친구와 사귀어 보면서 좋은 점을 내가 배워야겠다고 생각하며 지내는 것 하고 비교할 때 어느 것이 더 현명하다고 생각해요? 여러분은 현명한 어린이들이니까 잘 판단해서 행동하리라 여겨져요. 그리고 처음에는 싫어 보이더라도 나중에 사귀어 보고 나면 분명 좋은 친구임을 느끼게 될 거에요. 여러분은 얼굴이나 외모에 의해 친구를 선택하고 판단하는 어리석은 사람이 되지 않기를 바래요. 자! 그럼 한 주 동안 곧 잘 지내보자는 뜻에서 옆 친구와 악수를 하면서 인사를 나눠 보는 것이 어때요?"

내가 초임 때 자주 활용했던 좌석 배치 형태는 다음과 같다.

1. 〈두레〉형 : 두레별로 모여 앉는다.

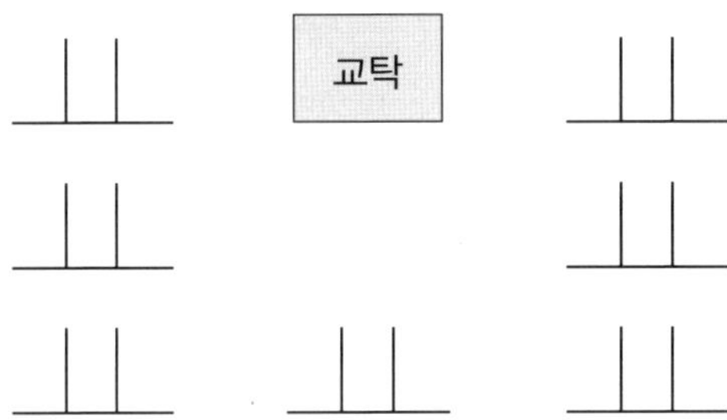

2. 〈마제〉형 : 교탁을 중심으로 'ㄷ'자형으로 만든다.

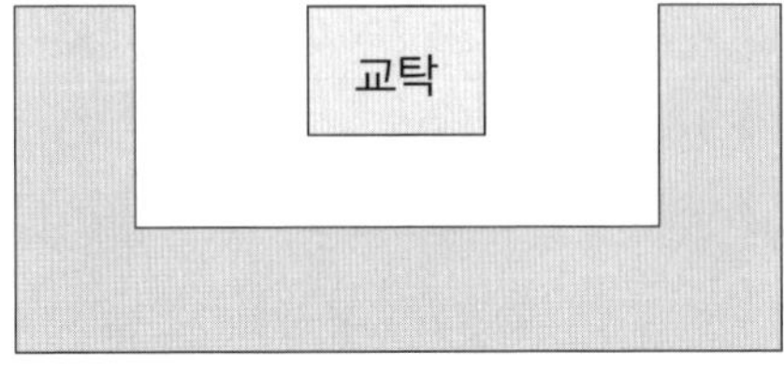

3. 〈분단〉형 : 3 또는 4개의 분단으로 만든다.

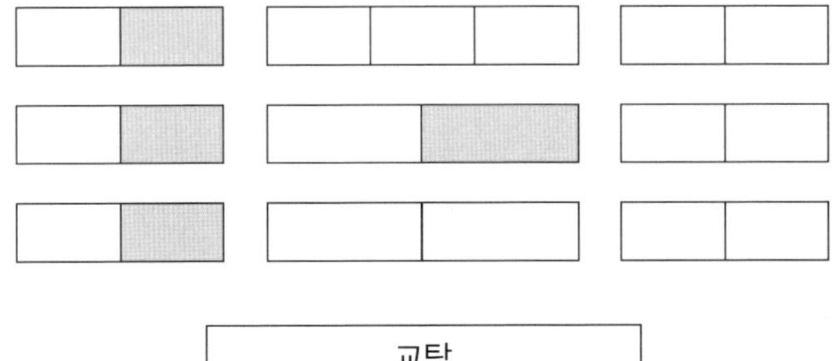

4. 〈협동학습〉형 : 5명이 한 두레가 되도록 편성한다.

위에서 언급한 것처럼 짝이 결정이 되고 나면 자기가 원했던 친구든 그렇지 않든 간에 한 주 동안 잘 지내보자는 뜻으로 악수를 청하도록 지도했다.

그리고 5~6학년이 되면 남녀 서로 짝을 하지 않으려고 하는 경우도 있지만 대부분이 다른 친구들이 놀릴까봐 두려워서 그런 것이므로 남녀 친구끼리 자연스럽게 친해질 수 있는 분위기를 만들어 주는 것이 절대적으로 필요하다.

아이들에게 왜 남자 여자 친구 같이 안 앉겠다고 하는지 그 이유를 물어 보았다. 그랬더니 친구들이 놀릴까봐서 그런다는 대답이 많았다.

"여러분! 남자 친구랑 여자 친구가 함께 사이좋게 노는 것은 절대로 부끄러운 것이 아니에요. 오히려 가장 아름다운 모습 중의 하나에요. 이를 보고 놀리는 사람이 이상한 것이에요. 이를 보고 놀리는 사람은 분명 자기도 그렇게 하고 싶은데 용기가 없어서 그러지 못하니까 부러워서 그러는 것이에요. 손가락질이나 수군거림이 두려워서 어울려 놀지 못한다면 그 사람은 용기가 없는 사람인 것 같아요. 용기를 내 보세요."

이렇게 얘기 하면서 남을 의식하지 않고 자연스럽게 지낼 수 있는 분위기를 유도했더니 금방 친해져 그 후로는 남녀 친구 가리지 않고 친하게 지낼 수 있게 되었다.

그렇지만 그러는 중에도 끝까지 동성끼리 앉으려 하는 아이들에게는 그렇게 하도록 해 주었다. 왜냐하면 아무리 좋은 것이라도 억지로 하는 것은 좋지 않기 때문이다.

아이들과의 신뢰관계 형성은?

25

공동체가 잘 유지되려면 무엇보다도 신뢰가 바탕이 되어야 한다. 학급이 담임의 절대적인 영향 하에 있다 하더라도 담임과 아이들 간에 신뢰가 탄탄히 이루어진 학급과 그렇지 않은 학급에서의 교육의 효과는 하늘과 땅 차이라고 해도 과언이 아니다.

그러므로 학급 담임으로서 학기 초에 가장 염두에 두어야 할 것이 아이들에게 신뢰감을 심어주는 것이다. 그 동안의 경험을 통해 얻어진 방법들 몇 가지를 소개하면 다음과 같다.

첫째, 이름을 가장 빨리 기억해 주는 것이다. 선생님이 아이들에게 얼마나 관심을 가지고 있는지 쉽게 알 수 있게 해주는 것이 바로 이름을 빨리 기억해 주는 것이다.

어느 해 동학년 선생님과 이야기 하다가 깜짝 놀란 적이 있다. 여름 방학 개학을 한 지 얼마 되지 않았는데 그 분의 말씀에 놀랐다.

"정 선생, 난 방학을 하고 오니 우리 반 아이들 이름이 전혀 기억이

나지 않아. 그래서 이름 외우느라 한참 애 먹었어."

어떻게 그럴 수 있을까 싶었다. 그런데 시간이 점점 흐르면서 그 분의 말씀이 이해가 되기도 했다. 왜냐하면 나도 시간이 지나니까 기억력이 감퇴되면서 지난 해 아이들의 이름이 점점 가물가물해지는 것이었다. 순간적으로 위기감을 느꼈다. 이러다가 제자가 찾아왔을 때, "너 누구지? 이름이 뭐니?…." 하면 그 제자가 얼마나 실망을 할까 싶었다. 그래서 아예 교실 앞 벽면에 밀알 1기부터 15기까지의 제자들 명단을 써 붙여 놓았다. 지금은 밴드에 제자들 이름을 기수별로 정리해서 적어 두고 수시로 꺼내서 이름들을 살펴보고 있다.

그리고 교실 옆 자료함에는 제자들 전체 졸업 앨범을 준비해 두었다. 아이들에게 선배들의 얼굴을 익히게 하는 장점도 있지만 내가 시간 날 때 졸업한 아이들 앨범을 보면서 하나씩 잊혀져 가는 얼굴들을 다시금 기억해 두려는 의도에서였다.

나는 학기 초가 되면 어떤 일이 있더라도 2일 이내 아이들의 이름을 다 외우려고 한다. 절대로 '너! 야! 파란 옷! 안경 쓴 애, 너 말이야!' 등과 같은 표현은 절대 쓰지 않는다.

교직 4년 차 때, 영훈초등학교에서 근무를 시작할 때였다. 3월 2일 첫 날에 아이들 이름을 전부 외워서 큰 박수를 받아본 적이 있었다. 영훈초등학교는 앨범을 제작할 때 6학년들의 사진만 넣는 것이 아니라 전교생의 사진을 모두 다 담는다. 그리고 봄방학을 시작할 때, 선생님들에게만 담임을 미리 발표해 주고 가출석부도 담임에게 지급했다. 요새는 다른 공립학교도 그렇게 하고 있지만 그 당시에는 아주 파격적인 조치였다.

영훈초등학교의 교사들은 마음만 먹으면 최소한 봄방학 기간 동안은 지난 학기의 앨범을 통해서 아이들의 이름을 외우고, 건강기록부와 생활기록부를 통해서 아이들을 간단하게나마 파악하는 등 아이들을 만날 준비할 수 있는 시간적인 여유가 주어졌었다.

나는 이렇게 좋은 기회를 놓치고 싶지가 않았다. 그래서 봄방학 기간 동안 앨범과 가출석부를 가지고 다니면서 우리 반 아이들 이름과 얼굴을 줄기차게 외웠다. 사진을 보면서 이름을 외운다는 것이 참으로 힘들었다.

1주일에 걸쳐 간신히 이름과 얼굴을 외우고, 3월 2일 아침 일찍 출근을 했다. 영훈초등학교는 시업식이 없이 바로 교실에서 담임이 아이들을 맞이하도록 되어 있었다. 내가 먼저 가서 들어오는 아이들 한 명씩 맞이하면서 이름을 불러 준다면 무척 좋아할 거라는 기대감에서였다.

그런데 아이들이 들어오는 것을 보면서 정말 깜짝 놀랐다. 교실로 들어오는 아이들이 사진과는 전혀 다른 모습들이었다. 앨범 사진 촬영이 이루어진지 2~3개월이나 지났기 때문에 모습이 많아 달라 있었고, 그 때랑 헤어스타일이 바뀐 아이도 있고, 살도 통통하게 찌거나 키가 커져서 전혀 분간이 안 되는 아이도 있었다.

난감했다. 칠판에 그려 놓은 좌석표를 보면서 자기 자리를 찾아가는 아이들을 몰래 확인을 해두고 이름을 다시 기억하기 시작했다.

'오늘 집에 가기 전까지는 꼭 이름을 불러 줘야겠다.'는 생각 때문에 열심히 외웠다.

4교시가 되었을 때 이름을 거의 외울 수가 있었다. 그래서 아이들 앞에 이렇게 이야기 했다.

"선생님이 여러분들을 얼마나 만나보고 싶어했는지 아세요? 봄방학 내내 앨범을 가지고 다니면서 여러분들 얼굴과 이름을 외웠답니다. 앨범 속에 있는 여러분들의 모습이 너무나도 예쁘고 똑똑해 보였답니다. 선생님은 오늘을 손꼽아 기다렸답니다. 오늘 아침 일찍 와서 교실로 들어오는 여러분들을 맞이하면서 이름을 불러주려고 했는데 그렇게 하질 못했어요. 왜냐? 여러분들의 모습이 앨범의 사진과는 너무나도 많이 달라졌기 때문이에요. 그래서 아침부터 지금까지 여러분들의 얼굴을 다시 외웠답니다. 간신히 외웠는데 맞는지 한번 볼래요?"

이 말에 모두들 놀라는 표정이었다. 그러면서 내가 앉은 순서대로 한 명, 한 명의 이름을 불러주니까 이름이 불린 친구들은 모두들 환한 미소를 보내 주었다. 마지막 분단에 가까워지자 아이들이 오히려 긴장하기 시작했다.

'혹시 선생님이 틀리면 어떻게 하나?'

걱정스러움 반, 놀라움 반이었다. 간신히 제일 끝에 앉은 아이까지 이름을 다 맞히자 우레와 같은 박수가 쏟아졌다. 다음 날 어떤 친구의 일기장에 이렇게 적혀 있었다.

"선생님이 3월 2일 첫 만나는 날에 내 이름을 기억해 준 것은 처음이었다. 정말 기분 좋다. 선생님이 나에게 관심이 많은가 보다. 나도 선생님이 마음에 든다. 올해는 정말 잘해 봐야지."

둘째, 애정 표현을 자주 해야 한다. 선생님이 얼마나 많이 기대를 걸고 있으며, 좋아하고 있는가를 자주 표현해 줘야 한다. 특히 저학년일수록 더 많은 애정 표현의 기회가 있어야 한다고 생각한다.

나는 종종 아이들이 모두가 떠나버린 교실을 돌아보며 마음에 느껴지는 마음들을 칠판에 적어두고 퇴근할 때가 있었다. 집에 가서 일기장에 적어도 되는 것을 왜 공개적으로 적어두느냐 하면 내가 우리 밀알들을 생각하는 마음들을 조금이라도 느끼게 해 주고 싶어서였다.

비록 짤막한 글이지만 그것을 읽어보면서 '선생님이 우리들을 보내 놓고 우리가 보고 싶어서 이런 글을 남겨 놓으셨구나'하는 것을 느끼게 되면 아침에 만나는 내 얼굴이 좀더 정답게 여겨지지나 않을까 하는 기대감 때문이었다.

내가 칠판에 적어 놓았던 것을 자기들의 공책에 따로 옮겨 적어 놓은 아이가 있었는데 그 내용을 소개해 본다.

<6월 12일>

조카나 친동생같이 여겨질 때도 있고 때로는 친구처럼 생각이 되기도 하는 사랑하는 5-8! 아니 밀알들. 썩어지는 밀알이 되는 길은 쉽지가 않아요. 때로는 아무도 알아주지 않아 서운할 때도 있고 억울한 상황에 놓일 때도 있답니다. 그만큼 한 알의 밀알이 자신을 희생해서 많은 열매를 맺기까지는 말할 수 없는 아픔과 희생이 있는 거예요. 그러나 그것을 참고 이겨내서 그런 밀알이 많아지면 우리의 사회

는 더욱 밝은 사회, 살기 좋은 사회가 될 수 있답니다. 우리 5-8 모두가 가정을 위해, 나라와 민족을 위해 썩어지는 밀알이 되길 바래요.

누구보다도 5-8을 소중히 아끼고 사랑하는 선생님이….

<6월 19일>

귀엽고 사랑스런 모두에게!

오랫동안 준비해 왔던 시험이죠? 그 동안 고생 많이 했어요. 늦게까지 놀지도 못하고 보충 수업하고 자습했던 것이 좋은 결과로 이어졌으면 해요. 그러고 보니 벌써 1학기를 마감하는 시험! 꽤 많은 시간이 흘렀네요. 그 동안 기쁜 일도 많이 있었고, 속상했던 일도 숱하게 많이 있었어요. 생각해 보면 오히려 그런 일들이 선생님과 여러분을 더 가깝게 만들어 준 것 같아요. 오늘 시험 잘 치르고 1학기 얼마 남지 않았지만 더욱 재미있게 지내기로 해요.

여러분들을 사랑하는 선생님이….

셋째, 공정하게 대우해 줘야 한다. 사실 공정하게 자기 반 아이들을 대하지 않는 선생님이 세상에 어디 있겠는가마는 문제는 아이들이 느끼기에는 그렇지 않을 수도 있다. '나는 공정하게 너희들을 대하는데 왜 너희들이 그것을 몰라주느냐?'라고 할 수만은 없는 상황이다. 아이들과 학부모님들이 가장 민감해 하는 부분이 바로 이 부분이다.

나는 첫 발령 때부터 가장 많이 신경을 쓴 것이 바로 차별하지 않는 선생님이 되는 거였다. 그리고 아이들에게서도 그 점은 인정받고 싶었다. 그런데 학년말에 이르러 "내년에 여러분들의 후배들을 지도

할 선생님이 어떻게 해주길 원하는지 솔직히 적어보세요."라고 설문을 조사해 보면 꼭 두서너 명은 '선생님! 차별하지 마세요'라고 적혀 있는 것을 볼 수 있었다. 그럴 때는 정말 속상했다. '왜 아이들은 내 마음을 몰라주는 걸까?' 이런 생각을 하며 지냈는데 8년 동안 이런 일들이 계속 반복되었다.

그래서 하는 수없이 그런 글을 쓴 친구들과 이야기를 하면서 도대체 어떤 일들 때문에 그렇게 생각했는지 알고 싶어서 설문지에 적혀 있는 필체랑 비슷해 보이는 친구들을 일부러 학교가 끝난 후 교실 정리를 해달라는 핑계를 대고 남겨 놓았다.

교실 정리가 대충 끝나면 떡볶이와 과자, 음료수를 간단하게 사오게 한 후. 먹으면서 본격적으로 이야기를 시작하였다.

"얘들아! 우리 진실게임을 하자. 지금부터 하는 얘기는 솔직하게 대답해야 해. 그리고 지금 한 얘기는 아무에게도 하면 안 돼."라고 방법을 일러주면서 서서히 질문을 하기 시작했다. 아이들은 아무런 영문도 모른 채 과자를 먹으며 대답을 했다.

"선생님이 내년에 너희 후배들을 지도할 때는 어떻게 해 줬으면 좋겠는지 각자 돌아가면서 얘기해 볼래?"라고 하니까 갑자기 한 아이가 이랬다.

"선생님! 차별대우하지 마세요."

"내가 언제 차별대우를 했다고 느꼈니? 난 솔직히 말하는데 너희들을 단 한 번도 얼굴이나 성적 같은 것 때문에 차별한 적은 없다고 생각하는데."

그 아이는 나름대로 자기가 차별대우를 받았다고 느꼈던 상황을 자세히 들려주었다.

이야기를 듣고 한 순간 아무 말이 나오지 않았다. 그 아이가 하는 말은 말도 되지 않는 것이었다. 그렇지만 한편으론 그 아이의 입장에서는 그럴 수도 있었을 것이라는 생각도 들었다.

그런데 자세히 살펴보니 차별대우를 당하고 있다고 느끼는 아이들에게는 공통점이 있었다. 대체로 자신이 공부를 잘 못한다고 생각하는 아이, 본인이 학급에서 인기가 없다고 여기는 아이, 외모에 자신이 없는 아이, 엄마 아빠가 바빠서 학교 일에 전혀 신경을 못 쓴다고 하는 아이들이었다. 그렇지 않아도 그렇게 보이는 친구들에게는 각별히 더 신경을 써 주었건만 당사자의 이야기를 들어보니 그게 아니었다. 그런 아이들은 선생님이 자기에게 잘 해 주는 것은 당연하게 받아들이고 차별대우를 받는다고 느끼는 것은 다름이 아닌 학급에서 가장 예쁘거나 공부를 잘 하는 친구, 엄마 아빠가 학교에 자주 찾아오는 아이에게 선생님이 언제 어떻게 무슨 말을 해 줬는가를 가지고 차별대우 받았다고 얘기하는 것이었다.

그런 아이들은 피해 의식에 젖어 있었다. 입학하면서부터 5, 6학년에 이를 때까지 항상 이런 저런 이유로 선생님으로부터 칭찬과 인정을 받지 못했기 때문에 스스로 그런 생각을 갖게 된 것이다. 그러므로 이런 아이들에게는 내가 고작 1년 동안 잘 해 준다고 해서 고쳐질 수 있는 것이 아니었다. 근본적으로 생각을 바꿔 주지 않으면 안 되겠다고 느꼈다. 최소한 칭찬과 인정에 있어서 균형을 바로 잡아주어야겠다는 생각을 했었다.

그 다음 해에 만난 아이들에게는 이 점을 분명히 했다. 그래서 공부를 잘 하거나 그 동안 선생님들로부터 인정과 사랑을 많이 받았을 것 같은 친구들은 여간해서는 공개적인 칭찬을 하지 않았다. 그런 친구들은 개별적으로 칭찬을 해 주었다. 복도에서 만났을 때, 특기적성 활동하러 갔다가 오는 시간에 만나면 살짝 불러서 칭찬을 해 줬다.

"오늘 국어 시간에 네가 발표한 것 정말 훌륭했어. 대단해. 그런데 선생님이 전체 앞에서 칭찬을 안 해 준 것은 너는 얼굴도 예쁘고 공부도 잘해서 인기가 많은데 선생님의 칭찬까지 받게 되면 혹시 너를 질투하거나 시기하는 친구들이 생기지 않을까 싶어서 선생님이 일부러 칭찬을 많이 안 해 줬어. 서운하더라도 참아. 하지만 선생님이 이렇게 인정해 주고 있잖아. 계속 열심히 해 줘. 알았지?"

이렇게 속삭여 주면 금새 얼굴이 환해지기도 하고, 오히려 고맙다는 말과 함께 나를 위로해 주려는 아이들도 있다.

아이들 앞에서 공개적으로 칭찬해 주기 위해 애쓰는 것은 늘 소외되고 스스로 못한다고 여기는 친구들이다. 사람의 심리가 참으로 미묘해서 자기보다도 늘 잘하는 사람이 잘 하거나 잘되면 박수가 나오지 않는데, 자기 부족한 사람이 잘 하는 것을 보면 격려해 주고 싶어서 박수를 저절로 하게 된다.

그런 노력 때문인지 발령 받은 지 9년 만에 처음으로 차별대우하지 않는 선생님으로 인정을 받을 수 있게 되었다.

이것이 모든 학급에서 동일하게 적용될 수는 없겠지만 적어도 학급에서 잘하는 아이들만 칭찬하기 쉬운데 거기에서 벗어나 칭찬이나 인정에 소외된 아이들이 없는지 살펴보며 관심을 가져 주는 노력과 마음가짐은 꼭 필요하다고 하겠다.

동요를 통한 인성 지도

26

아이들의 인성교육을 위해 꼭 필요한 것이 동요라고 생각한다. 요즘의 아이들이 거칠어지고, 청소년 문제가 심각해지는 것도 어린 시절에 동요를 잃어버린 것이 원인 중의 하나가 아닐까?

다시 말해서 아이들에게 동요를 찾아주면 동심을 갖게 되고, 그렇게 자란 아이들은 청소년기도 건강하게 보낼 수 있다는 게 나의 생각이며, 지금까지 아이들을 만나오면서 얻어진 결과라 하겠다.

사실 요즘 아이들은 3학년만 지나도 동요를 좋아하지 않는다. 그저 대회에 나가거나 음악 시험을 보기 때문에 억지로 부르는 노래가 되어 버렸다. 소풍이나 현장학습 갈 때 아이들이 버스에서 틀어 달라고 요청하는 노래들 중에서 동요는 단 한 곡도 없었다.

그런 것을 보고 많은 선생님들은 요즘 아이들의 추세나 문화라고 간단하게 넘기거나 오히려 선생님들이 이를 부추기는 경우가 있다. 나는 그런 선생님들에게 절대 그런 것이 아니라고 단호하게 말한다.

우리의 아이들이 그렇게 된 데에는 교사들의 잘못도 있지만 더 큰 잘못은 대중매체 특히, 텔레비전 방송에 있다고 생각한다. 오래 전부터 어린이들이 보는 시간에 무분별하게 가수들의 노래와 춤을 방영되었다. 그 영향이 아이들에게는 절대적이었다. 만약 6개월만 전 텔레비전에서 유행가나 가수들의 춤을 보여주는 방송을 중단하고 신나는 동요와 율동을 보여준다면 우리의 아이들은 그런 동요와 춤을 즐겨 따라하게 될 것이다.

절대로 우리 아이들의 자연스런 문화라고 받아들여서는 안 된다. 나는 지금까지 담임을 하면서 아이들과 함께 지낼 때 동요를 열심히 들려주었다. 처음에는 어색해 하고 시시한 노래로만 여기던 아이들도 나중에는 좋아하고 즐겨 부르는 모습을 보았다. 아이들은 교사하기 나름이라는 생각이 든다. 우리가 어떤 것을 가지고 다가서느냐에 따라 아이들의 모습은 얼마든지 달라질 수 있다.

밀알 9기들을 만났을 때 일이다. 3월 초에 동요를 들려주니까 이렇게 강한 거부 의사를 밝히는 아이들도 있었다.

"선생님! 동요도 노래에요? 선생님 동요는 유치원생들이나 부르는 거예요. 우리는 틴에이져라니까요."

그래서 아이들에게 이렇게 이해를 시켰다.

"선생님은 여러분들이 억지로 동요를 부르라고 하지는 않아요. 정신적 수준이 동요를 훨씬 뛰어넘는 친구도 얼마든지 있을 수 있거든요. 하지만 한번 생각해 보세요. 여러분들의 수준은 어느 정도인지를 말이에요. 선생님은 아들 태현이를 키우면서 많은 것을 깨달았습니다. 특히, 사람은 자라나면서 먹는 것과 입는 것, 보는 것이 연령에 따라 달라야 한다는 거예요. 태현이가 처음 태어났을 때는 엄마 젖을 먹더니 얼마 후에는 젖을 떼고 분유를 타 먹였답니다. 그런데 선생님은 분유에도 그렇게 종류가 많은지를 처음 알았어요. 100일까지 먹이는 것이 있고, 돌 때까지 먹이는 것, 두 돌 될 때까지 먹이는 것 등이 있답니다. 그런 후 밥을 바로 먹이지 않아도 밥과 비슷한 이유식이라는 것을 먹입니다. 밥은 한참 후에나 먹이게 되는 거예요. 만약 태현이에게 돌이 지나기 전에 밥을 먹인다면 그것을 소화해 내겠어요? 아마 배가 아파서 병원에 가거나 그냥 소화도 못시키고 말 거예요. 이것은 먹는 것만이 아니라고 생각해요. 보는 것과 부르는 것 등도 마찬가지라 생각해요. 여러분들이 소화해 낼 수 없는 것들은 여러분들에게 혼란을 초래하거나 정신적으로 큰 어려움을 줄 수 있답니다. 그런 것을 충분히 소화해 낼 수 있다고 생각하는 사람은 선생님이랑 상의를 한 후 유행가를 부르도록 하세요. 그전까지는 선생님이랑 함께 동요를 부르는 거예요."

이 말에 대부분 수긍을 하고 동요를 잘 불러 주었다. 나는 가급적이면 동요가 즐겁고 신난다는 것을 가르쳐 주고 싶었다. 그래서 동요로 개사하는 방법을 가르쳐 주었다.

제2회 학급경영 자율연수회 때 참석한 선생님들이 협동해서 만든 개사곡 노래들을 소개해 주고 따라 부르게 한 후, 우리들도 이렇게 재미있게 만들어 보자고 권했다.

아이들은 원래의 노래보다도 개사곡 노래를 더 즐겨 부를 정도로 호응이 좋았다. 즐겁고 신나는 동요를 많이 부르게 하다가 중간 중간

고요하고 조용한 노래들도 부를 수 있게 했다. 그런 점에서 보면 음악 교과서와 교수법이 많이 바뀌어야 한다고 생각한다.

아이들이 손꼽아 기다릴 수 있는 음악 시간이 되도록 만들어야 한다. 그리고 동요는 꼭 음악 시간만 부르는 것이 아니라 언제나 부를 수 있는 노래가 되도록 해야 한다.

이러다가 우리 아이들에게 동요 작사 작곡법을 가르쳐 주면 어떨까 하는 생각이 들었다. 그래서 동요 작사 작곡법을 알고 있는 사촌 동생에게 부탁을 했다. 우리 반 음악시간 8시간을 내어 줄테니 아이들에게 동요 작사 작곡법을 지도해 달라고 했다.

다행히 흔쾌히 응해 주었다. 1주일에 두 번씩 와서 한 달 동안 지도했다. 그러더니 마지막 시간에 과제를 내 주었는데, 각자 음악 시간에 배운 것을 가지고 동요를 작사 작곡해서 제출하는 거였다.

'과연 우리 아이들이 해낼 수 있을까?'

왜냐하면 나도 8시간 강의를 들었지만 자신이 없었다.

다음 주에 제출한 과제를 모아서 사촌 동생에게 전해 주었다. 그런데 동생이 그 중에서 3편을 골라 주었는데, 정말 훌륭하다고 하면서 노래를 불러주는데 내가 듣기에도 꽤 괜찮아 보였다.

그 중에서도 김정현이가 만든 〈된장찌개〉는 정말 재미있게 잘 만들었다. 다음 날 당장 아이들과 함께 노래를 불러 보았다. 아이들도 재미있다고 좋아하길래 이 노래는 학예회 때 우리 반 전체가 부르자고 약속을 했다.

동요를 부르는 것이 자연스러워진 것을 보고 율동팀을 만들면 어떨까 하는 생각이 들었다. 그래서 게시판에 공고를 써붙였다.

'율동팀을 모집합니다. 신체 건강하고 성실한 남녀 7명씩. 신청하세요.'

많은 밀알들이 지원을 했고, 간단한 율동을 가르쳐 준 후 테스트를 거쳐서 14명을 선발했다.

그저 단순하게 생각을 하고 율동팀을 시작 했었다. 그러나 시간이 흐를수록 우리들만 보기엔 아까운 모습들이 많았다. 게다가 육지현이가 보여주는 율동은 너무나 예뻐서 아예 율동 안무를 맡겼다. 방과 후에 남아서 지현이가 만들어 온 율동을 노래에 맞춰서 한 동작씩 따라 해보고 충분히 연습이 이루어지면 아침에 전체 앞에 나와서 율동을 발표하도록 했다.

지현이가 만든 율동은 마치 전문가가 지도해 준 것보다 더 나았다. 어쩜 저런 동작을 생각해 낼 수 있을까 하는 생각이 절로 나왔다. 지현이를 통해서 깨달은 게 있었다.

'역시, 학급에서는 다양한 활동들이 이루어져야 하는구나. 1년이 가까워지도록 지현이에게 저런 재능이 있는 줄은 몰랐는데. 만약 율동팀을 만들지 않았더라면 지현이에게 저런 능력이 있는 줄은 모르고 지나갔을 것 아닌가!'

지현이는 정말 율동 지도하는 것도 강사 이상으로 잘했다. 교수법이 탁월했다. 자기 마음에 들지 않으면 따로 남겨서 지도하고, 그래도 부족하다 싶으면 집으로 가는 중에도 지도를 하는 등 최선을 다하였다. 이렇게 해서 만들어진 율동이 10곡이 넘었다.

우리 반 아이들에게 '졸업'이라는 주제를 가지고 동시를 짓게 했다. 지금까지의 다른 기수들보다도 밀알 9기는 유난히 친구관계가 돈독했다. 이성 친구와도 사이좋게 지낼뿐더러 서로가 서로를 극진히 위해 주며 사이좋게 지내길래 2학기가 시작하면서 졸업식 날짜를 칠판에 써놓고 카운트를 해 나갔다. 그러면 아이들은 졸업이 다가오는 것을 싫어하면서 더욱 친구들과 사이좋게 지냈다.

아이들이 쓴 동시를 받아서 사촌 동생에게 전해 주면서 우리 반에서 밀알 9기들을 지도한 기념으로 노래를 하나 만들어 달라고 부탁을 했다.

그렇게 해서 만들어진 것이 〈사랑하는 나의 친구야!〉라는 노래다. 졸업을 안타까워 하는 우리 아이들의 마음을 모아서 만든 것이기에 이 노래를 들으면 지금도 밀알 9기들의 모습이 아른거린다. 졸업을 하거나 헤어질 때 부르기에는 너무나 좋은 노래라고 생각을 한다.

10월 학교에서 있었던 6학년들의 학예회는 정말 환상적이었다. 영훈초등학교의 새로 지어진 야외무대에서 이루어졌는데 우리 반은 잘하건 못하건 간에 무조건 전원 참석을 목표로 내걸었다.

논의 끝에 우리 밀알두레반만의 장기인 동요와 율동을 가지고 서기로 했다. 남자는 빨간 티셔츠, 여자는 청색 티셔츠로 아예 옷을 통일해서 맞췄다.

첫 곡은 이강산 선생님의 〈노을지는 풍경〉으로 했다. 드럼은 태준이가 맡고, 지휘는 재구가 하기로 했다. 조용하고 감미로운 선율 속에 우리 밀알들의 리코더와 플룻, 바이올린의 연주가 이루어졌다.

둘째 곡은 역시 이강산 선생님의 곡인 〈어린이답게〉라는 곡으로 전체가 신나는 동작으로 율동을 하였다. 깜찍한 율동이었다.

세번째는 우리 반 친구 김정현이가 만든 노래인 〈된장찌개〉를 찌개 박수에 맞춰서 불렀다. 우리 반 친구가 직접 만들었다는 데에 부모님들도 놀라는 반응이었다.

마지막 노래를 부를 때에는 눈물을 흘린 어머니들도 많았다. 바로 우리 반 아이들이 함께 만든 노래 〈사랑하는 나의 친구야〉를 서로 손을 잡고 불렀는데 아이들 머리 위로 봄에 경주로 현장학습 가서 찍었던 비디오를 빔 프로젝션으로 쏘아 올렸다. 노랫말에 너무나 잘 어울리는 장면이었다. 지금도 그때를 생각하면 아직도 감동의 물결이 밀려온다.

그 후에도 율동팀은 영광스럽게도 학급경영연구회가 주최한 학급경영 자율연수회에서 150여 명의 선생님들 앞에서 3일간 발표를 할 수 있는 기회가 생겼다. 아이들의 동작 하나하나에 재미있어 하면서 열심히 따라 하는 선생님들을 보며 이를 비디오로 제작해 둬야겠다는 생각을 했다.

겨울방학 때는 구미에 있는 경북교원연수원에서 부장 교사 연수에 강의를 해달라는 요청이 있었다. 강의를 하러 가기 전에 담당하신 장학사님께 전화를 걸어 우리 밀알두레 율동팀을 이야기하고서 선생님들 앞에 보여드리면 안 되겠느냐고 말씀을 드렸더니 좀 꺼려

하는 눈치셨다.

“혼자 내려오지 않고 아이들을 데려오다가 사고가 나면 어떻게 하느냐? 게다가 강사료도 많지 않은데 아이들을 데리고 오면 교통비는 어떻게 하느냐?”

“그런 것은 걱정하지 않아도 됩니다. 그리고 아이들 보호자도 몇 분 모시고 가면 되니까 허락해 주십시오, 그리고 아이들의 율동이 정말 예쁘고 선생님들에게도 도움이 될 겁니다. 6학년들도 지도를 하면 동요와 율동을 좋아할 수 있다는 것을 보여드리고 싶습니다.”

나의 간곡한 부탁에 마지못해 허락해 주셨다. 구미로 내려나는 기차 안은 온통 기분에 들뜬 우리 아이들밖에 보이지 않는 듯 했다. 서울에서 3시간 30분이나 되는 먼 거리에 가서 다른 학교의 선생님들에게 율동을 보여야 한다는 생각에 아이들은 기차 안에서 아무도 시키지 않았는데 서로가 율동 동작을 맞춰 보고 있었다.

부장 교사들 앞에서 강의를 한 후, 우리 아이들은 대강당에서 점심시간을 이용해서 율동 발표를 했다. 줄잡아 200여 명의 선생님들이 앉아서 지켜보았다. 놀랍게도 연수원 원장님께서도 참석해서 지켜보시고 공연이 끝난 후에 직접 앞으로 나오셔서 아이들을 격려해 주셨다.

더욱 뿌듯했던 것은 나를 중학교 2, 3학년 때 담임해 주셨던 은사님께서 마침 연수원에 연구사로 계셨는데, 은사님께 나의 제자들의 예쁜 모습들을 보여드릴 수 있었던 것이 더욱 감사하고 평생 잊을 수 없는 날이 되었다.

2월 졸업을 앞두고 아쉬운 마음에 밀알두레반만의 자체 학예회를 따로 기획해서 열었다. 어머니들과 6학년 전체 아이들을 초청하여 학교 체육관에서 '밀알두레 대 축제 한마당'을 열었던 것이다. 이때에는 아이들 개개인의 장기도 소개했지만 그 동안 율동팀들이 열심히 연습했던 것들을 유감없이 보여주었다.

자체 학예회의 모든 순서가 끝나자 갑자기 재구가 한마디 해도 되겠느냐고 하더니 마이크를 받아들고 이렇게 말을 했다.

"사실 저는 선생님이 담임이 되자마자 동요를 들려 주셨을 때 아이고 참 고루한 분을 만났구나 하면서 무척이나 실망 했었습니다. 저는 동요는 우리들의 노래가 아니라고 생각했었거든요. 그런데 선생님의 설명을 듣고 동요를 듣다보니 이상하게 따라 부르게 되었고, 결국은 율동팀이 되어 선생님들 앞에서 공연까지 하게 되었습니다. 제가 나중에 시간이 흘러 6학년 때의 일을 다 잊어버린다고 해도 율동팀이 되어 구미에 가서 수많은 선생님들 앞에서 공연했던 것은 절대 잊을 수 없을 겁니다. 이제는 동요가 우리들의 노래라는 것을 확실히 알 수 있을 것 같습니다. 이것을 깨닫게 해 주신 선생님께 감사를 드립니다."

이 말을 들으면서 너무나도 흐뭇하고 감사의 눈물이 뜨겁게 흘러내림을 경험하였다. 우리 율동팀이 만든 율동을 교실에서 다른 아이들이 쉽게 따라할 수 있도록 비디오로 제작해 달라는 선생님들의 요청이 있어서 이를 비디오로 제작해 두기도 했었다.

사람됨의 기초 - 인고정바

27

아이들에게 삶 속에서 바른 생활 자세를 갖게 하는 것은 아주 중요하다. 세 살 버릇 여든 간다는 속담을 굳이 얘기하지 않더라도 초등 과정의 어린 나이에 사람됨의 기본을 가르치는 교육이 얼마나 중요한지는 누구나가 다 아는 바다. 무엇보다도 올바른 언어 사용, 예절바른 습관 등 사람됨의 기초를 몸에 배게 해야 한다.

남강 이승훈 선생님이 설립한 오산학교의 교훈이 '바른 생각은 바른 몸가짐에서 나온다.'였다고 한다. 아이들에게 바른 생각을 갖게 하려면 바른 몸가짐을 가르쳐야 하는 것이다.

나는 담임을 할 때나 대안학교 교장을 하면서 아이들에게 자주 강조하는 것이 4가지 있다. 아이들에게 앞 글자만 따서 "인고정바"라고 가르치고 있다. 이것은 인간으로서 최소한의 생활 자세라 여기기에 지금까지 강조해 왔다.

다음의 4가지가 생활 속에서 꾸준히 실천하여 몸에 배도록 지도하는 것이 중요하다고 생각했다.

- 인 – 인사를 바르고 정중하게 하자.
- 고 – 고운 말을 사용하자.
- 정 – 정리 정돈을 잘 하자.
- 바 – 바른 자세로 듣자.

바른 인사는 가장 중요한 기본 자세라 생각한다. 인사만 잘 해도 좋은 이미지를 심어줄 수 있다. 우리학교에 방문하는 손님들에게서 자주 듣는 말이 있는데 우리 아이들이 인사를 참 잘 한다는 것이다. 일반적으로 아이들은 본인이 모르는 사람이라 여기면 그냥 지나치는데 우리학교 아이들은 만날 때마다 고개를 숙이며 "안녕하십니까?"로 인사를 정중하고 바르게 한다고 칭찬이 자자했다.

그래서 수시로 인사하는 방법을 가르쳤다. 두 손을 배에 모으고 고개를 숙이며 정성을 다해서 정중히 인사하게 가르쳤다. 상대방을 존경하는 마음이 몸으로 잘 표현되는 것이 예의이며, 예의의 가장 기본이 인사라고 강조하고 있다.

초등과정 아이들에게는 "안녕하십니까?"로 인사해도 좋지만 어른들에게 더 사랑받고 싶으면 "존경합니다"로 인사를 하라고 했다. 그러면 어른들은 "사랑합니다"로 화답 인사를 할 것이라고 했다. 그랬더니 요새는 대부분의 아이들이 "존경합니다"로 인사를 하고 있다.

두 번째로 고운말을 사용하게 했다. 요즘 일반학교 아이들은 욕을 사용하지 않으면 대화가 안 된다고 이야기 할 정도로 거친 언어와 욕설이 난무하고 있다. 이것은 요즘 아이들의 자연스런 문화라고 이야기 하면 안 된다. 지도를 잘 안 한 탓이라고 여겨야 한다. 우리 아이들에게 말의 중요성을 이야기 하며 고운 말을 사용하게 하니까 우리 아이들은 거의 욕을 사용하지 않으며, 아주 작은 욕이라도 사용하면 큰일 나는 줄로 여기고 있다. 아이들에게 고운말을 사용하도록 교사들과 학부모님들이 강조하고 같이 지도하면 반드시 지켜진다.

셋째가 정리정돈을 잘 하도록 가르쳤다. 아이들은 정리정돈을 잘할 줄 모른다. 귀찮아서이기도 하지만 정리하는 법을 모르기도 하다. 그래서 아이들에게 정리정돈하는 방법을 가르치는 게 맞다고 생각했다.

사용한 물건은 있던 장소 그대로 두도록 가르쳤다. 사실 정리정돈은 있어야 할 자리에 있도록 하는 것이 아닐까? 아이들에게 정리정돈을 가르치는 것은 너무나도 중요하다. 그래서 아이들에게 자주 얘기했다. 머물렀던 흔적을 남기지 않아야 한다고.

넷째가 바른 자세로 듣도록 강조했다. 요즘 아이들은 말은 잘 하는데 남의 말을 잘 들으려 하지 않는다. 다른 사람의 말을 잘 듣는 것이 배려와 예의임을 강조했다.

우리 아이들이 '인고정바'를 삶 속에서 잘 실천하면서 살아가게 된다면 지금보다 훨씬 더 행복하고 사람살기 좋은 세상이 되리라 확신한다.

아이들이 전학가거나 졸업할 때

28

나는 담임을 할 때에 졸업식이나 송별식이라는 말을 사용하지 않았다. 대신 밀알파송식이라는 말로 고쳐 사용했다. 졸업이나 송별이라는 말에는 '끝, 헤어짐'이라는 것 외에는 다른 의미가 없어 졸업을 하거나 전학을 가고 나면 그것으로 소식이 대부분 끊기고 연결의 고리가 없어지게 되는 것 같았다.

그래서 졸업을 하건, 전학을 가건 계속적인 연결 고리의 의미를 부여해 주는 "밀알파송식"으로 바꿔서 사용했다.

전학을 가거나 졸업을 앞 둔 아이들에게 앞으로 새로운 곳으로 가서 밀알의 뜻을 모르고 있는 친구들에게 밀알은 무엇이고, 밀알답게 살아가려면 어떻게 해야 하는 것인지를 몸으로 보여주고 깨닫게 해 주는 귀한 임무를 띠고 가는 사람으로서 이야기를 해 주었다.

그렇게 지금까지 1기부터 15기에 이르기까지 우리나라 전국 방방곡곡으로 밀알을 파송하고 심지어 저 멀리 호주까지 파송을 하게 되었다. 마치 교회에서 선교사를 파송하는 것과 같이 순서를 진행했다.

밀알파송식은 일정한 순서나 형식을 두지 않았다. 그때의 상황이나 분위기에 맞게 진행하였다. 다만 원칙으로 삼은 것은 친구가 오랫동안 잊지 않고 기억할 만한 활동이 되도록 하는 것이었다. 그 중에 기억에 남는 것을 하나 소개하고 싶다.

밀알 1기들을 지도할 때였다. 5월초, 등교한 지연이가 내 앞으로 와서 하얀 봉투를 내밀었다. 봉투 속에는 엄마의 깨알같이 써 내려간 편지가 들어 있었다. 지연이 아빠의 사업으로 10일 후에 호주로 이민을 가게 되었다는 것이다. 그 동안 한 번도 찾아오지도 못하고 이민을 가게 되어 미안하다는 내용과 함께…. 이처럼 친구들과 1년을 같이 지내면서 무엇보다도 안타깝고 서운한 것이 전학을 가는 친구가 있을 때였다.

'지연이가 이민을 가게 되면 언제 한국에 다시 올 지도 모르는데 어떤 식으로 밀알 파송식을 치러줘야 할까? 우리 밀알두레반과 한국을 오래오래 잊지 않고 기억할 수 있게 해야 할텐데….'

이리저리 고민하다가 좋은 생각이 떠올랐다.

아직 10일이나 남았으니 일단은 남은 기간 동안은 친구들과 가장 즐겁게 지낼 수 있도록 분위기를 마련해 주고 이민 가기 4일 전에는 지연이와 동생인 3학년 서율이를 데리고 남산 타워에 가서 서울의 아름다운 밤거리를 내려다 볼 수 있게 하며 이민 가기 전날은 멋진 밀알파송식을 치러줘야겠다고 생각을 했다.

내가 말을 꺼내기도 전에 친구들은 눈치로 알아차린 아이도 있었다. 지연이가 10일 후에 호주로 이민을 가게 되었다고 하니까 벌써 눈물이 글썽이기도 했다. 남은 기간 동안 모두들 지연이를 무척이나 따뜻하게 대해 주었다.

드디어 이민 가기 4일 전날, 퇴근을 하고 지연이와 서율이를 데리고 남산타워를 향해 갔다. 기분을 낸다고 택시를 잡고 명동에 내려 불고기를 먹으며 이것저것 재미있는 이야기를 주고받았다. 케이블카를 타고 남산으로 올라갈 때는 서울의 모습들을 지연이가 좀 더 잘 볼 수 있도록 창가로 자리를 잡아 주었다. 수석관을 거쳐 전망대로 올랐다. 망원경으로 서울의 한복판을 내려다보며 좋아하는 지연이와 서율이의 얼굴을 보며 머나먼 이국땅에서 어떻게 잘 지낼 수 있을까 걱정이 되었다.

해저관을 거쳐 환상의 나라로 향했다. 여기저기서 들려오는 비명소리에 지연이와 서율이는 내 손을 꼭 잡고 한시도 놓지 않았다. 무서우면서도 마냥 즐거운 듯이 싱글 벙글이었다.

어느 덧 밤 9시. 케이블카를 타고 내려올 때 보이는 서울의 야경이 한 폭의 그림처럼 아름답게 보였다.

'부디 지연이와 서율이가 어른이 다 되도록 이 서울을 잊지 말아야 할텐데…. 먼 호주에서도 대한의 아들, 딸답게 자랑스러운 모습으로 자라나기를….'

지연이와 서율이의 집에 데려다 주고 집으로 돌아오는 길에 밤하늘을 바라보며 기도했다.

집으로 돌아온 나는 우리 반과 한국을 오래오래 기억해 달라는 뜻으로 선물을 만들었다. 노란 색상지에 소풍 갔을 때 찍은 반 전체 사진을 붙이고 그 밑에는 반가와 반구를 그리고, 이렇게 적어 뒀다.

'어디에 가든 자랑스런 대한민국의 아들과 딸임을 잊지 말아라. 5-8 친구들도 잊지 말고.'

– 사랑하는 선생님이

뒷면 위에는 5-8이라는 글씨를 52명의 이름으로 만들고, 태극기와 무궁화를 책에서 오려 붙인 후 그 아래에 애국가를 4절까지 적어 놓고 그것을 코팅을 했는데 만든 내가 봐도 참 잘 만들었다 싶을 정도로 예쁘게 보였다.

이민을 가기 전 날에는 학교로 지연이와 서율이를 불렀다. 반가와 반 구호를 다 같이 외치고, 지연이에게 마지막으로 하고 싶은 이야기를 한 사람씩 돌아가며 말했다. 지연이의 인사에 뒤이어 친구들의 선물이 주어졌다.

마지막으로 내가 만든 책받침을 친구들 앞에서 지연이에게 전해 주면서 다음과 같이 부탁을 하였다.

"여러분! 우리가 지연이랑 함께 지낸 지 몇 달되지 않았는데 지연이 아빠의 사업 관계로 머나 먼 호주로 이민을 가게 되었답니다. 헤어

짐은 한없이 슬프고 가슴 아프지만 선생님은 그렇게만 생각하지 않는답니다. 지연이는 저 멀리 호주로 우리 반을 대표해서 밀알을 전해주러 가는 친구라고 생각해요. 밀알이 무엇인지를 모르고 살아가는 외국의 친구들에게도 밀알에 대해 많이많이 알려 주고 몸으로 보여주기를 바래요. 그래서 우리가 다시 20년 후에 만날 수 있기를 기대할게요. 지금은 헤어지지만 계속 연락을 주고받을 거고 우리들의 마음속에 지연이는 늘 함께 하고 있을 거예요. 우리 서로 보고 싶을 때마다 밤하늘의 별을 보면서 얘기하기로 해요. 부디 몸 건강히 잘 지내기를 선생님은 기도할게요."

지연이가 선물을 받고 기뻐하는 모습이 지금도 눈에 선하다. 모두 한 목소리로 '친구에게' 라는 동요를 함께 불렀다. 반가와 반구호 등을 함께 부르며 밀알 파송식을 마쳤다.

지연이가 떠나는 날, 김포 공항에 친구들 17명을 데리고 가서 전송했다. 김포공항에서 돌아오는 좌석 버스 안에서 밤하늘을 가로 지르며 날아오르는 비행기를 바라보며 나의 몸 한 부분이 떨어져 나가는 듯한 느낌이 들어 괴로워했다. 지연이가 그렇게 떠나고서 한 달이 지났을 때, 반에서 생일잔치를 하면서 지연이에게 보낼 우리 반의 단체 사진을 찍었다. 칠판에는 '지연아! 보고 싶다'라는 글씨를 크게 써놓고서….

그로부터 9년이 흘렀을 때, 내가 이사를 가고, 지연이도 몇 번 이사를 하면서 연락이 끊어졌다. 그래서 지연이는 어떻게 잘 지내고 있나 걱정을 하면서 지냈는데, 1999년 2월 15일부터 23일까지 내가 호주 시드니에 있는 기독교 학교들을 돌아볼 기회가 주어져 출국할 준비를 하고 있었을 때였다. 호주로 가기 20일 전에 호주 시드니에서 전화가 왔다. 지연이었다. 너무나 반가웠다.

"지연아! 너무나 오랜만이구나. 어떻게 이 번호를 알았니? 연락이 닿지 않아 궁금했단다."

"네. 선생님! 저도 이사를 여러 번 하는 동안 선생님의 주소를 잊어버렸는데 선생님의 연락처를 찾다가 선생님이 만들어 주신 노란색 책받침을 발견하고서 거기에 적힌 전화번호로 했더니 고모님이 받으셔서 선생님의 번호를 알려 주셨어요. 넘 반가워요."

참으로 놀라웠다. 내가 노란색 책받침을 만들 때 제일 하단에 고모집 주소와 전화번호를 적어둔 것이 이렇게 연락이 닿게 되는 계기가 될 줄은 생각도 못했다.

내가 가족들이랑 호주 시드니에 가게 된 것을 얘기했더니 굳이 자기네 집에 와서 있으라고 계속 부탁을 해서 8일 동안 지연이네 집에 머물면서 학교를 탐방할 수 있었다. 지금 생각해봐도 너무나도 신기했다.

지연이랑 남산타워에 갔다 돌아오면서 드렸던 그 작은 기도가 이루어진 것을 체험할 수 있었다. 지연이네 집에서 지내는 동안 지연이와 지연이 부모님과 밤새도록 함께 얘기하며 하나님께 감사의 기도를 드릴 수가 있었다.

이국땅에서도 한국의 상황을 걱정하며 나라가 잘 되기를 기도하고 있다는 지연이의 말을 들으며 건전하고 바른 가치관과 국가관을 가지고 성장해 준 지연이가 무척이나 대견했다.

이민을 떠날 때 열렬한 불교 집안이었던 지연이네 가족은 호주에 가서 외로움을 달래기 위해 교회를 찾아나갔다가 주님을 영접하게 되었다고 했다.

머나먼 이국땅에서 학부모와 담임이 아닌 믿음의 형제, 자매로서 다시 만날 수 있었다는 것이 너무나 감사하고 신기하기만 했다. 하나님께서 이렇게 극적이고 감격적인 만남을 준비 하셨을 것을 누가 생각이나 할 수 있었겠는가?

게다가 지연이가 9년이나 지났는데도 친구들의 이름을 기억하면서 안부를 묻는 것을 보고 "지연아! 넌 한 달밖에 같이 지내지 않았는데 어떻게 지금까지 친구들 이름을 다 기억하니?"라고 물었더니 지연이는 이렇게 대답했다.

"선생님! 선생님이 만들어 준 책받침 때문이에요. 이민 와서 외로울 때마다 선생님이 만들어 준 책받침을 보며 친구들 모습을 떠올렸답니다. 그래서 이름을 모두 기얼 할 수 있게 된 것 같아요. 전 한 달만 같이 지냈지만 1년을 같이 지낸 것 이상의 기억을 가지고 있어요."

며칠 전에 지연이로부터 반가운 메일을 하나 받았다.

dear Teacher,

Sorry to reply you late! because I tried to write back in Korean but I had no access. So this mail is just to say that I received your mail. How is your Family? I saw Taehyun's photo, His so cute!!!! I hope i can see Taehyun quickly. I might be going to korea this June. I'll try to write in Korean next time please excuse me. Bye!!

From Ji youn in Sydney.

이제 시간이 흐르고 흘러 지연이는 두 아이의 엄마가 되어 있다. 지금도 수시로 연락을 주고받으며 지낸다.

전학을 가거나 졸업을 할 때 아이들에게 평생 잊혀지지 않는 시간을 만들어 줄 수만 있다면 아이들은 그 마지막의 시간을 정말 소중하게 여기지 않을까 생각한다.

선생님이 조금만 고민하고 신경 쓰면 아이들에게는 평생 잊을 수 없는 추억을 만들어 줄 수 있을 것이다.

세수식과 사랑의 식탁

29

담임을 하면서 아이들과 함께 했던 활동들 중에 의미 있고 중요하게 여기는 활동들이 몇 가지가 있다. 그 중에 하나를 소개하고 싶다. 이 활동은 1년의 모든 활동을 마무리하고 정리하는 활동으로 아주 좋다고 생각한다.

2월은 아이들과의 만남을 정리해야 하는 달이다. 10여일 밖에 남지 않은 기간 동안에 어떤 특별한 이벤트를 준비할까 고민하는 선생님들에게 세수식과 애찬식을 추천하고 싶다.

15년 동안 공교육에서 담임을 맡았는데, 한 번도 안 빠트리고 매년마다 해왔던 활동들 중의 하나다.

학교에서 밀알들에게 한 해 동안의 행동을 뒤돌아보고 내일을 새로운 마음과 각오 속에 맞이할 수 있도록 해야겠다는 생각 속에 매년마다 실시해 왔었다.

이 활동을 내가 이름을 붙이기를 "세수식과 사랑의 식탁"이라 했다. 담임이 두레별로 한 명씩 앞으로 나오게 하여 일일이 아이들의 손을 씻어 주고 닦아 주면서 앞으로 다른 사람들을 도와주는 좋은 손이 되어 달라고 부탁을 하거나 마지막으로 당부 해주고 싶었던 이야기를 해 준다. 그런 후에 친구들이랑 다 같이 둘러앉아 선생님이 준비한 빵과 음료수를 나눠 먹으며 깨끗해진 손을 어떤 곳에 사용하며 살지 앞으로의 각오를 나누는 시간으로 진행해 왔다.

밀알 3기 친구들을 만났을 때의 일이다. 2월, 졸업식을 2일 앞두고서 알림장에 다음과 같이 적어 주었다.

〈내일 준비물〉

세수 대야, 수건, 큰 그릇(대접). 두레별로 하나씩 준비해 오세요.

내일은 5, 6 교시 시간에 세수식과 사랑의 식사를 한답니다.

기대해 주세요.

"선생님! 세수대야와 수건은 어디에 쓸 거예요?"

"내일 뭘 하실 건가요?"

"선생님! 세수식이 뭐예요?"

알림장을 본 아이들은 우루루 몰려와서 서로 궁금한 것을 묻느라고 바빴다. 다 얘기해 주면 흥미가 떨어질 것 같아서 내일이 되면 알게 될 거라는 말로 그냥 입을 닫고 말았다.

다음 날 아침 일찍 일어나 학교 앞 제과점과 슈퍼마켓에 들러 옥수수 빵 7개와 음료수 1.5리터 7병을 주문하고 출근을 했다. 교실로 올라가니 일찍 등교한 친구들 중 일권이는 가지고 온 수건을 머리에 쓰고서 아줌마처럼 왔다갔다 하며 상현이랑 서로 웃고 장난을 치고 있었다.

아침 시작 시간부터 세수 대야는 어떻게 하느냐, 큰 그릇은 어디에 두느냐는 질문을 뒤로 하고 수업을 시작했다. 수업 시간 내내 궁금해하는 눈치였다. 점심시간에 마트에서 배달해 온 빵과 음료수는 아이들의 호기심을 더욱 더 부채질하게 되었다.

빵과 음료수 주위를 맴돌다가 이리저리 살펴보며 이것은 맛이 있느니 없느니 서로 얘기하는 모습을 바라보노라니 괜히 혼자 웃음이 다 나왔다.

드디어 5교시가 되었다. 시청각실로 가서 학교 비디오카메라를 가지고 와서 촬영 준비를 하는 동안 아이들에게는 책상과 의자를 마제형(∩)으로 배치하라고 했다. 카메라를 자동 촬영 시켜 놓고 아이들 앞에 섰다. 카세트에 조용한 노래도 틀어 놓았다. 그리고는 이렇게 얘기를 했다.

"이 시간은 여러분의 선배들 밀알 1, 2기들과도 졸업하기 전 날에 했었던 활동입니다. 아마 앞으로 만나게 될 여러분의 밀알 후배들에게도 잊지 않고 계속 진행할 생각입니다. 이 시간은 우리의 그 동안의 지난 생활을 되돌아보고 반성해 보기 위한 시간입니다. 옛날에 아주 훌륭한 선생님이 한분 계셨어요. 이 분은 너무나도 훌륭했기에 주위에는 늘 많은 사람들이 모여들었고 특별히 그의 제자가 되기를 원했답니다. 그 분은 모든 사람들을 다 사랑했지만 그 중에서도 특별히 아끼고 사랑하는 제자가 12명이 있었답니다. 그 분이 제자들과 헤어지는 마지막 밤에 제자들을 모두 앉히고는 제자들의 발을 손수 씻어 주시면서 자기의 사랑을 보여 주었고 제자들에게 스승이 발을 씻겨 준 것처럼 다른 사람들을 섬기며 살라고 가르쳤습니다. 그런 후에 마지막으로 식사를 나눴다고 해요. 선생님도 그 분을 무척 존경하고 그 분의 마지막 행동이 너무나 아름답게 느껴지길래 나도 제자들과의 헤어짐을 앞두고는 반드시 그러한 시간을 가져 보리라 생각했었어요. 선생님도 그 선생님처럼 발을 씻겨 줄까도 생각해 보았는데 그 선생님이 살던 시대에는 종이 자기 집에 오는 손님에게 발을 씻겨 주던 풍습이 있었답니다. 그러니까 선생님이 제자들에게 종처럼 발을 직접 씻겨 주면서 섬기는 자로서의 본을 보여 주셨던 거랍니다. 그래서 선생님은 오늘 여러분들의 발을 씻겨 주지는 않고 여러 분들의 손을 씻겨 줄게요. 밀알들! 벌써 1년이란 시간이 다 지나갔어요. 우리가 오늘은 그동안 지나왔던 날들을 되돌아보는 시간이 되었으면 해요. 여러분의 손을 내밀어 한 번 쳐다보세요."

그러자 분위기를 알아 차렸는지 분위기가 숙연해지기 시작했다. 그전까지만 해도 빵과 음료수를 언제 먹게 되나 기대하는 눈초리로 바라보며 싱글벙글하던 모습도 보이지 않았다.

"여러분의 손을 어디에 어떻게 사용했었나요? 맛있는 음식이 있으면 먼저 내 입으로 가져가지는 않았었나요? 좋은 학용품을 친구가 빌려달라고 했을 때 안 된다고 하면서 나만 쓸 거라고 움켜잡지는 않았었나요? 혹 친구의 잘못이나 실수를 보고 이를 가리키며 비웃거나 손가락질하는데 사용하지는 않았었나요? 한 번 앞 친구를 향해 손가락질 해 보세요. 놀랍게도 나머지 세 손가락이 나를 향하고 있어요. 내가 다른 친구에게 손가락질 할 때 난 이미 더 많은 손가락질을 당하고 있었던 거예요. 이제는 이 손가락을 다른 친구의 좋은 점을 찾아주는데 사용하고 넘어진 친구를 일으켜 주고 도움을 줄 수 있는 손이 되기를 바래요. 그것이 바로 우리 밀알들이 해야 할 일이기도 하구요. 그런 뜻에서 오늘 선생님이 여러분들의 손을 한 사람씩 씻어 줄게요. 모두 아름다운 새로운 손이 마음속에 그려지기를 기대할게요. 맨 앞줄에 앉아 있는 친구부터 조용히 나와 주세요. 두레장들은 자기 두레 차례가 되면 준비해 둔 세수 대야에 따뜻한 물을 담고 수건 갖고 교탁 앞으로 오세요."

한 아이 한 아이 조용히 앞으로 나와서 교탁 위에 놓여 있는 세수 대야 위에 손을 내밀었다. 그러면 나는 아이들의 손을 잡고서 물을 끼얹어 씻어 주면서 마지막 당부를 하거나 평소에 해 주지 못했었던 얘기들을 해 주었다.

"혜연아! 함께 지낸 시간들이 무척 즐겁고 행복했단다. 어른스런 생각이나 행동으로 선생님을 곧 잘 위로해 주었지. 너무도 고마웠고 큰 힘이 되었단다. 너는 마음씨도 따뜻하고 상대방을 이해하고 배려하는 마음이 크니까 앞으로 훌륭한 사람이 될거야. 기대한단다. 앞으로 우리 더 열심히 노력해서 20년 후에는 부끄러움 없는 한 알의 밀알로서 만나자구나."

손을 잡아 주며 씻어주는 모습을 바라보며 쑥스러워 하던 아이들은 점점 분위기가 숙연해 지더니 뒤에 줄을 서서 기다리던 지은이나 금실이 등은 눈에 눈물이 핑 돌고 있었다.

흘러나오는 조용한 음악을 들으면서 씻어 준 손을 조용히 들여다보고 있는 아이도 있었고 코를 훌쩍이는 아이들도 하나 둘씩 늘어나기 시작했다. 아이들의 손을 다 씻고 나서 이렇게 말을 해 주었다.

"그 동안 밀알답지 않은 곳에 사용했던 손은 오늘 선생님이 깨끗하게 씻어 주었어요. 앞으로는 깨끗해진 이 손을 나보다는 이웃을 위해 사용하는 멋진 손이 되기를 바래요. 그것을 약속하는 뜻에서 각 두레별로 책상 위에 준비된 빵과 음료수를 가지고서 선생님이 하라고 하는 대로 따라 해 보세요. 먼저 빵을 조금 떼어서 옆에 있는 친구의 입에 넣어 주세요. 받아먹은 친구는 자기에게 먹여 준 친구에게 빵을 떼어서 먹여 주세요. 절대로 자기 손으로 떼어서 자기가 먹지 마세요. 그 동안 사이좋게 지내지 못했던 친구나 싸운 적이 있었던 친구에게는 빵을 떼어주면서 인사도 나누고 사과도 하세요. 자~시작해 보세요. 많이 먹고 싶거든 옆에 많은 친구에게 떼어서 나눠 주세요. 그럼 받아먹은 친구가 고마워서 떼어서 입에 넣어 줄 거에요. 많이 먹기 위한 비결이지요. 남에게 많이 떼어줄수록 내가 배불러지는 신기한 경험을 할 거에요."

나의 이 말에 따라 빵을 손으로 뜯어서 옆 친구의 입에 넣어 주면서 반갑게 이야기를 나누거나 웃으면서 좋아하였다. 다음에는 음료수를 큰 그릇에 따라 부은 후, "이제는 그 손으로 목이 마른 친구에게 음료수를 먹여 주세요. 큰 그릇에 음료수를 모두 붓고 천천히 돌려가며 친구들에게 먹여 주는 거예요."

이렇게 하면서 이루어졌던 세수식과 사랑의 식사 시간은 아이들의 진지하면서도 화기애애한 분위기 속에서 이루어졌다.

지금 생각해 봐도 세수식과 사랑의 식탁 시간은 아이들에게는 평생 잊지 못할 시간 중의 하나가 된 것 같다. 왜냐하면 졸업을 한 후에 제자들이 보내주는 편지 속에서 그 시간에 내가 들려 준 이야기가 아직도 귀에 생생하다는 내용이 간혹 들어 있는 것을 볼 수 있기 때문이다.

생활지도의 중요성과 지도 방법 선택의 기준

30

생활지도는 아이들이나 중고등학생들의 문제를 해결해 주거나 잘못된 행동을 바르게 교정하는 지도 활동을 가리키는 것으로 이해하는 사람들이 많은 것 같다. 이는 어떻게 보면 좁은 의미에서의 생활지도일 것이다. 더 넓은 의미에서의 생활지도는 아이들이나 중고등학생들이 스스로의 감정이나, 생각, 행동 등을 바르게 이해하며, 다양하게 열려져 있는 선택의 가능성을 깨닫고, 자신의 잠재 능력을 스스로의 힘으로 최대한 발휘해 갈 수 있도록 돕는 것이다.

여기에서는 좁은 의미로서의 생활지도를 함에 있어 교사의 역할과 생활지도의 기준이나 원칙이 얼마나 중요한지에 대해 이야기 하려고 한다.

나는 학교에서 선생님들이 학급경영 할 때, 가장 중요한 것이 생활지도가 아닌가 생각한다.

선생님들이 교과 수업을 지루하게 했거나 교재 연구를 소홀히 했다고 학부모님들로부터 항의를 받는 경우는 거의 없다. 그러나 생활지도를 잘못한 경우나 안전사고가 발생했는데 대처를 잘못한 경우에는 곧바로 항의가 들어오고 경우에 따라서는 법적인 책임까지 지게 되는 경우가 발생하면서 교사들이 아주 곤혹스런 상황에 놓일 때가 종종 생긴다.

그러므로 생활지도를 할 때 더 세밀하게 지도하고 기준이나 원칙을 분명히 알고 지도를 해야 한다. 이런 것에 부주의해서 큰 곤혹을 치러야 했던 사례들이 있다.

20여 년 전에 어느 경기도의 모 초등학교에서 보이스카웃 청소년단체를 담당하신 선생님에게 일어난 사고를 예로 들어본다.

학교 학생들을 데리고 2박 3일 동안 지역 지구연합회에서 추진하는 여름 캠프를 다녀왔다. 캠프를 잘 마치고 돌아오는데 지구연합회에서 비용 정산을 하면서 참가 비용이 많이 남았다고 1인당 약 5천원씩을 환불 해주었다.

이 비용을 받아 들고 그냥 학교로 돌아와서 해산을 했으면 괜찮았을 텐데 아이들을 위한 열정이나 마음이 강했던지 돌아오는 길에 아이들이 덥다고 하니까 교장선생님에게 결재도 받지 않은 상태에서 임의로 학생들을 실내 수영장으로 데리고 갔다.

환불 받았던 비용으로 그만 수영을 하게 한 것이다. 그것으로 그냥 끝났으면 좋았을텐데 안타깝게도 거기서 한 아이가 물에 빠져 죽는 불의의 사고가 발생했던 것이다. 얼마나 놀랐을까?

그 사고가 발생하면서 이 선생님은 도의적인 책임은 물론 법적인 책임 앞에 놓이게 되었다. 이 선생님이 잘못한 게 몇 가지가 있었던 것이다.

첫째, 일단 2박 3일 여름 캠프 일정을 허락받을 때, 돌아오는 길에 수영장 가는 것은 결재 항목에 들어 있지가 않았던 것이다. 교사가 임의로 판단하고서 인솔한 것 때문에 법적인 책임을 지게 되었다.

둘째, 이런 안전사고가 발생하면 가장 먼저 확인하는 것이 사고가 발생할 때, 교사는 무엇을 하고 있었느냐와 안전지도는 사전에 확실하게 했었느냐 이다. 이 선생님은 이 두 가지에 있어 문제가 있었던 것이다.

이 선생님은 아이들에게 수영을 하도록 한 후에, 아이들 수영하는 모습을 지켜보면서 지도를 했어야 했는데 옆에서 돈 계산을 하고 있었던 것이다. 그리고 수영장에 들어가도록 했을 때 안전 지도를 하거나 준비 체조를 시키지 않고 그냥 들여보냈다.

셋째, 비용을 환불 받았으면 학교에 가서 결재를 득한 후에 학부모들에게 환불하는 절차를 받았어야 했는데 임의대로 사용했기에 공금 유용 여부를 따져야 하는 상황까지 생기게 되었다.

이 선생님은 단순히 아이들이 힘들어 하니까, 돈이 생겼다는 이유에서 가볍게 이러한 절차나 원칙들을 무시하고 임의대로 하는 바람에 큰 어려움 앞에 놓이게 되었던 것이다.

나는 이 선생님이 이렇게 하게 된 것은 아이들을 사랑하는 마음이 누구보다도 강했기에 일어난 일이라 여긴다. 아이들에 대한 애정이나 관심이 없으면 귀찮아서라도 그냥 집으로 가서 빨리 쉬려고 하지, 없는 일정을 더 만들어서 아이들과 함께 하려고 하겠는가? 분명히 아이들 사랑하는 마음은 그 누구보다도 큰 교사라 여긴다.

그러나 이 사고로 인해 이 선생님은 큰 도의적인 책임과 법적인 책임 앞에서 감당할 수 없는 어려움을 겪었을 것이다. 그 선생님에게 이런 일들이 생길 것이라고 미리 알았다면 수영장에 데리고 갔겠는가? 절대 그러지 않았을 것이다. 그리고 하나 잊지 말아야 할 것이 이런 사고가 한번 나면 선생님이 그동안 보여준 아이 사랑하는 마음이나 헌신, 수고는 사라지고 왜 그렇게 했느냐는 따가운 시선과 원망만이 남게 되어 더 더욱 좌절하게 된다는 것이다.

또, 하나의 다른 사례를 들어보자. 오래 전에 서울의 어느 초등학교 6학년 전교생들이 2박 3일 수련회 활동을 강원도의 모 유스호스텔에서 가졌다.

이렇게 수련시설로 선생님들이 학생들을 데리고 가면 그곳에 있는 교관들이 학생들을 버스에서 내리게 하고 이 학생들을 2박 3일 동안 직접 맡아서 지도를 했다. 즉, 2박 3일 동안 수련활동을 위탁교육했던 것이다. 그러고 나서 선생님들은 아이들과 별도의 숙박 장소로 안내되어 그곳에서 쉬면서 틈틈이 아이들 활동을 지켜보았다. 그러나다 돌아오는 날 학생들을 인계 받아서 학교로 데리고 왔던 것이다.

그런데 그때 학생들을 2박 3일 동안 지도하던 숙소 담당 교관 1명이 여학생들 숙소에서 여학생 1명에게 해서는 안 된 몸쓸 짓을 한 것이 발각이 되었다.

이 사고가 발생한 것에 대해서 누구의 책임인가 따져 보면 일차적인 책임은 수련 시설의 교관에게 있겠지만, 학생들의 인솔 교사들과 학교에게도 큰 책임이 있다.

부모들이 2박 3일 동안 수련회가 있다고 할 때 그곳에 자녀들을 보내겠다고 허락해 주는 것은 선생님들을 믿고 보내 주는 것이다. 그곳에 가면 교관들이 아이들을 안전하게 돌봐 줄 것이라고 믿고 보내 주는 학부모는 아무도 없다. 그런데 수련회에 아이들을 데리고 간 담임교사가 직접 아이들을 돌보지 않았다면 그것은 직무 유기에 해당하는 것이다.

만약 그 학생들 잠자리를 교관이 하지 못하게 하고 담임교사가 직접 아이들을 챙겼다면 그런 일이 일어났을까?

즉, 아이들을 인솔한 교사는 프로그램만 수련 시설에 위탁을 한 것이지 아이들의 활동에 같이 참여하고, 아이들의 숙소 관리를 계속 담당해야 하는 의무가 있는 것이다.

그래서 나는 아이들을 데리고 수련시설을 가면 책임감 때문에 아예 2박 3일 동안 잠을 안자고 아이들 숙소를 지키려고 애를 썼다. 언제, 무슨 사고가 생길지 알 수 없었기 때문에 그렇게 했다. 모든 선생님들이 그렇게 할 수 없을 것이라고 생각한다.

그러나 적어도 자기 아이들의 안전은 담임교사가 책임져야 한다는 것을 꼭 말하고 싶다. 그럴 자신이 없으면 차라리 데리고 가지 말아야 한다고 생각한다.

담임교사의 역할은 어미 닭이 병아리를 품고 다니는 것처럼 그렇게 안전하게 자기 아이들을 보호하는 것이 가장 큰 임무다.

위의 두 가지 사례들을 보더라도 우리 교사들이 세밀하게 살피면서 원칙을 갖고 아이들을 만나지 않으면 오히려 교사들의 판단 미숙으로 아이들이 겪지 않아도 될 아픔들을 경험하게 될 수도 있다는 생각이 든다. 또한 실제 우리나라 교육현장에서는 사안이나 안전사고를 지도하는 과정에서 불거지는 불미스런 일들이 얼마나 많이 발생하는지 모른다.

<생활지도를 위한교사의 원칙>

1. 아이들이 있는 곳에는 항상 교사가 있어야 한다.
2. 아이들에게 안전사고를 대비해서 안전지도를 실시하고, 지도한 근거를 항상 남겨둔다.
3. 아이들을 인솔할 때에는 항상 아이들에게서 시선을 잠시라도 떼지 않는다.
4. 사용하는 방법이 항상 '교육적'인지 생각해 본다.
5. 사용하는 방법이 누군가의 마음에 상처를 주는 것은 아닌지 꼭 따져본다.
6. 아이들이 어린다고 함부로 말하거나 무시하는 듯한 태도를 취하지 않는다. 동등한 인격체로 여긴다.

7. 아무리 좋게 보여지는 것일지라도 아이가 원치 않으면 강압적으로 억지로 하게 하지 않는다. 하고자 하는 마음이 생기게 하거나 생길 때까지 기다려 준다.
8. 바람직한 행동이 습관화 될 때까지 인내심을 갖고 반복해서 지도한다.
9. 입장 바꿔 생각해 보는 것을 늘 잊지 않는다. 아이의 입장에 놓였다고 생각해 보고 그때 교사가 뭐라고 말해 주면 좋을지를 생각해 보고 그렇게 말해 주려고 노력한다.
10. 아이들에게 겉으로 보여지는 면보다는 숨겨진 원인들을 이해하려고 애를 쓴다.

그러므로 이러한 일들이 생기지 않도록 세심하게 살피고 안전사고나 생활지도에 만전을 기해야 한다. 위에 적은 생활지도의 원칙은 내가 아이들을 만나올 때 스스로 가졌던 생각들이다.

우리 교사들은 어떤 방법으로든지 아이들을 지도할 수 있다. 학급경영에서 이런 사안에는 이렇게 지도하라고 정해진 방안을 제시해 주기 어렵다. 어느 반에서 지도한 방법이 좋다고 해서 그 방법을 우리 반에 가져와서 그대로 적용하면 잘 되기보다는 안 될 경우가 더 많다. 그 이유가 그 반의 선생님과 아이들의 성향이나 성격이 나와 우리 반이랑 다르고 그 관계 맺은 방법 또한 다르기 때문이다.

그러므로 동일한 사안에 대해 여러 가지 방법이 존재할 수 있다고 생각한다, 그러기에 우리 교사들은 자신이 가장 좋을 것이라 여겨지는 방법을 선택해서 지도를 하게 되는 것이다.

그러나 우리 교사들에게 주어진 것은 그 다양한 방법들 중에서 자신이 선택한 것에 대한 책임이 뒤따라오고 있다는 것을 늘 생각해야 한다.

그러므로 우리 교사들은 아이들을 지도할 때 분명한 기준을 갖고 임해야 한다. 그것은 두 가지라고 생각한다. "내가 사용하는 방법은 교육적인가?"라는 것과 "내가 사용하는 방법은 누군가의 마음에 상처가 되지는 않는 가?"라는 것이다.

우리 교사들에게는 어떤 방법을 사용해도 다 용인이 되지만 그 방법은 반드시 교육적이어야 한다는 것이 우리 교사들에게 요구되어지고 있다. 그러니까 선생님은 어떤 방법으로 아이들을 지도해도 되는데 선생님이 지도하는 방법은 반드시 교육적이어야 한다.

두 번째가 누군가의 마음에 상처가 되지 않는 가라는 것이다. 그 방법이 교육적이기는 하더라도 해결 과정에서 누군가의 마음에 상처가 될 수 있다면 그 방법은 선택하지 말아야 한다.

나는 아이들을 지도할 때 이 두 가지 원칙을 분명히 마음에 새기고, '아이들이 있는 곳에는 항상 담임교사가 함께 한다.'는 생각을 철저히 하면서 임한다면 생활지도나 안전지도에 있어 큰 어려움들을 면할 수 있으리라 여긴다.

싸움이 생길 때

31

그동안 어린 아이들과의 만남 속에서 몇 가지 중요한 것을 알게 되었다. 자유로운 분위기 속에서 부모님들과 선생님들의 사랑을 받으며 행복하게 자란 어린이들에게는 다툼이나 갈등이 잘 일어나지 않는다는 것이다.

그리고 남에게 피해를 주지 않는 범위 내에서 가능한 자유롭게 지낼 수 있도록 노력을 해왔었는데 지금까지 담임을 했던 아이들에게서 신기하게도 5월 이후부터는 그렇게도 많던 싸움이 생기지 않았다.

일단 그렇게 된 것은 나름대로 검증을 거쳐야겠지만 나름대로는 싸움이 생기지 않는 것은 첫째, 무엇보다 자유롭게 행동할 수가 있어 스트레스를 받지 않았던 것이 주요 원인이 아닌가 생각한다.

싸움은 대부분 누적된 스트레스에서 기인한다. 부모님, 선생님, 친구 등 대인관계에서 생긴 스트레스가 누적되어 있다가 어떤 계기로 이것이 분출되면서 싸움의 형태로 발산되는 것이다.

나는 학급에서 싸움이나 갈등이 발생하면 다음과 같은 〈싸움 갈등 기록일지〉를 준비하고 당사자들을 불러서 먼저 싸우거나 갈등이 일어나게 된 경위를 적어오게 한다. 이때 중요한 것은 그 싸움이나 갈등 상황을 목격한 친구들도 증인으로 부른다. 증인의 입장에서 싸움이나 갈등이 어떻게 시작되었으며 누구의 잘못이 더 있어 보이는지 객관적으로 적게 한다. 그것이 끝나면 적어 온 것을 하나씩 읽어가면서 상황을 따지고 잘 잘못을 가려 준다.

대체로 이렇게 하면 글로 적으면서 감정이 정리가 되고 이성을 되찾으면서 스스로 정리를 할 수 있게 된다. 항상 마지막에 어떻게 처리해 주길 원하느냐고 물으면 대부분 화해하겠다고 한다. 화해를 시키고 나면, 학급 규칙에 따라 뒷마무리를 하고 그 자료는 계속 보관해 두었다가 학부모 상담 시에 활용하기도 한다.

선생님들이 아이들 싸움을 지도할 때 옆에서 가만히 지켜보면 아쉬운 점을 하나 발견하게 된다. 많은 선생님들이 현재의 상황만 바라본다는 것이다.

예를 들어 A라는 학생이 B라는 학생을 때렸을 때, 왜 때렸는가를 살펴보면 B가 기분 나쁘게 해서 참지 못하고 그만 폭력을 휘두르게 되었다는 것이다. 그러면 선생님은 A에게 B가 기분 나쁘게 했다고 해서 말로 해야지 B를 때린 것은 잘못이라고 지적한 후에 B에게 사과하게 하고 끝내는 경우가 많다. 선생님이 사과하라고 하면 A와 B는

<싸움(갈등) 기록 일지>

20 년 월 일 날(요일)

<table>
<tr><td colspan="3">어디서 :   누가 :
무엇을 :   어떻게 :
왜 :</td></tr>
<tr><td rowspan="2">맞은 친구
(피해 친구)</td><td>이름</td><td></td></tr>
<tr><td>이유</td><td></td></tr>
<tr><td rowspan="2">맞은 친구
(피해 친구)</td><td>이름</td><td></td></tr>
<tr><td>이유</td><td></td></tr>
<tr><td rowspan="2">증인</td><td>이름</td><td></td></tr>
<tr><td>이유</td><td></td></tr>
</table>

어쩔 수 없이 사과를 할 것이다. 이렇게 하면 안 된다. 그럴 경우 A와 B에게는 해결 안 된 서운함이 남아 있게 되고 나중에는 이를 보복하려는 마음에서 다른 갈등으로 이어지게 된다.

즉, 이번 상황에서는 A가 잘못을 저지른 상황이지만, B에게 왜 A를 기분 나쁘게 했느냐고 물어보면 이보다 앞선 상황에서는 A가 B를 기분 나쁘게 했던 상황이 있었는데 해결이 안 되었던 것이다. 그래서 다시 A에게 너는 왜 B를 기분 나쁘게 했느냐고 물으면 또 다시 앞선 상황에서는 B가 A를 기분 나쁘게 했던 일이 있는 것이다. 그래서 이 얘기들을 계속 들어주다가 보면 3월 2일 첫 날에 A가 B를 째려보았던 것까지 오게 된다.

그리하여 3월 2일 첫날의 째려보았던 것에 대해 사과하게 하고 상대방은 용서하고를 반복해서 A가 B를 때린 상황까지 다시 내려오는 과정이 필요하다. 이렇게 하면서 사과와 용서가 이루어져야 진정으로 상한 마음이 회복이 되고 관계가 개선이 될 수 있는 것이다. 비록 시간이 오래 걸리더라도 이 과정을 꼭 거쳐야 한다고 생각한다.

거짓말 하는 아이를 만났을 때

32

아이들이 거짓말을 하는 이유는 대부분 솔직하게 얘기하면 꾸중을 심하게 듣거나 벌을 받게 될까 봐 두려워서 그러는 경우가 많다.

그러므로 솔직하게 얘기하면 어떤 잘못일지라도 용서받을 수 있고 꾸중 듣지 않음을 믿게 해야 한다. 간단한 것 같지만 처음에는 쉽지가 않다. 왜냐하면 교사와 아이 사이에 신뢰가 싹트지 않았기 때문이다. 그러나 이에 굴하지 않고 일관되게 실천해 나간다면 아이들은 선생님의 그러한 모습에서 감동을 받고 솔직하게 자신의 잘못을 인정하게 될 것이다.

아이들에게 자신이 잘못을 한 것이 느껴지면 솔직하게 고백하고 자신의 잘못을 인정할 수 있도록 가르쳐야 한다. 아이들은 이런 가르침을 제대로 받아오지 못했기 때문에 솔직히 말하면 꾸중을 듣거나 체벌을 당한다고 생각하고 있어서 자꾸만 거짓말로 모면하려고 한다.

어떤 잘못일지라도 솔직하게 시인하고 잘못을 구하면 무조건 용서받을 수 있다는 것을 자주 이야기 하고 그것을 아이들에게 자주 보여주는 것이 중요하다. 선생님의 역할은 잘못한 사람을 찾아서 꾸중하거나 벌을 주는 것이 목적이 아니고 무엇을 얼마나 잘못했는지 가르쳐 주고 다시는 그런 실수나 잘못을 되풀이하지 않도록 도우려는 것이라는 것을 일깨워 주면 우리 아이들은 분명히 달라진다. 나는 그리 믿는다. 우리 아이들은 선생님이 진실하고 일관된 모습으로 아이들을 돕기 위해 다가간다면 그 사랑과 헌신에 감동되어 아이들의 마음이 열리고 선생님의 가르침을 따르게 된다는 것을….

나는 아이들이 거짓말을 하는 것은 생존본능이라고 생각한다. 살고 싶어서, 솔직하게 잘못이 드러났을 때는 엄청난 벌이 주어지고 자신이 갖고 있는 모든 것을 잃는다고 생각하니까 살려고 발버둥 치는 것이라 여긴다.

요즘 정치인들을 보면 너무나도 잘 이해가 되지 않는가? 어느 누구 한 사람 자신의 잘못을 곧 바로 시인하는 것을 본적이 있던가? 다들 끝까지 오리발을 내밀면서 아니라고 부인하다가 결정적인 자료가 나와서 더 이상 부인할 수 없는 지경에 가서야 책임지고 물러나지 않는가? 초반에 자신의 잘못을 시인하면 그 즉시 자리에서 물러나거나 책임을 져야 하는 상황이 뒤따라오기 때문이다.

실제 잘못한 사람이 거짓말을 할 때 당사자가 제일 괴로운 것이다. 왜냐하면 이미 마음에서 양심의 종이 계속 울리며 자신의 잘못을 일러 주기 때문이다.

우리 아이들도 이런 과정을 겪고 있다. 그러므로 아이들에게 선생님의 역할은 잘못한 사람에게 자신의 잘못을 느끼게 도와주고 잘못한 것을 잘 해결하도록 도와주기 위함이지 벌을 주려고 하거나 부모님에게 연락해서 책임을 지우려고 하는 것이 아니라는 것을 잘 이해시켜야 한다.

그렇게 해서 진심이 통해서 선생님이 자기들을 위하는 분이라는 것을 알게 되면 아이들은 아마 거짓말하지 않고 솔직하게 말하려 한다. 왜냐하면 마음에서 양심의 종이 울릴 때마다 가슴이 두근두근하고 밥맛도 없어지면서 잠도 제대로 잘 수 없기에 마음 편하게 지내고 싶어 하는 마음들이 생기기 때문이다.

물론 자주 거짓말을 해서 양심의 종이 울리는 것이 없어졌거나 무디어져서 크게 잘못을 느끼지 못하는 상태인 아이도 있을 수 있다. 이런 상황에 이르게 된 것은 거짓말이 통하게 된 상황이 계속적으로 만들어져서 습관에 이르게 되었거나 옆에서 부모나 선생님이 거짓말을 나쁜 것이고 하면 안 된다는 것을 계속적으로 가르쳐 주지 않은 탓일 수 있다. 거짓말을 자주 반복적으로 하는 아이는 이 부분에 문제가 없었는지도 살펴볼 필요가 있다.

선생님이나 학부모는 아이들이 거짓말을 하지 않고 진실하게 삶을 살아가도록 꾸준히 인내심을 갖고 지도해야 한다.

남의 물건을 훔치는 아이가 있을 때

33

도난사고에 대해서는 할 말이 많다. 공교육에서 담임을 하는 15년 동안 단 한 번도 도난사고가 없었던 적이 없다. 대부분 4월초에서 5월 중순경에 꼭 한 건 이상씩 생겼다.

어수선하고 시끌벅적하던 교실도 다소 안정이 되고 여유가 생기면서 어린 친구들과 재미있는 활동을 한 번쯤 해보고 싶은 4월, "선생님! 제 가방에 넣어둔 지갑이 없어졌어요."라는 말을 듣게 되면 이러한 열의와 노력은 금세 실망과 좌절로 바뀌게 된다.

교사들이 어린 아이들에게서 가장 크게 실망하거나 교사생활에 대해 회의가 들 때가 바로 학급에서 도난사건이 생겼을 때가 아닌가 생각한다.

그 동안 아이들과 함께 생활하는 가운데 얻은 귀한 결론이 하나 있다. 그것은 자유로운 분위기 속에서 교사와 진실된 애정을 주고받은 아이들은 절대로 다툼이나 거짓말, 남의 물건을 훔치지 않는다는 것이다. 이런 결론은 남에게 피해를 주지 않는 범위 내에서 자유롭게 지낼 수 있도록 하는 학급경영의 성과가 서서히 나타나는 5월 이후부터 그렇게도 많던 싸움과 거짓말, 도난사고가 생기지 않았던 경험 속에서 나온 것이다.

솔직하게 말하면 어떠한 말이나 행위도 용서해 주고 절대로 혼내지 않는다는 것을 보여주는 태도가 중요하다. 선생님은 우리들의 말을 믿어준다는 신뢰만 아이들에게 심어 준다면 설혹 한두 번의 도난사고가 생길지라도 그 해결은 그리 힘들지가 않을 것이다.

밀알 5기 때의 일이었다. 하교를 하려고 하는데, 갑자기 소영(가명)이가 오더니 3만 원이 없어졌고 했다. 혹시 집에 두고서 그러는 것은 아닌가 하여 확인을 해보니 분명히 4교시까지는 가지고 있었다. 무슨 돈을 그리도 많이 가지고 다니느냐고 하니까 오늘 학원비를 내는 날이라서 가지고 왔다고 했다. 돈 잃은 것도 속상한데 자꾸 꾸중하면 안 되겠다 싶어서 전부 손을 머리 위에 깍지 끼고 엎게 했다.

"지금 우리에게 정말 속상한 일이 생겼답니다. 선생님은 가장 불행한 반이 바로 선생님이 자기 반 아이를 의심하고, 아이들이 선생님 말을 믿지 않는 반이라고 생각해요. 오늘 자칫하면 우리 반이 그런 반이 될 수 있답니다. 솔직하게 손가락을 들어 주세요. 혹시 유혹에 넘어가서 돈을 가져갔거나 그렇게 하는 친구를 본 적이 있는 친구는 손가락을 살짝 들어 주세요. 선생님의 인격을 걸고 약속합니다. 절대로 혼내지 않고 비밀로 해 줄게요."

하지만 아무도 손을 들어 주지 않았다. 학교 버스가 출발할 시간이 다 되어서 이 일로 시간을 지체할 수가 없었다. 그래서 하는 수 없이 이렇게 정리했다.

"지금 시간이 없어서 그냥 집으로 돌아가야겠어요. 하지만 집에 가서도 마음이 바뀌면 선생님에게 전화를 주세요. 선생님의 집은 전화기에 녹음이 되니까 전화 안 받으면 녹음을 해 두어도 된답니다. 그러면 절대로 혼내지 않을 것이며 부모님에게도 비밀을 유지해 줄 것이라는 약속을 꼭 지켜 줄게요. 그런데 만약 선생님의 이 말을 믿지 않고 끝까지 숨긴다면 선생님은 내일부터 여러분들을 만나지 않을 겁니다. 학교에 나오지 않을 거예요."

아이들을 하교시키고 돌아오면서 '내가 말이 너무 앞섰구나.' 하는 후회가 생겼다.

'만약 내일 아침까지 전화가 안 오면 어떻게 하나? 전화가 안 오더라도 출근은 한다고 할 걸.'

하지만 이미 엎질러진 물이었다. 밤새도록 전화를 기다렸건만 전화는 오지 않았다. 다음 날 아침, 학교로 향하는 발걸음이 무겁기만 했다. 출근하면서 교실로 갔더니 먼저 온 아이들 몇 명이 나에게 물어왔다.

"선생님! 돈은 찾으셨어요? 범인이 누구예요?"

아이들의 질문에 대답을 하지 않고 교실 문을 열고 나서는데 누군가가 뒤통수에 대고 이런 말을 했다.

"어! 선생님이 범인을 못 찾으면 학교에 안 온다고 했는데…."

'이 문제를 어떻게 해결해야 하나?'

고민하다가 별 다른 방법이 없어 그냥 교실로 와서 아이들 모두들 주목시켰다.

"모두들 선생님 말을 잘 들어요. 어젯밤부터 선생님은 오늘 아침까지 전화 오기만을 기다렸답니다. 그런데 전화가 없었어요. 약속대로 선생님은 여러분들을 만나지 않을 생각이었습니다. 그래서 교장 선생님을 만나 뵙고 사실대로 말씀 드린 후 반을 바꿔 달라고 할 생각이었습니다. 그런데 아직 교장 선생님이 출장을 가셨는지 계시지 않아서 그냥 기다리다가 왔답니다. 그런데 곰곰이 생각해 보니 교장 선생님은 이 말을 들어주지 않을 것 같아요. 왜냐하면 다른 반 친구들이 좋아하겠어요? 그리고 지금은 학기 중이니까 선생님을 다른 학교로 전근을 보내 주지도 않을 거구요. 그래서 결심했어요. 여러분과 정을 끊고 살아가기로 했어요. 지금부터는 여러분과 선생님은 아무런 관계가 없어요. 선생님이 교과 공부는 가르쳐 주지만 그 외는 기대하지 마세요."

나의 이 말을 조용히 듣던 아이들은 내가 너무나도 심각하게 분위기를 연출한 탓인지 한두 명씩 훌쩍거리기 시작했다. 그러자 갑자기 요한이가 번쩍 손을 들고 일어섰다. 그러더니 이렇게 말을 했다.

"선생님! 선생님은 우리에게 한 알의 밀알처럼 살아가려면 때로는 억울한 눈물도 흘려야 하고 힘든 과정을 다 참고 이겨야 한다고 말씀하셔 놓고서 겨우 3만 원 때문에 우리를 떠난다고 하실 수 있습니까? 그러시면 안 됩니다."

'그 녀석 참으로 똑똑하구나' 하는 생각이 들었고, 요한이가 기특하게 여겨졌다.

하지만 분위기상 뭔가 이루어질 것 같아서 그대로 밀고 나갔다.

"그 말은 맞아요. 하지만 선생님은 여러분들을 떠난다고 한 적은 없어요. 여러분들에게 공부는 가르쳐 줄 거예요."

이번에는 회장인 영경이가 손을 들고 일어나서 흐느끼는 목소리로 말했다.

"선생님! 정을 끊고 살아가는 것이나 우리를 떠나는 것이나 같은 게 아니에요? 선생님 한 번만 다시 생각해 주세요."

속으로는 '그래, 내가 너희들 때문에 사는구나. 고맙다 애들아' 하는 마음이었지만 그럴 수가 없었다. 이쯤 되니까 아이들은 모두가 울음바다가 되었다. 설마 했다가 내가 단호하게 하는 말들을 들으면서 진짜구나 싶었는지 아이들의 우는 목소리가 점점 커져갔다. 그러더니 한두 명씩 화장실을 들락거리는 거였다. 화장지로 눈물을 닦거나 세수를 하고 오는 아이들이 눈에 띄었다. 그냥 못 본 척하고 그냥 내버려두었다.

한참이나 지났을까 갑자기 학년 부장 선생님이 오셔서 나에게 놀란 목소리로 "아니, 정 선생님! 무슨 일이 있었어? 갑자기 왜 학교를 그만 둬?"라고 하였다. 그래서 나도 깜짝 놀라서 "무슨 말씀이세요?" 하니까 아이들이 지금 화장실에서 난리가 났다는 거였다.

"우리 선생님 떠나가신대." 하면서 서로 껴안고 엉엉 울고 있다는 거였다.

그래서 웃으면서, "네! 어제 우리 반에서 도난사고가 생겨서 이를 해결하고 있는 중인데 아마 잘 될 것 같습니다." 했더니, "그럼 잘 해 봐. 깜짝 놀랐네." 라고 안심해 하시며 나가셨다.

이 정도면 충분하겠다는 생각이 들어서 아이들을 전부 들어오게 했다.

"여러분들이 어떤 마음인지 알겠어요. 선생님도 여러분들과 정을 끊고 살아가는 것이 너무 마음이 아파요. 하지만 여러분들 중에서 선생님을 믿지 못하고 계속 거짓말을 하는데 어떻게 선생님이 함께 지낼 수 있겠어요. 마지막 기회를 줍니다. 지금도 솔직하지 않으면 선생님은 정을 끊겠습니다. 전부 책상에 엎드리고 눈을 감고 손을 깍지 끼고 머리 위에 올리세요. 절대로 눈을 떠서 보면 안 됩니다. 눈 감은 상태에서 손을 들면 옆에 앉은 친구는 느낌으로 누가 손을 들었는지 알 수가 있겠지만 눈을 감고 손을 머리 위에 깍지 끼고 손가락만 살짝 든다면 아무도 알 수가 없답니다. 자! 유혹에 빠져서 돈을 가지고 간 친구는 손가락을 살짝 들어주세요."

나의 이 말에 손가락을 들어주는 친구가 두 명이 있었다. 다행이다 싫었다. 하지만 혹시나 하는 생각에 "여러분들이 만약 자신이 그러지도 안 했는데 이번 일을 잘 넘기려고 자신이 그랬노라고 하면 선생님은 더욱 속상하답니다. 본인이 진짜로 그렇게 했다면 다시 손가락을 들어주세요."

다행히 그 친구들이 손가락을 들어주었다. 모두에게 손을 내리고 눈을 뜨게 했다. 아이들은 누군지는 모르지만 이 문제가 해결이 되었고, 선생님과의 관계가 회복되었다는 기쁨에 박수를 보내주었다. 내가 얼른 아이들에게 이렇게 말을 했다.

"고마워요. 그래도 선생님을 믿고 이렇게 손을 들어주니 다행입니다. 다시는 이런 유혹에 넘어가지 마세요. 조금 전에 손을 들어 준 친구들은 조만간 선생님이랑 데이트하기로 해요."

아이들이 하교한 후에 손가락을 들었던 두 명, 창수와 희진(가명)이가 교실로 조용히 찾아왔다.

"선생님! 죄송해요. 다시는 안 그럴 게요."

"그래. 정말 고맙구나. 그런데 어떻게 된 일인지 말해 주렴."

"네. 어제 점심 먹으러 가려는데 소영이의 필통에 돈이 들어있는 게 보여서 식당으로 가다가 뭘 두고 온 것처럼 하면서 되돌아와서 소영이의 필통에서 돈을 꺼냈는데 그때 희진이가 절 보더니 네가 돈을 훔치는 것 다 봤다고 하면서 같이 나눠쓰자고 해서 어쩔 수 없이 나눠서 썼습니다."

"그랬구나. 다시는 그런 유혹에 넘어가지 않도록 해야 해. 그런 것은 정말 나쁜 짓이야. 알았니? 그리고 너희들이 진정으로 뉘우친다면 그 돈을 갚아야 한다고 생각해. 진정으로 뉘우치는 것은 자신이 한 일에 대해 책임을 지는 것이라고 생각해. 그래. 돈은 얼마 남았니?"

"18,000원이요. 12,000원은 라면 사먹고 오락하다 보니 다 없어졌어요. 죄송해요. 선생님!"

다 써버린 돈은 일단 내가 채워 넣고 졸업할 때까지 돈을 조금씩 갚아나가기로 했다. 그 둘은 돈이 생길 때마다 조금씩 갚았는데 희진이는 돈을 다 갚기도 전에 다른 학교로 그만 전학을 갔다.

그런데 그 다음 해 스승의 날에 찾아오면서 선물을 사왔다. 그 선물을 받으면서 이렇게 얘기했다.

"희진아! 이것으로 작년 돈은 다 받은 것으로 할게."

처음엔 무슨 뜻인지 몰라 하다가 나중에서야 알아차리고 쑥스러워하며 환한 웃음을 보냈다.

초임 발령학교인 서울삼선초등학교에서 2년차 재직할 때, 옆 반에서 서랍 속에 넣어 둔 동료 교사의 가방이 없어지는 일이 있었다. 수소문해 보았지만 결국 찾지 못했다. 그런데 2주 정도 후에 다시 캐비넷에 넣어뒀던 선생님의 핸드백이 없어지는 일이 생겼다. 하교 지도를 하고 돌아와 보니 잠가둔 캐비넷이 열려져 있고 안에 있던 핸드백이 통채로 없어졌다는 것이다. 속상해서 울고 있는 동료 교사의 이야기를 듣고 나서 이렇게 말했다.

"제 생각에는 선생님 반 아이 중에 한 아이가 그러지 않았나 하는데요."

"아니에요. 그럴리가 없어요. 우리 반 아이들이 어떤 아이들인데요. 절대로 그럴 아이들이 아니에요."

물론 교사가 자기 반 아이들을 철석 같이 믿고 지내는 것이 당연할 것이다. 그러나 교사들이 놓치지 말아야 할 점은 학생들 주위에는 그들이 이겨내기에는 어려운 유혹들이 너무도 많이 도사리고 있다는 것이다. 특히 가치 판단이 성숙하지 못한 초등학생들의 경우, 그런 유혹에 빠지기 쉽다. 더구나. 어린 아이들은 절제력 또한 부족하지 않은가? 그런 생각을 평소에 하고 있던 터라.

"선생님이 반 아이들을 철석 같이 믿는 것은 이해하지만 아직은 아이들이 어리잖아요. 어른들도 쉽게 유혹에 넘어가는데 어린 아이들은 오죽 하겠어요. 혹시 모르니 다시 한 번 생각해 보세요."

그러나 선뜻 수긍하지 않는 동료 교사의 모습을 보면서 "내일 머리도 식힐겸 아침 한 시간만 저와 반을 바꿔 들어가 보는 것이 어때요?" 라고 물었더니 내키지 않는 표정으로 응해 주었다.

다음 날 아침 동료 교사의 반으로 들어가자 모두 의아해 하는 눈으로 나를 바라보았다.

"즐겁고 신나던 여러분 교실에서 어제 아주 불행한 일이 생겼습니다. 그것도 한 번이 아니라 연달아 안 좋은 일이 일어났습니다. 그래서 여러분 담임 선생님이 너무나 상심해 하시길래 기분도 전환할 겸 오늘 선생님이랑 한 시간만 교실을 바꿔 들어가기로 했습니다."

무슨 뜻인지 아는 몇몇 학생들은 도난사건이 마치 자기들의 책임인 양 고개를 푹 숙이고 있는 등 모두들 쥐 죽은 듯이 조용했다.

"사람은 누구나 나쁜 유혹에 빠질 수 있고 잘못을 저지를 수가 있습니다. 잘못을 저지르지 않고 살아갈 수 있다면 그보다 더 훌륭한 사람이 없겠지만 그러기는 쉽지 않습니다. 선생님 같은 어른들도 잘못을 할 때가 많습니다. 선생님 생각에는 이 세상에서 가장 용기 있고 훌륭한 사람은 바로 자기의 잘못을 인정하고 고백할 줄 아는 사람이라고 생각합니다. 왜냐하면 앞으로 다시는 그런 일을 하지 않으려고 노력할 수 있으니까요. 혹 여기에 있는 친구들 중에서 그런 일을 한 사람이 있으면 솔직하게 선생님한테 얘기해 보세요. 얘기해 준 것은 절대로 비밀로 할게요. 선생님을 믿으세요. 자! 그럼 모두 눈을 감고 손을 머리 위로 올려 깍지를 끼세요. 어제와 오늘, 지난번에 그런 일을 한 친구는 손가락만 살짝 들어주세요. 손가락만 들면 소리가 나지 않아 아무도 손드는 것을 알지 못해요. 자! 얼른 손가락만 살짝 들어주세요. 만약 실눈을 뜨는 친구가 있다면 선생님은 이유도 묻지 않고 그 친구의 소행이라고 생각할 겁니다."

손가락을 들어주는 학생이 없었다. 이야기는 다시 원점으로 돌아와야 했다. 그러나 계속해서 야단을 치고자 하는 게 아니라 잘못인지도 모르는 것을 가르쳐 주기 위한 것이라고 강조하면서 편안한 분위기를 만들어 주었다.

그러한 뜻이 아이들에게 전달이 되었는지 두번째 손가락을 깍지 끼고서 책상에 엎드리게 한 후 물었더니 살며시 손가락을 드는 한 친구가 있었다. 의외로 여자 아이였다. 손가락을 들었던 여자 아이는 얼굴이 빨개지며 금방이라도 울음을 터뜨리려고 했다.

"지금 손가락을 든 친구는 울거나 얼굴이 빨개져서는 안 됩니다. 다른 친구들이 알게 되지 않겠어요. 태연하게 바로 앉으세요. 겁내지 말고 그 대신 다음에 이런 일을 다시 하진 마세요."

다른 아이들이 그 사실을 알게 되면 여자 아이는 졸업할 때까지 비난 당하거나 따돌림 당할게 뻔하기 때문에 그렇게 일러 주었다. 순간 여자 아이의 얼굴이 활짝 피어나며 긴 안도의 한 숨을 내쉬는 것을 보았다.

"선생님이 전화번호를 칠판에 적어 놓을 테니까 그 친구는 오늘 저녁에 전화하세요. 선생님이랑 데이트 좀 하게요."

그랬더니 금방 알림장에 적으려고 하는 아이들이 있었다.

"안돼요. 지금 적게 되면 다른 친구들이 누가 적는지 알 것 아니겠어요. 칠판에 계속 적어 놓을테니 외워두거나 아니면 나중에 아무도 모르게 적도록 하세요."

그 날 저녁 전화 자동 응답기에는 5통의 전화가 녹음되어 있었다. 2통은 자신들이 그랬다는 내용이고 다른 3통은 이랬다.

"우리 반 친구 ○○가 그런 일을 했으니까 제발 혼내지 마세요."

그리고 그 반 대부분의 아이들은 누가 그런 짓을 했는지 알고 있었는데 다만 그 친구가 혼날 것을 염려하거나 보복이 두려워 말을 못하고 있었다는 것을 알았다.

다음 날 우리 반에서도 옆 반 사례를 들려주면서 본인 스스로 잘못이라고 느껴지면 숨기거나 감추려고 하지 말고 솔직하게 인정하고 다시는 그런 일이 생기지 않도록 노력하는 게 좋겠다는 말을 일러주었다.

그 해 2학기에 일어났던 일이다. 다른 학년의 한 아이가 슈퍼마켓에서 주인 몰래 과자를 가지고 나오다가 들켜 주인에게 붙들려 교장실로 끌려 온 적이 있었다. 이 일을 전해 듣고 우리 반 아이들도 호기심이나 장난으로 물건을 가지고 간 일이 있을 수 있다는 염려가 들어 주의도 줄겸 몇 가지를 확인해 보았다.

"요즘 슈퍼마켓이나 문방구에서 몰래 물건을 가져가는 친구들이 있다고 이야기를 들었어요. 우리 반에서도 그런 일이 있었는지 모르겠어요. 한 번 확인해 봅시다. 모두 눈을 감은 채로 손을 깍지 끼고 머리에 얹으세요. 지금까지 슈퍼마켓이나 문방구에 가서 주인 몰래 물건을 가져 온 적이 있는 친구는 손가락을 살짝 들어보세요."

그 동안 함께 지내오면서 믿음이 싹튼 탓인지 아이들은 망설임 없이 손가락을 들어주었다. 그런데 자그마치 절반이 넘는 아이들이 그런 경험이 있다고 고백했다. 나는 정색을 하며 이렇게 말했다.

"여러분이 선생님을 믿고서 솔직하게 손가락을 들어 준 것은 참으로 고마운 일이에요. 하지만 남을 위해 희생하고 봉사하기로 한 우리 반 밀알들이 이렇게 많이 나쁜 짓을 했다니 조금은 서운해요. 앞으론 이런 일이 생기지 않도록 노력해야겠어요. 물론, 그런 자신의 행동을 잘못이라고 느끼는 게 중요하지만 그것만으로는 부족해요. 나아가 스스로 한 행동에 대해 책임질 줄 아는 게 중요하다고 봅니다."

그리고는 아이들에게 1주일 말미를 줄테니 주인 몰래 물건을 가져간 행동에 책임을 지는 의미에서 물건값을 갚으라고 했다. 돈이 필요한 학생에게는 빌려주겠다는 말을 들은 아이들의 눈빛이 예사롭지 않았다.

아이들이 어떻게 행동하는지 확인하기 위해 학교 주위의 문방구와 슈퍼마켓을 들러 "혹시 요사이 아이들이 지난번에 아저씨 몰래 가져간 물건값이라고 하면서 돈을 가져와 용서를 구하는 아이가 있습니까?"라고 물었다.

주인들은 요사이 이상하게도 지난번에 몰래 가져간 물건값이라며 가져와 용서해 달라는 아이들이 많더라는 것이었다. 그래서 우리 반 아이들이 자신들의 잘못을 뉘우치는 과정이니까 너무 심하게 혼내지 말아 달라는 부탁을 했다.

그러자 주인아저씨의 "이렇게 좋은 일을 하시는데 당연히 협조해야지요. 고맙습니다."라는 말씀에 너무나도 뿌듯했다.

아이들이 남의 물건에 손을 대는 데에는 여러 가지 원인이 있다. 무엇보다도 가정 형편이 어려운 경우, 맛있게 보이는 과자를 볼 때나 친구들이 좋은 학용품을 가지고 있는 것을 볼 때 그런 유혹에 쉽게 빠진다. 가정환경이 좋은 아이라 할지라도 그런 행동이 나쁜 일이라는 생각이 없거나 호기심으로 훔치는 경우가 많다. 하지만 그런 문제까지 바로 잡아 주는 것이 교사의 몫이 아니겠는가? 앞에서 말했듯이 교사에 대한 믿음만 있다면 아이들은 교사가 말하는 대로 가르치는 대로 따른다.

문방구와 슈퍼마켓 주인의 말을 듣고 자신감이 생겨 한 가지 부탁을 덧붙였다. 혹 물건을 사고 돈이 없는 아이들 가운데 밀알두레반이라고 하면 공책에 이름과 가격을 적어 놓으라고. 그러면 한 달 뒤 직접 와서 계산하겠노라고 했다. 그리고 다음 날 아이들에게 이렇게 말했다.

"여러분들이 자신의 잘못을 뉘우치며 스스로 해결한 것을 어제 돌아보면서 역시 우리 반 자랑스런 밀알들이구나 하는 생각이 들었어요. 여러분들은 무척 훌륭한 사람들이에요. 그리고 앞으로 엄마 아빠가 용돈을 주지 않아 이번과 같은 유혹이 생기거든 학교 앞에 있는 문방구와 슈퍼마켓에 가서 물건을 사고 밀알두레반이라고 하세요. 그러면 아저씨가 그냥 주실 거예요."

순간 아이들의 눈이 휘둥그래졌다.

"아니! 어떻게 해서요?"

"진짜예요?"

"야하! 신나다."

반응이 제 각각이었다. 하지만 여러분이 유혹에 빠져 나쁜 짓을 하지 않도록 하기 위해 부탁한 것이라는 것과 선생님이 한 달 동안 라면만 먹고사는 한이 있더라도 약속은 꼭 지킬테니 여러분도 절대로 남의 물건을 훔치는 일이 없도록 해달라는 부탁을 하자 교실 분위기가 갑자기 숙연해졌다.

그런 일이 있고 나서 매달마다 문방구와 슈퍼마켓을 들러보았지만 누구 한 사람 이용하지도 않았을 뿐 아니라 그 해가 끝날 때까지 학급에서 물건이나 돈이 없어진 적이 없었다.

이런 방법이 모든 학급이나 모든 학생들에게 똑같이 적용될 수는 없을 것이다. 학급경영이나 생활지도에는 정도라는 것이 없기에. 그러나 적어도 해마다 이런 방법을 시도해 본 결과 학기 초 그렇게 빈번히 발생하는 도난사고나 싸움이 4~5월이 지나서부터는 일어나지 않았다. 다른 선생님들에게도 한번쯤 이런 방법을 시도해 보라고 권하고 싶다.

물론 똑같은 절차와 형식으로 해 보라는 의미가 아니다. 다만 아이들로 하여금 교사를 믿게 하고 그 신뢰 속에서 문제의 실마리를 풀어 나가야 한다는 점을 말하고 싶다. 어떤 교육적 문제라도 그 해결의 첫 출발점은 교사와 학생 사이의 진실과 믿음이라는데 있다. 이것이 밑바탕이 된다면 도난사고나 다툼이 없는 즐거운 학급을 만들어 갈 수 있을 것이다.

도난사고 지도의 바른 방법과 잘못 지도한 방법들

34

도난 사고가 생기면 교사들은 실제로 이를 어떻게 해결하는지 궁금해서 몇 가지 알아본 적이 있다. 서울교육연수원, 경북교육연수원, 강원도교육연수원. 충청남도교육연수원에서 1급 정교사 연수가 있을 때 강의를 부탁받고 강의하러 가서 수강하는 연수생들 600명을 대상으로 설문을 조사를 했었다.

선생님들이 교대 재학시절이나 교사가 되고 난 후에 도난사고가 생기면 어떻게 지도해야 하는지에 대해 연수를 받아 본 적이 있느냐는 물음에 99.5%가 없었다고 답변했다. 그런데 놀라운 것은 이들이 연수를 받거나 교육을 받은 적이 없었음에도 불구하고, 도난사고가 실제 교실에서 일어났을 때 어떤 방법으로 지도했는지 적어보라고 했을 때 다섯 가지 정도 공통된 답이 나왔다.

<공통된 방법 5가지>

1. 범인이 나올 때까지 단체로 벌을 세운다
2. 종이를 한 장씩 나눠 주고 의심 가는 친구나 도난사고에 대해 아는 대로 쓰라고 한다.
3. 가방을 올려 놓으라고 하고서 일일이 확인한다.
4. 이상한 능력이 있다는 항아리를 갖고서 자수를 유도한다.
5. 지문을 채취한다.

연수나 교육을 받은 적이 없는데 왜 이런 현상이 나타나는 것일까? 그것도 전국의 다양한 지역의 교사들에게서 동일한 방법이 공통으로 나온 이유는 무엇 때문일까?

이는 바로 교실에서 도난사고가 생겼다고 하면 선생님들이 범인이 누구일까, 돈을 어떻게 찾을까 하는 목표를 갖게 된다. 즉, 교실에서 물건이나 돈이 없어지는 일이 발생할 경우 대개의 교사들은 형사처럼 범인을 찾아내고자 하는 유혹에 빠지게 된다.

그러므로, 따로 연수나 교육을 받지 않아도 위의 다섯 가지 방법이 개발이 되는 것이다, 위의 다섯 가지는 형사가 범인을 잡을 때 사용하는 방법들인 것이다.

교사들이 교실에서 도난사고가 생길 경우 자신은 교사이지 형사가 아님을 기억해야 한다. 그리고 만약에 교실에서 도난사고가 생기면 어떤 방법으로 해결하거나 지도할 것인지에 대해 미리 생각을 해

보는 것이 좋다.

만약에, 교실에서 빈번하게 도난사고가 생기거나 금액이 클수록 범인이 누구일까, 돈을 어떻게 찾을까를 생각하게 된다. 그런 목표를 설정하게 되면 당연히 형사가 사용하는 방법이 저절로 개발이 된다.

형사는 범인을 잡아서 벌을 주는 게 목적이고, 교사는 무엇이 잘못인지를 잘 타일러 주고 깨우쳐 주면 되는 것이다.

즉, 교사는 범인을 못 찾아도, 잃어버린 돈을 찾지 못해도 괜찮다는 말이다. 다만. 아이들에게 남의 물건에 함부로 손을 대거나 가져가는 것은 나쁜 행동임을 잘 일러주고 다시는 그런 행동이 일어나서는 안 된다고 타일러 주어야 한다. 그리고 큰 돈을 가져와서 관리를 잘못해서 친구를 유혹에 넘어가게 한 잘못이 잃어버린 친구에게도 있다고 말을 해 주고, 앞으로 돈을 잃어버리지 않으려면 돈을 가져왔을 때 선생님에게 꼭 맡겨야 한다고 가르쳤으면 지도를 다 한 것으로 생각한다.

위의 다섯 가지 방법들을 도난사고의 해결 방법으로 교육현장에서 계속 사용해도 좋은지 곰곰이 다져볼 필요가 있다.

첫 번째, 범인이 나올 때까지 단체로 벌을 주는 것은 괜찮은 것일까? 왜 아무 잘못이 없는 아이들이 단지 같은 공간에 있었다는 이유로 벌을 받아도 되는 것인가?

둘째, 종이를 한 장씩 나눠 주고 의심가는 친구나 도난 사고에 대해서 아는 대로 쓰라고 하는 이 방법은 과연 괜찮은 것일까? 친구를 의심하게 하고 고자질 하게 하는 것이 바람직한 것인지 생각해 봐야 한다.

셋째, 가방을 올려 놓으라고 하고서 일일이 확인해 보는 것은 괜찮을까? 선생님이라는 이유로 아이들의 가방을 뒤지는 것은 옳은 것일까? 만약 진짜 물건이나 돈을 훔친 아이가 가방에 넣어두었다가 나오게 되면 어떻게 지도하려고 하는 것인지 걱정이 된다. 그 아이는 평생 아이들 기억 속에 남의 돈을 훔친 아이로 기억 될텐데. 그리고 선생님이 가방을 조사할 것을 미리 알고서 옆 친구의 가방에 살짝 숨겨서 아무것도 모르는 친구의 가방에서 돈이나 물건이 나와서 억울하게 누명을 쓰게 된 아이가 생긴다면 이를 어떻게 지도할 수 있을까? 궁금증이 자꾸 생겨난다.

학생들의 눈을 감게 한 뒤 소지품을 모두 꺼내 책상 위에 올려놓게 하면, 학생들은 자신의 소지품을 검사할 때 자신의 가방에서 혹시 없어진 물건이 나오지는 않을까 하는 두려움을 느끼게 된다. 이러한 경험은 누구나 한 번쯤 학창 시절의 좋지 않은 기억으로 떠올릴 수 있을 것이다.

아무리 어린 아이라 할지라도 그들의 소지품이나 가방을 뒤지는 행위는 어떠한 이유로도 합리화될 수 없는 분명한 사생활 침해 행위에 해당한다고 생각한다. 그래서 나는 초임 시절부터 지금까지 단 한 번도 소지품을 검사한 적이 없다. 오히려 돈을 찾지 못하더라도 그래서 그냥 넘어가는 한이 있어도 소지품 검사는 해서 안 된다.

넷째, 이상한 능력이 있다는 항아리를 갖고서 자수를 유도하는 이 방법은 또 괜찮은 것일까? 아이들에게 정직함을 가르치려고 하면서 선생님이 정직하지 않은 방법을 사용하는 것은 문제가 있지 않는가? 이 방법은 아이들의 약한 심리를 이용해서 불안함이나 공포심을 유발하여 자수를 이끌어 내는 것인데 전체 앞에서 발각이 되었을 때 그 아이의 수치스러운 마음과 그로 인한 마음의 상처는 어떻게 치유해 줄 수 있을까?

다섯째, 지문을 채취하는 방법은 괜찮은가? 미성년자들의 지문을 채취하려면 보호자의 동의를 얻어야 하고 그렇지 않고 실행 할 경우 실정법을 위반하게 되는 불법 행위이다. 이는 절대 해서는 안 된다.

바람직하지 않은 지도 방법 속에서 아이들이 받는 영향은 교사들의 생각과 달리 아이들에게 평생 지워지지 않는 상처로 남을 수도 있다. 따라서 도난사건이 일어났을 경우 어떤 문제보다 신중한 태도로 아이들을 대할 필요가 있다.

그런데 이런 행위가 교육이라는 이름 아래 실시되고 있다는데 더 큰 문제가 있다. 남의 물건을 훔치는 아이들 중에는 습관적으로 하는 경우도 있지만 주로 애정 결핍이나 정서적인 측면에서 오는 것이 대부분이다. 따라서 이런 문제를 해결하기 위한 방법이 위의 다섯 가지 방법과 같이 비교육적인 방식보다는 신뢰를 바탕으로 한 감동, 감화의 방법에서 찾아야 한다.

나는 교실에서 도난사고가 생겼다고 하면 두 가지를 늘 생각했다. '나는 교사이지 형사가 아니다'와 '남의 물건을 훔치는 행위는 감기에 걸린 것과 같다'였다.

어느 날 라디오를 듣는데 의사 선생님이 나와서 어렸을 적에 감기에 잘 걸린 아이는 어른이 되면 감기에 잘 안 걸린다고 했다. 그 이유가 감기에 한번 걸리고 나면 면역성이 생기기 때문에 동일한 감기 바이러스가 들어오면 우리 몸에서 이를 물리치게 되기 때문이라고 했다.

이 말을 듣는 순간 우리 아이들은 면역성만 부족한 게 아니라 판단력과 절제력이 부족하기에 각종 유혹에 그냥 넘어 갈 수밖에 없다는 것을 알았다. 아이들이 유혹에 노출이 되면 그냥 넘어가게 되는 것이고, 그럴 경우 양심의 종이 울리고 부모님이나 선생님이 잘못임을 알려 주면서 면역성이 길러지는 것이다.

우리는 대체로 남의 물건을 훔쳤다고 생각하면 '바늘 도둑이 소 도둑 된다'는 생각을 하면서 아주 심각하게 반응을 보인다. 그럴 필요가 없다. 오히려 감기에 걸린 아이를 대하듯이 해야 한다. 우리는 아이가 감기에 걸렸다고 하면 어떻게 대하는가?

"너! 이리 나와서 종아리 걷어. 엄마가 분명히 손발 깨끗하게 하라고 했지? 안 그러면 감기에 걸린다고."라고 말하면서 종아리를 때리거나 벌을 주는 엄마가 있을까? 오히려 안타까이 여기고 푹 쉬라고 하면서 옆에서 열심히 간병을 해주지 않는가? 나는 적어도 남의 물건을 훔친 아이에게 그렇게 대해 주어야 한다고 생각한다.

그런데 아직도 학교현장에서는 도난사고가 생기면 지문 채취를 하는 경우가 종종 생긴다. 인터넷 뉴스에서 지문 채취를 검색하면 현장에서 선생님들이 잃어버린 돈을 찾으려고 학생들의 지문을 채취하려다가 문제가 된 기사들이 아직도 여러 건 올라오고 있다.

<사례>

초등 女교사 "돈 훔친 사람 나와라" 학생들 지문 채취 파문

초등학교 여교사가 교실에서 잃어버린 돈을 찾는다며 학생들의 지문을 채취해 파문이 일고 있다.

2일 대구 S초등학교에 따르면, 조모 교사(29 · 여) 교사가 1일 오전 10시30분쯤 담임을 맡고 있는 5학년 교실에서 전날 오후 교실 서랍장에 넣어뒀다 잃어버린 어린이신문 대금 등 70여 만원의 돈을 찾겠다며 학생 40여명의 지문을 받아냈다.

조 교사는 학생들에게 종이 쪽지를 나눠주며 돈을 훔쳤는지 여부를 표기토록 했으나 시인하는 학생이 없자 미리 대기하고 있던 자신의 남편(인근 H초교 교사)을 교실로 불러와 사복 경찰관으로 행세토록 하며 "남의 돈을 훔치는 것은 나쁜 행위"라고 설명했다.

이어 남편을 내보낸 뒤 A4 용지에 학생들의 지문을 받아낸 조 교사는 학생들에게 재차 종이 쪽지에 결백 여부를 적도록 했으나 돈을 훔쳤다는 학생이 나타나지 않자 외부인의 소행으로 보고 귀가 후, 지문 채취 용지를 폐기한 것으로 알려졌다.

조 교사는 "어린 학생들에게 남의 물건에 손을 대는 것이 얼마나

나쁜 짓인지 가르쳐 주기 위해 남편을 경찰관으로 꾸미고 지문을 채취하게 됐다"면서 "나중에 생각해 보니 아이들의 마음에 큰 상처를 준 것 같아 몹시 미안한 마음이 든다."고 말했다. 시교육청과 학교 측은 지문 채취 경위를 조사 중이다.

– 대구, 김상조기자 sangjo@kmib.co.kr

위의 기사를 처음에 접하고서 조 교사가 무척이나 억울하다고 생각했다. 교실에서 잃어버린 70여만 원을 찾으려고 하다가 문제가 된 것인데, 시교육청과 학교 측으로부터 조사를 받아야 하는 가 의문이 들었다.

그러나 좀 더 살펴보다가 조교사가 잘못한 것이 몇 가지 있음을 알게 되었다.

첫째가 거짓말을 했다는 것이다. 남편이 형사가 아닌데 형사라고 말을 한 것이 문제가 되었다. 정직을 가르치려고 하는 사람이 정직하지 않은 방법을 사용하는 것은 잘못이기 때문이다.

둘째, 만약 남편이 형사였더라도 조 교사는 잘못한 것이 있다. 바로 지문을 채취한 행위가 실제 법을 위반한 것이다. 미성년자들의 지문을 채취하려면 보호자의 동의가 있어야 한다. 강제로 지문을 채취하면 채취한 자가 처벌을 받게 된다.

그런데 문제는 교사로 발령 받을 때 보호자의 동의 없이 미성년자의 지문을 채취하면 처벌을 받는다고 그 누구도 안내해 주거나 알려주지 않았는데 이 방법을 사용했다고 징계를 받는다면 너무 억울하지 않은가 싶었다.

그러나 한참 시간이 지나서 우리 한국에서 정규과정의 교육을 받고 교사 자격증을 취득한 이들에게는 사회적으로 요구되는 것이 있음을 알았다. 즉, 선생님들에게는 어떤 방법으로 교육을 해도 좋은데 선생님이 사용하는 방법은 반드시 교육적일 것이라는 기대감이 있다는 것이다.

그러므로, 교사가 교육적이지 않은 방법으로 지도했을 때는 그 방법을 선택한 것에 대해 책임을 지게 되어 있다.

교사들은 어떤 방법을 사용하던지 마음대로 교육을 할 수 있는 것이 아니다. 이미 앞에서도 한번 언급한 바 있지만, 반드시 그 기준이 있다.

첫째가 아이들을 지도하는 방법은 항상 "교육적"이어야 한다는 것이다. 그리고 두 번째는 교사가 사용하는 방법은 그 누구에게도 "마음의 상처"가 되어서는 안 된다는 것이다, 적어도 두 가지 기준을 충족시킨다면 어떤 방법으로 교육을 해도 문제가 되지 않을 걸이라 확신한다.

친구관계 조사를 통한 따돌림 지도

35

학급은 작은 공동체다. 이 공동체를 사랑의 공동체로 만들어 나가기 위해서는 어느 누구하나 소외당하지 않고 자유롭게 지낼 수 있어야 한다. 자라 나온 환경이나 성격, 취미에 따라 마음에 맞는 사람들이 있게 마련이다. 이를 무시하고 모두가 다 똑같이 친하게 지내라고 요구하는 것은 애당초 무리일 뿐 아니라 힘든 일이기도 하다.

그러나 우리가 어린 아이들에게 지도해야 하는 것은 적어도 나와 다른 성격이나 취미, 관점 때문에 미워한다거나 적대감을 가져서는 안 된다는 것이다.

그런데 자세히 살펴보면 우리 아이들은 자기랑 같이 놀지 않으면 미워하거나 끼리끼리 다니면서 서로를 경계하는 모습들을 보이곤 한다. 이런 모습들을 발견하게 되면 꼭 바르게 지도해야 한다.

담임으로서 아이들을 지도할 때에 가장 먼저 해야 할 일 중의 하나가 바로 학급의 친구관계를 파악하는 일이다. 누가 누구랑 사이가 좋고 누가 친구들에게 따돌림을 받고 있는지를 살펴 소외당하는 이 없이 모두가 잘 지낼 수 있도록 지도해 주는 것이 공동체를 구성하는 데 중요한 조건이 된다.

밀알 5기들인 4학년을 지도할 때였다. 3월 첫 주에 친구관계를 조사해 보고는 깜짝 놀랐다.

'내 생일날 수업이 끝난 후 친구들을 초대하려고 합니다. 가장 먼저 초청하고 싶은 친구는 누구이며 가장 마지막으로 초청하고 싶은 친구는 누구인가요?'

이렇게 이름 적어 낸 것을 모아서 우리 반 39명의 이름을 큰 원을 그리며 적어 놓고 가장 먼저 초청하고 싶은 친구에게는 붉은 색 화살표를, 가장 마지막으로 초청하고 싶은 친구에게는 파랑색 화살표로 나타냈더니 유독 많은 친구들로부터 가장 마지막으로 초청하고 싶다는 쪽의 파랑색 화살표가 집중되어 있는 아이가 두 명 있었다. 신학기가 시작 된지 3일 정도밖에 안 되었는데 어떻게 이런 일이 생길 수 있나 의아했다.

그래서 그것이 궁금해서 3주 후 조사를 해봤는데 변함이 없었다. 작년 담임을 찾아가서 작년에 이 아이들이 어떻게 행동했었는지 확인을 해 보았다. 놀랍게도 이미 1, 2학년 때부터 친구들로부터 따돌림을 당하고 있었다.

비록 같은 반이 되지 않았더라도 옆 반의 친구들이 어떤 친구인지 서로가 더 잘 알고 있었고, 새로이 반이 구성되더라도 어느 정도는 관계가 형성되어진 상태에서 교제가 이루어지고 있다는 것을 깨달았다. 그러고 보면 담임만 모르고 있을 뿐이지 서로가 서로를 어느 정도는 알고 있었다.

그 이후부터 고민이 되기 시작했다. 어떻게 하면 소외당하고 있는 친구들을 다른 친구들과 정상적인 관계로 유지시킬 수 있을까? 이리저리 고민해 봐도 막상 뾰족한 방법이 없었다. 친구관계에 담임이 직접 개입할 경우 해결하기보다는 이를 더 그르칠 수도 있기 때문이었다. 일단은 그냥 지켜보면서 모든 친구들로부터 소외당하는 원인을 찾아보기로 했다. 한 달 정도가 지나면서 어느 정도는 이유를 알 것 같았다.

수환(가명)이는 유난히 책상 정리나 주변 정리가 잘 안되어 늘 지저분했고, 학습장 정리도 거의 안 되어 있는 상태였기에 수환이랑 짝이 되면 늘 선생님으로부터 자리 주변이 지저분하다고 지적을 받아야 했다. 약간 말도 더듬었다.

또 다른 친구인 세희(가명)는 일단 외모부터가 키가 작고 얼굴이 잘생긴 편이 아니었다. 게다가 코마저 축농증 증세가 있어서 비음이 무척 심했다. 그리고 고집도 세고 심한 욕도 곧 잘 했다. 성적도 좋지 않았다. 친구들이 좋아할 만한 것들이 나의 눈에도 별로 보이지 않았다. 뭔가 칭찬해 줄 만한 것들을 찾고자 했으나 칭찬보다는 꾸중이나 잔소리를 듣는 쪽에 더 많이 끼어 있었다.

시간이 지나면 조금씩 나아지리라고 생각을 했었는데 좋아지기는커녕 더 나빠졌다. 6월 말경에는 심각할 지경으로 나쁘게 나타났다. 거의 모든 친구들이 짝이 되기를 원하지 않았고 공공연하게 싫어하는 표현을 보이기까지 시작했다. 담임인 내가 직접 나서서 해결해야 될 것 같은 상황이었다. 친구관계 지도에 교사가 직접적으로 개입할 경우 부정적인 결과를 초래할 수도 있기에 일단은 신중을 기하려 노력했다.

먼저 학부모님들을 불러 이 자료들을 보여 주며 지도방안에 대해 논의를 했다. 가정에서도 어느 정도는 짐작을 했었지만 이 정도일 거라고는 생각지 못했다고 했다. 내가 먼저 부모님들에게 사과를 했다. 이렇게 결과가 나온 데에는 나의 잘못도 있음을 깨달았기 때문이다. 전체 앞에서 내가 너무 많은 지적과 꾸중을 했었다. 그것 때문에 아이들에게 더 부정적인 이미지를 심어 준 것은 아닌가 하는 판단에서였다. 그래서 나는 학교에서 가능한 칭찬할 거리를 찾아서 아이들 앞에서 칭찬을 할테니 가정에서도 지속적으로 관심을 가져 달라고 부탁을 했다.

지난 밀알 선배들이 친구들과 어떻게 지냈었던가, 밀알은 어떻게 지내야 하느냐 등 친구들과 사이좋게 지내야 한다는 것을 자주 강조하였다.

그런데 문제가 하나 생겼다. 두 아이에게서 칭찬할 거리를 찾는다는 게 보통 어려운 게 아니었다. 칭찬이라는 것이 다른 친구들보다 잘 한다거나 평소보다 나아지는 게 있어야 하는데 그것을 학교에서 아무리 찾아도 잘 보이지가 않는 것이었다. 그래서 어쩔 수 없이 학부모들에게 편지를 썼다. 가정에서 지켜보다가 칭찬할 거리가 보이면 언제든지 문자나 쪽지 편지를 보내 달라고 했다.

두 친구를 가능한 꾸중하지 않고 칭찬을 해 주려고 하는 노력에 가능성이 보이기 시작했다. 조금이라도 나은 점이 있으면 친구들 앞에서 칭찬을 했다. 늘 꾸중을 듣고 칭찬받지 못하던 친구들이 선생님께 칭찬을 받기 시작하니까 다른 친구들 눈에도 뭔가 달라지는 것처럼 보였던 것 같다. 주위의 친구들이 잘 대해 주고 선생님의 칭찬이 쏟아지기 시작하니 본인들도 자신감이 생기는 것 같았다. 시간이 흐를수록 행동이 좋아지는 게 보였다.

세희는 2학기 시작부터 더욱 많이 달라졌다. 1학기의 모습은 전혀 찾아볼 수가 없었다. 2학기 두레장 선거에 후보로 출마했다가 나중에 두레운영위원으로 당선된 친구와 경합을 벌이다가 근소한 차이로 탈락을 하고 말았지만 나중에 두레장이 운영위원으로 선출되는 바람에 자동으로 두레장이 되기도 했다. 이때부터 친구들의 시각도 조금씩 바뀌기 시작했다. 책을 읽거나 하면 잘못 읽는다고 놀리고 히죽히죽 웃던 친구들도 없어졌고, 같이 앉기 싫어하는 모습도 보이지 않게 되었다. 그러니까 평소에 늘 입에서 욕이 나오고 다투기만 하던 모습은 온데간데없이 사라진 것이다. 아이들의 입에서 나오는 욕을 없애 주려면 우선 아이들이 스트레스를 받지 않게 하고, 걱정거리나 고민을 해결해 주어야 함을 알게 되었다.

한편, 수환이도 눈에 띌 정도로 행동이 달라졌다. 수업태도도 훨씬 좋아지고 친구관계도 좋아지고 있음을 눈으로 봐도 알 수가 있었다.

그래서 다시 부모님들을 학교로 오시라고 했다. 그런 후 이렇게 말했다.

"다행이 세희와 수환이의 태도가 좋아지고 친구관계도 훨씬 좋아졌습니다. 제 생각에는 내년 5학년 올라갈 때 공립으로 전학을 가는 것이 어떨까 싶습니다."

그랬더니 학부모님들이 깜짝 놀라는 것이었다. 좋아지고 있는데 왜 전학을 가야 하느냐는 것이었다.

"놀라지 말고 잘 생각해 보세요. 세희랑 수환이의 경우 3월초에 친구관계가 나쁘게 나온 것은 이전부터 다른 친구들에게 부정적인 이미지가 형성되어 있었음을 보여주는 것입니다. 우리 반 친구들은 이 친구들이 많이 좋아진 것을 알고 새로운 이미지를 가지고 있지만 아직 다른 반 친구들은 잘 모릅니다. 그래서 내년 5학년 때 분반을 하지 않고 그대로 올라가면 모르겠지만 분반을 하면 부정적인 이미지를 갖고 있는 친구들이 많아지게 되면서 이 친구들은 또 다시 어려움을 겪게 될 것입니다. 그러니까 이왕 좋아지기 시작할 때 다른 친구들이 과거(?)를 모르는 새로운 환경으로 옮겨간다면 훨씬 더 좋아질 겁니다."

나의 이 말에 수환이 어머니는 동의를 하고 전학을 갔지만, 세희 어머니는 세희가 영훈초등학교 졸업생이 되길 원하는 마음에서 전학을 가지 않았다. 아니나 다를까 다음 5학년에서부터 예상했던 일이 벌어졌다.

세희는 6학년 졸업하는 순간까지 학급의 남자 친구들이 못살게 굴고 놀린다며 나에게 와서 울고 가기 일쑤였다. 정말 안타까운 일이었다.

그러나 수환이는 너무도 달라졌다. 5학년이 되어 5월 15일 스승의 날에 나를 찾아와 주었다. 반갑게 인사를 하더니 어디론가 사라졌다. 집에 간줄 알았더니 한참 후에야 다시 왔다. 그래서 어디를 다녀왔느냐고 물었더니 작년 5학년 때 옆 반에 계셨던 선생님들을 찾아다니며 인사를 하고 왔다고 했다. 너무나 당당해진 수환이의 모습을 보며 역시 전학을 가길 잘했구나 하는 생각을 했다.

이처럼 친구관계를 조사해 봄으로써 두 친구의 소외당함을 일찍 알아낼 수가 있었고, 1학기 동안 원인을 찾아가며 문제를 해결할 수가 있었다. 이러한 조사를 주기적으로 하지 않았더라면 정확하게 진단을 내리지도 못했을 뿐더러 내가 큰 문제의식을 느끼지 못하고 이들을 대했을 것이다.

새학기 시작되면서 교사는 무엇보다 빨리 친구관계를 조사해 보는 것이 좋다. 아울러 한 달 주기로 조사를 해서 이를 모아서 비교해 보면 생활 지도에도 많은 도움이 된다.

단, 이런 조사를 하면서 주의할 것은 가장 싫어하는 친구는, 가장 미워하는 친구는 것과 같이 부정적인 의미가 짙은 문장은 삼가고 가능한 긍정적인 문장으로 다듬어 물어야 한다. 자칫하면 이 물음에 답으로 그 친구를 연상시켜 잠재의식 속에 더 강하게 인식시켜 줄 염려도 있기 때문이다.

다음의 친구관계 조사는 친구관계 조사의 필요성을 느끼고 여러 가지 자료를 살펴보면서 연구해 보다가 스스로 개발해 낸 방법이다. 다음과 같은 방법으로도 친구관계를 파악해 볼 수가 있다.

★친구관계 조사표 활용 요령

1. 종이를 1장씩 나눠 준 후, 내 생일날 친구를 초대하려고 할 때 우리 반에서 어떤 친구를 초대하고 싶은지 초대하고 싶은 순서대로 3명을 적고, 반대로 초대하고 싶지 않은 순서대로 3명을 적게 한다.
2. 가장 초대하고 싶은 친구들에게는 순서대로 +3, +2, +1씩 주고, 초대하고 싶지 않은 친구에게는 -3, -2, -1씩 점수를 준다. 예를 들어, 1번 친구가 초대하고 싶은 친구들이 5, 8, 14번이면 가로줄 1번에서 옆으로 이동하여 5, 8, 14번 칸에 각각 +3, +2, +1점을 써넣는다.
3. 세로줄 총점은 각 개인의 친구관계를 알아보는 점수가 되는 것이다. 점수가 +10~-10 사이에 있는 친구는 원만한 친구관계를 보이고 있는 친구이고, +10이 넘으면 친구관계가 좋은 경우이며, -10 이하는 소외받고 있는 친구로 이해한 것이다.

★밀알두레반 친구관계 조사표

◆ (   )차 조사   ◆ 조사 시기 :   년   월   일

이름 (   )

	1	2	3	4	5	6	7	8	9	10	11	12	13	14
1														
2														
3														
4														
5														
6														
7														
8														
9														
10														
11														
12														
13														
14														
총점														

아이들을 칭찬하고 꾸중할 때

36

사람에게는 칭찬 받고 싶고, 인정받으며 격려 받고 싶은 강렬한 욕구가 있다. 이 욕구가 충족되어 질 때 내적으로 긍정적인 변화가 이어진다.

그러나 오늘날 교육의 현장에서는 이러한 칭찬, 격려, 인정보다는 꾸중하고 벌주면서 강압적인 훈육하는 방법에 더 많이 의존하고 있다. 그러니까 많이 꾸중하고 벌을 주지만 오히려 아이의 행동이 개선되기 보다는 꾸중들을 행동이 더 많아지고 교사와 학생의 관계만 나빠지곤 한다.

그러므로 늘 칭찬하고 격려하며 인정해 주면서 아이들을 만나야 한다. 물론 칭찬 들을 만한 행동을 하지 않고 있는데 이를 칭찬해 주려고 하니 쉽지 않다. 원래가 칭찬은 여러 사람들 중에서 두드러지게 잘 하는 경우에 칭찬을 하는 것으로 생각하기 쉽다. 다른 사람들과 비교해서 칭찬하려고 하지 말고 아이들 자체의 행동 변화를 보고 나아진 점을 찾아서 칭찬하려는 자세가 중요하다. 그렇게 함에도 불구하고 칭찬거리를 찾기 어려울 경우 부모님들에게 연락해서 가정에서 나아진 모습들이 있으면 문자나 쪽지 편지로 알려달라고 하는 것도 좋은 방법이다.

아이들은 행동을 잘 할 때도 있지만, 그러지 못할 때도 많다. 어쩌면 아이들이 행동을 잘 하면서 지내기보다는 잘못하고 실수하며 지내는 것이 훨씬 더 많은 것이 정상이 아닌가 싶다.

아이들과 함께 하는 동료 교사들을 볼 때 이들이 아이들을 대하면서 종종 착각하고 있는 듯한 느낌을 받는다. 자신이 담임하고 있는 아이들이 자신과 비슷한 어른이나 말귀를 잘 알아들을 수 있는 아이들이라 여기고 있는 것은 아닌가 생각이 들 때가 있다.

나는 종종 1학년 아이들이 가방을 매고 아장아장 학교로 걸어 들어오는 모습을 보면 얼마나 기특하고 귀엽게 여겨지는지 모른다. 남의 교실에 들어가지 않고 자기 반을 찾아가서 자기 자리에 앉을 줄 알고, 벨이 울리면 수업 시간과 쉬는 시간을 구분할 줄 알고, 자기의 감정을 표현하면서 지내는 것이 대견하기만 하다. 무엇이든지 당연하게 여기면 칭찬할 게 별로 없다. 결국 아이들의 행동을 우리들이 어떤 눈으로 바라보느냐에 따라서 칭찬과 격려, 인정이 결정된다.

교사는 아이들이 행동을 잘 할 때는 칭찬과 인정, 상을 통해 그 행동이 계속 이어지도록 강화하고, 잘못한 행동을 하게 되면 이것이 잘못된 것임을 잘 깨닫게 해 주고 그런 행동을 다시는 되풀이 않도록 도와주어야 한다.

교사는 칭찬과 상을 어떻게 하여야 하는지, 꾸중은 어떤 식으로 하는 것이 바람직한 지를 늘 미리 생각해 보고 나름대로의 기준과 원칙을 갖고 있어야 한다.

칭찬을 해 줄 때는 다음의 내용을 잘 마음에 새기고 칭찬을 해 주는 것이 좋다.

<칭찬하는 방법>

1. 가능한 한 구체적으로 칭찬한다. 아이들에게는 추상적인 것보다는 구체적이고 실제적인 것이 중요하다.
2. 칭찬할 때 행동이나 결과로 평가하지 않는다. 경쟁에서의 승리, 물질적인 보상에 의미를 두지 않게 하고 자신의 작업으로부터 발생되는 즐거움에 의미를 두게 가르친다.
3. 공개적인 자리보다는 은밀한 장소에서 개별로 칭찬한다. 공개적인 자리에서의 칭찬은 아동에게 무의식적인 압력을 가할 수가 있게 된다. 공개적인 칭찬을 할 경우에는 학급 전체를 대상으로 할 경우에만 한다.
4. 칭찬은 향상되어 가는 과정에 초점을 맞춘다. 진정 중요한 것은 어제의 모습에서 열심히 노력하여 더 나은 모습으로 향상되어 가는 것이 아닌가. 어제보다 나은 오늘, 오늘보다 나은 내일을 아이들에게 기대해 보자.
5. 다른 아동과 비교해서 칭찬하지 않는다. 친구와의 경쟁에서 승리하는 경우에만 만족하는 경향이 생길 수 있다.

반면에, 아이들이 잘못된 행동을 했을 때이다. 교사는 무조건 꾸중을 하지 말고 스스로가 잘못한 점을 생각하여 찾아내도록 기회를 부여하는 것이 좋다. 잘못했다고 육체적인 벌을 가하거나 수치심을 자아낼 벌을 주는 것은 바람직하지 않다. 아이들이 나이가 어리더라도 인격을 존중해 주는 가르침이 중요하다.

나는 교사나 아이나 똑같은 인격체라고 생각한다. 어른이기에 어린 아이들을 함부로 대해도 된다는 생각은 버려야 한다. 나이의 많고 적음을 떠나 사람이기에 누구나 동등한 대우를 받을 자격이 있는 것이다. 교육이라는 이름으로 이 아이들의 인격 존중권을 뺏을 권리는 아무도 없다고 본다.

나는 아이들을 대할 때 비록 나이는 어린이지만 하나의 소중한 인격체라는 생각을 했다. 그래서 가능하면 아이들의 말이나 생각, 감정을 존중해 주려고 애를 썼다.

어떤 방법이 인격적인 방법이냐를 알아볼 수 있는 방법이 있다. 교사가 아이들에게 사용하려는 방법을 어른들에게 그대로 적용할 수 있는지만 생각해 보면 된다.

예를 들어, 학교에서 하는 학부모 교육 시간에 학부모가 지각을 했거나 옆 사람과 시끄럽게 이야기해서 교육에 방해가 이루어졌다고 해서 생각하는 의자에 나가서 앉으라고 하거나 교실 밖으로 타임아웃을 시킬 수 있겠는가? 아마도 그렇게 할 수 있는 교사는 없을 것이다.

그러므로 아이가 수업 중에 떠들거나 잘못된 행동을 했을 경우, 심하게 꾸중하거나 화를 내는 것이 아니라 아이가 알아들을 수 있는 언어로 타일러 주는 것이 바람직하다.

선생님들이나 학부모님들 중에는 심하게 꾸중하거나 화를 내지 말라고 하는 것을 아이가 잘못을 해도 아예 타이르지도 말라는 것으로 오해를 하는 분들이 있다. 화를 내거나 심하게 꾸중을 하면 아이에게는 미워한다는 감정이 먼저 전달이 되기에 아이는 자기가 잘못한 것을 생각하기 보다는 선생님이나 부모님이 자기를 미워해서 그런다고 생각할 수 있다는 것이다, 그러므로 화를 내지 않고 조용하고 차분하되 단호한 목소리로 잘못임을 말해 주라고 하는 것이다.

아이들에게는 해서는 되는 행동과 해서는 안 되는 행동의 범위를 정확하게 정리해 주는 것이 중요하다. 그 범위 안에서 자유롭게 행동할 수 있도록 안내를 해야 한다. 그런데 이 범위가 너무 넓으면 아이들이 불안감을 느끼게 되고 너무 좁으면 숨막혀 하게 된다. 그러므로 너무 넓지도 않고 너무 좁지도 않은 적절한 행동 범위를 설정해 주는 것이 지혜롭다고 할 것이다.

안전사고가 생겼을 때

37

어린 아이들과 지내면서 가장 가슴 아픈 경우가 야외 활동이나 수업을 하다가 안전사고가 발생할 때가 아닌가 생각한다. 책임 소재를 떠나 안전사고가 나면 당사자나 학부모, 담임 등 모두가 완전히 치료될 때까지의 마음고생은 이루 말할 수 없다.

사전에 항상 이런 안전사고가 일어나지 않도록 철저히 지도를 해야 하지만 어디 세상 일이 우리 뜻대로만 되는가? 매년 경미한 사고들이 생기게 마련이다.

그런데 사실, 안전사고들은 사전에 좀 더 세밀히 관찰하고 주의를 기울이면 일어나질 않을 사고들도 꽤 많다는 게 문제다. 그만큼 주의를 기울이지 않았거나 사전에 교육을 하지 않았을 수 있다는 점이다.

초등학교 교사는 아침 출근해서 아이들이 하교하는 순간까지 단 한순간도 눈을 떼서는 안 된다. 교사들이 아이들과 함께 점심 식사를 하는 것도 교육의 한 부분이다. 그러기에 교육공무원은 다른 공무원들에 비해서 퇴근 시간이 한 시간 더 빠른 것이다. 일반 공무원들은 점심시간에는 일을 아예 그만 두고 점심을 먹으면서 쉴 수 있지만 교사들은 점심을 먹으면서도 아이들을 챙겨야 한다. 아이들이 밥을 잘 먹고 있는지, 밥을 먹다가 얼굴이 노랗게 변하는 아이는 없는지, 식사 후에 아이들이 놀다가 다치지는 않는지 챙겨 보아야 한다. 그러므로 교사들에게 있어서 점심시간은 쉬는 시간이 아니라 근무의 연장 시간으로 보는 것이 맞다. 그래서 퇴근을 한 시간 먼저 하는 것이다. 발령 초기에는 몰랐지만 시간이 흐를수록 안전사고 예방이 얼마나 중요한 것인지 실감하게 된다.

발령 2년 차인 밀알 2기를 담임할 때였다. 방과 후에 보이스카웃 활동이 있어서 6교시 종이 울리자마자 화장실에 가서 단복으로 갈아입고 오니까 종광이가 오더니 "선생님! 저 눈이 아파요."라고 하는 거였다. 그러면서 눈을 비비고 있어서 살펴보니 큰 상처는 아닌 듯하여 보건실에 다녀오라고 내려 보냈다.

그랬더니 보건실에 다녀 온 종광이는, "보건 선생님이 안과에 가보래요."라고 하였다. 지금 같으면 보건 선생님이 아이들이 사고가 나면 아이들을 병원에 직접 데리고 가지만, 그 당시엔 사고가 나면 담임이 병원으로 데리고 가야 했다. 그래서 깜짝 놀라 보건실에 가보니 그렇게 심해 보이는 것 같진 않지만 눈이라서 혹시 몰라 걱정이 되니까 한번 데리고 가보라고 했다.

"왜 그랬니? 눈이 아프니?" 하니까 종광이는 대답 대신 고개만 끄덕였다. 어쩔 수 없어 보이스카웃 활동을 부대장 선생님께 맡기고 종광이를 택시에 태워 안과 병원으로 갔다. 접수를 하고 그냥 편안하게 앉아 있었다. 그러나 의사 선생님의 진료가 끝나고 나서는 의자에서 일어설 수가 없었다. 너무나도 깜짝 놀랐다.

“선생님! 정말 큰일 날 뻔했습니다. 0.1mm만 깊이 찔렸어도 실명할 뻔했습니다.”

“아니? 실명이라니요? 그리고 찔렸다니요? 무슨 말씀인지요?”

내 말을 듣고 의사 선생님은 날카로운 것에 눈동자가 스쳤다고 했다. 그런데 0.1mm만 깊었어도 치명적일 뻔했었는데 감사하게도 1주일 정도만 치료하면 괜찮을 거라고 했다.

종광이 어머님을 병원으로 오시게 연락한 후, 기다리는 동안 물어보니 그때서야 종광이가 자세히 말을 해 주었다. 6교시가 끝난 후 알림장을 쓸 때 옆 짝 친구하고 커트 칼을 가지고 장난으로 칼싸움을 했는데, 그만 친구의 커트 칼이 자기 눈을 스쳤다는 거였다.

집으로 돌아와서 자에서 0.1mm를 들여다 보았다. 등에서 진땀이 다 흘렀다. 자에서는 0.1mm의 눈금이 보이지 않는 것이었다. 얼마나 아찔했는지 모른다

‘0.1mm만 더 깊이 스쳤더라면….’

또, 기억에 남는 사고는 발령 첫 해, 밀알 1기를 담임할 때 일이다. 체육 시간에 서로 등을 마주하고 상대방을 들어 허리를 풀어 주는 준비 운동을 시켰다.

좀 더 경력이 있거나 세밀히 살피는 교사였다면 미연에 막을 수도

있는 사고가 생겼다. 짝끼리 등지고 선 후에 서로 업어 주도록 하는 운동을 시켰는데, 이 운동을 시키려면 우선 아이들의 키나 몸무게 등을 고려해서 잘 짝꿍이 맞게 되었는지 살피고 운동을 시켰어야 했는데 나는 그러질 못했던 것이다.

우리 반에서 키가 작은 희나(가명)가 신장도 크고 뚱뚱한 은주랑 짝이 된 것이었는데 이를 살피지 않은 탓에 희나가 등에 은주를 업었다가 은주의 몸무게를 이지지 못하고 그대로 앞으로 쓰러졌다. 입술에 피를 머금고 아파하는 것을 등에 업고 병원으로 달려가 4시간 동안 기다린 끝에 찢어진 입술을 성형 수술을 하였다. 흉터가 남게 될까봐 노심초사했던 기억이 있다. 그땐 얼마나 마음을 졸였던지 지금 생각해도 아찔하다. 희나를 한 달간 병원에 데리고 다니는 수고를 감당해야 했다. 그러면서도 늘 죄 지은 심정이었다.

또 한번은 체육 시간에 마지막 운동으로 늘임봉에 올라가 매달리기를 하는데 기진(가명)이가 늘임봉 꼭대기에 올라갔다가 그만 미끄러져 떨어지는 바람에 왼쪽 팔꿈치 안쪽 뼈를 다쳤고 수술까지 해야 하는 일이 있었다.

이런 안전사고들은 순식간에 일어난다. 그리고 어디에서 일어날지도 모른다. 한번 사고가 일어나면 여러 가지로 불편한 점이 많다. 사고를 당한 당사자의 고생은 말할 것도 없고, 병원에 다니며 완전히 치료될 때까지 담임교사의 마음 졸임과 학부모의 놀람 등은 경험해 보지 않고는 잘 모른다. 특히 이 사고가 교사의 미숙함이나 잘 살피지 못한 탓으로 일어났다고 여기게 될수록 도의적으로 느껴지는 책임감과 미안함으로 고개를 들 수가 없다.

특히 사고의 정도가 심할 경우에 학부모에게 연락하고, 놀라서 달려온 학부모에게 사고의 경과를 이야기 해 주어야 할 때는 '이것이 꿈이었으면….' 하는 바람을 자연스럽게 갖게 된다. 사실, 사고가 발생하고 나면 그동안의 교사의 헌신이나 고생은 물거품처럼 사라져 버리고 그저 도의적 책임과 법적 책임감 앞에 놓인 자신의 신세가 너무나도 서럽게 여겨진다.

그러므로 교사는 학생들과 함께 지내면서 한 해 동안 아무런 사고 없이 지낼 수 있도록 안전사고가 생기지 않도록 만전을 기해야 한다. 잠깐이라도 한 눈을 팔아서는 안 된다. 그리고 평소에 철저하게 안전지도를 해야 한다.

만약에 사고가 났다 하면 우선 교사는 침착해야 한다. 그러면서도 신속하게 대처해야 한다. 절대로 다친 아이 앞에서는 당황해 하거나 놀라지 말아야 한다. 아이를 일단 안심을 시키는 것이 중요하다. 교사의 당황해 하거나 놀라는 모습을 보고서 다친 학생은 더 놀라게 되니까.

먼저, 최대한 안심을 시킨 후에 학교 보건실로 데리고 가고 다른 학생은 활동을 중지시킨 후에 우왕좌왕하지 않도록 주의를 시킨다. 보건실로 가서 경과를 보고 학부모에게 전화로 이 사실을 알려야 한다. 심할 경우에는 일반 병원으로 옮겨야 하는데 이때 부모에게 어느 병원으로 가길 원하는지 확인해야 한다. 특히 성형 수술을 해야 하는 경우에는 병원에 대해 더욱 민감하게 여기니까 반드시 부모님과 상의 후 병원을 결정하는 것이 좋다. 얼굴에 흉터가 날까봐 부모들 중에서는 선호하는 병원이 있다. 교사 임의대로 병원에 데리고 가지 않도록 한다. 병원에 갔을 때 치료비는 안전공제회에서 되돌려 받을 수가 있으므로 치료가 완전히 끝날 때까지 영수증은 모아 두었다가 학교에 제출하도록 안내 해야 한다. 입원을 해서 수술을 받게 된 경우는 치료비와 수술비 전액이 다 나오는지, 식비와 입원비는 개인 부담을 하는지 확인할 필요가 있다.

나는 초임 시절에 여러 건의 안전사고들을 경험한 이후로 아이들이 있는 곳에는 언제나 지도교사의 눈길이 머물러 있어야 한다는 것을 뼈저리게 느꼈다. 그래서 항상 아이들이 모여 있는 곳에는 예의주시한다. 그리고 잊지 않는 게 아침마다 조용히 기도하며 하루를 시작한다. 기도하지 않고 시작하면 왠지 불안하기도 하고, 또 실제 기도하고 시작하지 않으면 그 날은 유난히 짜증을 더 많이 내기도 했다.

아이들과 함께 하는 횟수가 많아질수록 아이들의 안전과 건강을 위해 기도하는 시간이 많아져야 하는 것을 더욱 강하게 느끼게 된다.

학부모와 만남과 상담, 아버지 만남의 날 운영

38

새학기가 되면 대부분의 학급에는 어머니들이 대체로 한두 분씩 상담을 희망해 온다. 본격적인 어머니 만남을 시작하게 되는데 초임 교사일수록 가장 부담을 갖는 것이 바로 학부모와의 상담이 아닐까?

담임이 학부모님과는 어떤 관계 속에서 만남을 가져가야 하고, 상담을 희망해 올 경우 상담은 어떻게 준비하고 진행해야 하는지 걱정이 많다.

학부모는 올바른 교육실천을 위한 협력자이며 동역자라는 생각을 가져야 하며 담임의 학급경영 영역에 학부모와의 만남도 당연히 포함되어야 한다.

나는 학부모는 가정에서 부모이면서 가정의 교사이고, 교사는 학교에서 교사이면서 학교의 부모라는 생각을 한다. 즉, 가정에서의 부모이면서 교사와 학교에서 교사이면서 부모인 두 주체가 만나서 함께 힘을 모아서 교육을 하는 것이다. 그러니까 학부모는 동역자요, 동지인 셈이다.

내가 과거 오래 전에, 한국교총의 교권옹호위원회 위원으로서 2년간 활동을 한 적이 있었다. 교권옹호위원회가 하는 일은 선생님이 교육 현장에서 아이들과 지내다가 학부모님과 법정에서 해결해야 하는 일이 벌어졌을 때, 이것이 단순히 교사 자신만의 개인적인 문제나 실수에서 빚어진 것인지 아니면 교권 차원에서 대응해야 하는 문제인지를 가려서 후자에 해당할 경우 법정 소송비를 지원해 주는 그런 일을 하는 곳이었다.

그때 그 모임에서 처리한 사건이 20여 가지가 넘는데 그 중에서 사학의 비리와 관련 사건을 제외하고는 거의 90% 이상이 학부모님과 교사간의 불신이 원인이 되어 빚어진 사건들이었다.

교사와 학부모간의 높은 불신을 허물지 않고서는 교사 혼자만의 힘으로는 교육을 제대로 할 수가 없다. 자녀 교육이나 가치관 형성에 가장 영향을 주는 곳이 가정과 부모이므로 담임교사는 많은 시간을 이점에 치중해야 한다.

내가 초임 교사일 때 '나만 열심히 하면 다 되겠지'라는 생각을 가진 적이 있었다. 그러나 그 생각이 잘못된 것임을 얼마 지나지 않아 알 수가 있었다.

학부모들이 담임을 대할 때 학부모는 자신이 그 동안 만났던 담임 선생님들과의 경험을 바탕으로 만들어진 이미지를 가지고 새 담임을 바라본다는 것이었다. 작년 담임과 좋은 관계 속에서 만남이 이루어진 경우에는 올해에도 '이 분 역시 좋은 관계를 맺을 수 있을 거야.'라고 생각하고, 그러지를 못했던 경우엔 '이 분도 혹시 작년 선생님처럼 그런 분은 아닐까?'라고 경계를 하며 불안한 마음속에서 만나게 된다.

그러므로 가능하면 나의 생각이나 의도 등 모든 것을 학부모에게 알려줄 필요가 있다. 어떤 교육 철학을 가지고 있으며 아이들에게 어떤 교육을 펼칠 것인지, 삶의 목표가 무엇이며 아이들과 어떤 만남을 만들어 가려고 하는지를 자세하게 안내해 주어야 한다. 가정으로 적어도 한 달에 한번 씩 편지를 보내면서 그 속에 이를 담는 것이 좋다.

내가 초임 교사일 때, 선배 교사들로부터 학부모와는 너무 가까워도 안 되고 너무 멀어도 안 된다는 말을 종종 들었다. 그러나 나는 후배들에게 이렇게 얘기한다.

"학부모와는 최대한 친밀하고 신뢰할 수 있는 관계가 되어야 합니다. 저는 학부모와 교사의 관계는 동지요 동역자의 관계로 이해를 하고 있습니다. 학부모와 교사는 같은 뜻을 갖고 같은 꿈을 꾸고 있는 사람들입니다. 학부모를 협력자라는 생각을 꼭 갖고 함께 나아가려고 노력해야 한다고 생각합니다."

그런데 주의할 것은 아무리 가깝더라고 해도 예의를 갖추지 않는다거나 해서 될 말, 안 될 말을 구분하지 않으면 정말 곤란한 일이 생길 수 있다. 선배들이 너무 가까워도 안 된다는 것이 바로 이점을 두고 한 말 같다.

학부모가 학교 선생님을 찾아올 때 마음이 여러 번 바뀐다고 한다. 그만큼 부담이 되기에 그런 말이 나오는 것 같다. 학부모님들이 학교를 찾아올 때 문턱이 높지 않다고 여기게 만들 필요가 있다.

그렇게 하려면 교사가 더욱 친절하고 예의바르게 만나야 한다. 학부모님을 많이 배려해 주고 있고, 학부모님의 생각이나 의견에 공감이 이루어진다고 여겨질 때 더 편안함이 느껴지는 관계가 될 것이다.

초임 교사 때, 작은 고모님은 나의 부담임 역할을 해 주셨다. 교사로 발령을 받기 전부터 고모님은 나에게 담임이 해야 할 일과 학부모 관계에 대해서 많은 도움을 주셨다.

두 아들을 사립초등학교로 보내면서 겪은 일과 학부모로서 담임 선생님이 어떻게 맞이해 주면 편안했는지를 상세히 들려주었다.

현장경험이 전혀 없는 나로서는 학부모 입장에서 들려주는 고모님의 이야기는 그 어떤 연수보다도 알차고 실속이 있었다.

발령을 받기 전에 담임이 되면 이렇게 해 봐야지 하는 생각이 있었다. 그것은 다름 아니라 '문턱이 없는 학급'이었다. 고모님의 말씀에 의하면 학부모들이 학교를 찾아가는 것이 무척이나 어렵고 힘들었다고 했다.

그래서 우리 반만큼은 학부모들이 편안하게 찾아올 수 있도록 만들어야겠다는 생각을 하게 되었다. 자녀들 문제를 가지고 언제 어디에서든지 편안하게 만나서 상담하며, 함께 고민할 수 있는 자리가 만들어지지 않으면 교육의 효과를 기대하기 어려울 것 같았다.

교사로서 근무를 하면서 더 더욱 느끼는 것이지만 정말 교사와 학부모간에는 보이지 않는 높은 벽이 있다. 어느 누구의 잘못을 떠나서 불신의 장벽이 높게 드리워져 있다. 이것을 허물지 않는 한 '문턱이 없는 학급'은 만들기 어렵다. 이 벽을 허물기 위해서는 자주 만날 수 있는 장을 만들어야 한다. 그러나 현실적으로 쉽게 만날 수 있는 기회가 부족하므로 차선책으로 선택할 수 있었던 것이 바로 편지를 쓰는 것이었다.

담임은 어떤 교육관을 가졌으며, 어떤 환경에서 자라나 아이들을 어떻게 교육시키려고 하는 가를 적어서 보내기로 했다. 큰 형식을 갖추지는 않았다. 그저 편안하게 앉아서 읽을 수 있도록 써 내려갔다. 그런 후 복사해서 이를 나눠 주었다.

발령 초에는 이런 편지를 3월 중순경에 보냈지만 그 이듬해부터는 매월 초마다 발송했다. 특히 3월 새학기에는 2일 개학하는 날 이 편지를 만들어서 배부했다. 학부모들이 담임에게 가장 관심을 가질 때가 바로 3월 2일이다. 자녀의 1년 동안의 학습 및 학교에서의 생활을 책임질 담임 선생님이 어떤 분인지 가장 궁금한 때이다.

대부분 자녀가 학교에서 돌아오면 어떤 선생님이신지, 첫 인상은 어떤지를 물어본다. 이때 담임 선생님으로부터 자신을 소개하며, 교육철학과 앞으로의 1년 동안의 교육계획을 담은 편지를 받게 되면 새로운 신뢰감과 관심이 생기게 된다. 바로 편지가 주는 힘이 생기게 된다.

선생님으로부터 온 편지를 읽은 학부모님들이 자녀의 학급에서 일어나는 일과 학습에 관심을 갖게 되는 것은 자연스러운 일일 것이다. 편지를 읽고서 보내주는 학부모들의 답장을 읽어보면 이렇게 하길 잘했구나 하는 생각이 든다.

발령 후, 3월 2일에 보낸 편지를 소개하면 다음과 같다.

<편지>

학부모님께 드립니다.

새 학기가 시작되었습니다. 새로운 친구들과 담임을 만나고 모든 것이 새롭다 보니 우리 6-2 친구들은 내일에 대한 기대감으로 가득 찬 표정들이 얼마나 밝고 깨끗해 보이는 지 모른답니다.

학부모님! 안녕하십니까? 저는 6-2 밀알두레반을 담임하게 된 정기원입니다. 귀댁의 소중하고 사랑스러운 자녀들과 한해를 같이 생활하게 되었기에 지면으로나마 먼저 인사를 드립니다.

비록 부족한 점이 많긴 하지만 제 나름대로는 최선을 다해 우리 6-2 친구들을 아끼고 사랑해 줄 생각입니다. 부모님들께서도 자녀들에게 더 더욱 많은 관심을 가져 주시고 격려를 해 주십시오.

저는 경북 김천시 농소면에 있는 아주 작은 동네에서 자라났습니다. 부모님은 고향에서 농사를 지으시고 저는 어려서부터 대 자연 속에 뛰어다니면서 가슴속에 아름다운 꿈과 추억들을 간직하며 자라났습니다. 우리 6-2 친구들에게 이러한 아름다운 추억과 희망의 꿈을 심어주고 싶은 마음이 벌써부터 저의 모든 것을 재촉하는 것 같습니다.

1990년도에 서울교대를 졸업하고 그 해 바로 서울삼선초등학교로 발령을 받아 5-8 친구들과 함께 3년을 지낸 후 영훈초등학교로 옮겨와 6년을 지냈고, 다시 서울연지초등학교로 와서 2년을 보냈습니다. 그런 후 올해 처음으로 화랑초등학교에 부임해 왔습니다.

그 동안의 11년은 저에겐 평생 잊을 수 없는 행복한 날들이었답니다. 어린 친구들과 함께 지내면서 친구들의 티 없이 맑고 깨끗한 모습 속에서 내일의 밝은 미래를 엿볼 수 있었습니다. 나라의 앞날이 깜깜하고 어두울 때에 왜 소파 방정환 선생님은 어린이에게 인생을 걸고 그들을 위해 평생을 사셨는지를 이해할 수 있게 되었습니다.

학부모님! 지금 IMF로 인하여 경제적으로 너무나도 힘이 들고 우리 나라의 장래가 암담한 지경에 이르렀습니다. 결코 좌절하거나 낙심치 않기를 바랍니다. 피곤하고 힘드실 땐 우리 6-2 어린이들의 모습을 한번 들여다보십시오. 이들의 모습 속에서 내일의 비젼을 발견할 수 있을 겁니다. 우리 6-2 친구들의 얼굴이 우리의 내일을 말해준다고 저는 확신합니다. 우리 친구들이 이번 6학년 한 해를 지내는 동안 언제나 맑고 깨끗하며, 행복을 느끼고 사랑을 나눌 줄 아는 마음이 풍요로운 사람들로 자라날 수 있도록 최선을 다해 보렵니다.

학부모님! 오늘의 우리 어린이들은 극도로 이기주의가 팽배하여 인정이 메말라 가고, 도덕성은 땅에 떨어져 가치관의 일대 혼동이 일고 있으며, 고도의 산업화와 기계화로 인해 인간의 존엄성마저도 경시되어가고 있는 서글픈 시대에 자라나고 있습니다.

이런 우리의 어린이들을 내일의 훌륭한 일꾼들로 키워 오늘보다도 살기 좋고 아름다운 내일을 만들려면 남을 이해하고 사랑하며, 다른 사람들을 위해 봉사하고 희생할 수 밀알 정신과 세상은 혼자 살아가는 것이 아니라 더불어 살아가고 있음을 느끼고, 이웃을 돌아보아 이웃의 기쁨과 설움, 약함과 고통을 같이 나누는 두레 정신 속에 자라나게 해야 한다고 봅니다.

앞으로 한 해 동안 밀알두레 정신을 가르쳐 주려고 합니다. 밀알두레 정신은 사라져 가고 있는 우리 고유의 아름다운 봉사와 희생, 협동 정신을 되살리기 위한 것이며, 이것으로 이 사회를 보다 더 밝게 하여 인정미 넘치고 사랑이 풍성한 사회를 만들 수 있으리라 확신합니다.

학부모님! 시간이 흐르면 흐를수록 교육은 교사 혼자만의 힘으로는 불가능함을 절감하게 됩니다. 가정과 학교, 사회의 긴밀한 협조 없이는 교육의 효과를 기대하기가 무척 어렵습니다.

자녀들의 교육에 계속 관심을 가져 주십시오. 단지 교사를 찾아와 주는 것만이 관심의 전부는 아니라고 생각합니다. 우선 학부모와 교사의 이해력을 높여 우리 사회에 만연해 있는 불신 풍조를 불식시키는 일이 요구됩니다. 신뢰하는 마음이 없으면 아무 것도 기대할 수가 없습니다. 이해력을 높이기 위해서는 일단 저와 자주 의사소통이 이루어져야 할 것입니다. 그런 의미로 매월마다 학급의 분위기와 소식 그리고 담임의 부탁을 알려드리겠습니다. 학부모님도 자녀들의 학교 공동체 생활이 궁금하시면 언제든 부담 없이 편한 마음으로 (처음에는 힘들겠지만 우리 같이 노력하면 되리라 여겨집니다.) 찾아오셔서 보십시오. 제가 전해주는 이야기보다도 직접 오셔서 보시는 것이 가장 정확할 것입니다. 무엇보다도 언제든지 편안한 마음으로 찾아오거나 전화하실 수 있는 저와 학부모님과의 관계가 이루어지기를 기대해 봅니다.

학부모님! 제가 발령을 받은 이후로 지금까지 밀알두레반을 꾸려

오면서 도시의 어린이들이 선후배를 모르고 지내는 모습이 안타까워 이들을 선후배로 연결 지어주는 활동을 해 왔습니다.

첫 발령 때 함께 지냈던 친구들(지금은 대학 4학년)부터 매 년 기수를 붙여 주면서 연결을 시도했는데 이제 밀알 12기에 이르게 되었습니다. 친 형제지간 이상으로 친하게 지내는 이들의 모습을 바라보면서 가장 흡족하게 여기게 되었습니다. 혹 행사 관계로 선배라면서 대학생이나 중, 고등학생들이 전화를 걸더라도 이상히 여기지 마시고 잘 대해 주시기를 부탁 드립니다.

오늘 이 시간 이후부터 우리 6-2 친구들은 밀알 12기로서 한 알의 밀알이 되기 위해 여러 가지로 애쓸 것입니다. 많이 격려해 주시고 후원자가 되어 주십시오.

학부모님! 제가 앞으로 밀알 12기들과 함께 지내면서 교육방침으로 삼고 있는 것과 생활지도의 원칙, 중점 지도 사항, 학교 생활 안내 등을 추가로 자세히 안내해 드릴 예정입니다. 참고하시고 도움이 될 말씀이 있으시면 언제든지 연락을 주시기 바랍니다.

(연락처 ○○○-○○○○-○○○○)

학부모님! 제가 그 동안 밀알들과 지내오면서 화목한 가정에서 부모님의 사랑을 받으며 행복하게 자란 어린이들은 절대로 빗나가지 않으며 문제아가 생기지 않는다는 것을 깨닫게 되었습니다. 좀 짜증스럽고 화나는 일이 있더라도 자녀들 앞에서는 이를 삼가 해 주시고, 의도적으로라도 부모님이 서로 사랑하고 있는 모습을 많이많이 보여 줄 수 있기를 바랍니다. 행복하고 사랑이 넘치는 가정을 만들어 주는 것이 학부모님들께서 우리 밀알 12기들에게 해 주실 수 있는 가장 크고 좋은 선물이 아니겠느냐 하는 생각마저 듭니다. (별난 부탁으로 여기실지 모르지만 저는 이것이 자녀 교육에 있어서 가장 중요한 것 중의 하나가 아닐까 생각하고 있습니다.)

늘 다른 이웃집에서 부러워하는 가정이 되시길 바라며 우리 밀알 12기들로 인해 가정에는 웃음이 끊이지 않기를 아울러 함께 소망해 봅니다.

○○년 ○○월 ○○일

6-2 밀알두레반 담임 정기원 드립니다.

교육은 교사 혼자만의 힘으로는 이루어질 수 없다는 것을 모두가 잘 알고 있다. 학교와 가정의 긴밀한 협조 속에 교육이 이루어지고, 사회의 교육적인 분위기나 환경이 형성되어야 한다.

무엇보다도 교육 효과의 극대화를 이루려면 학부모와 교사가 한마음이 되어야 한다는 게 나의 생각이다. 그런데, 학교 현장에서는 그런 분위기가 아니다. 학부모와 교사의 관계가 점점 딱딱하고 형식적으로 되어 가고 있다.

학부모의 이해와 협조, 관심을 끌어들일 수 있는 신뢰를 회복하기 위한 노력들이 각 학급에서 이루어져야 한다. 학부모들과의 오해가 생기는 것은 다른 요인들도 있겠지만 그 중에서도 서로간의 의사소통 부족이 큰 원인인 것 같다. 매월마다 자기 반 학부모님들에게 한 번 씩 편지라도 써 보는 것은 어떨까 권유해 본다.

요즘은 인터넷의 발달로 카톡이나 밴드를 만들어서 반 아이들의 소식과 알림장 등을 부모님들과 공유하고, 현장학습을 갔을 때는 아이들 사진을 올려주면서 학부모와 교사들이 더욱 가까워질 수 있는 기회가 많이 생기고 있다. 적절하게 잘 활용해 보자.

요즘 듣자하니 일부 공립학교 교사들 중에서는 학부모가 근무시간 이후 전화 오는 것을 막으려고 전화번호를 공개하지 않는다고 한다. 모 교육청에서는 교사들에게 업무용 전화를 지급하는 것을 검토 중이라 한다. 학부모와의 만남을 업무적으로 생각한다면 교사와 학부모의 관계가 앞으로 어떻게 전개될지 우려가 된다.

2001년 내가 화랑초등학교에 부임하면서 전교생 연합수련회 업무를 맡은 적이 있었다. 전교생이 한 장소에 3박 4일로 수련회를 가는데 그 전체 업무를 첫 부임한 나에게 맡겨 주셔서 너무나 기대가 되었다. 그리고 신이 났던 것은 전교생 수련회를 처음으로 기획하는 것이라고 했다.

여러 해 동안 진행해서 온 것이라면 오히려 비교가 될텐데 처음 하는 것이니 큰 부담 없이 준비해도 되겠다는 생각이 들었고, 마음껏 기획해도 좋을 것이라는 생각에 더욱 기대가 되었다.

무엇보다도 갓 입학한 1학년 아이들이 4개월 만에 부모님의 품을 떠나서 3박 4일을 지낼 때 부모님들이 얼마나 염려하고 불안해 할까 싶어서 다음(Daum) 카페에 방을 하나 만들어서 실시간으로 아이들 소식을 올려 주어 부모님들이 안심하고 자녀를 보내도록 하고 싶었다.

3박 4일 수련회를 준비하면서부터 수련회를 다녀오는 동안 그 카페가 아주 인기 있었다. 부모님들의 반응이 아주 폭발적이었다. 아이들 소식이 궁금했는데 이렇게 부모님들의 마음을 알아주다니 너무나도 감사하다는 반응들이었다.

그 일 이후로 학년별 수학여행을 떠나거나 현장학습을 갈 때에는 계속 카페를 만들어 부모님들에게 소식을 전했다.

이것이 계기가 되어 새로이 시작한 대안학교인 두레학교와 밀알두레학교에서는 학생들의 여행이나 우리땅즈려밟고와 같은 중요한 행사에는 카톡이나 밴드를 통해 부모님들에게 실시간으로 아이들 소식을 전해 줄 정도로 발전이 되었다.

이런 방법들은 학부모들의 신뢰를 이끌어 내기 위함이며 학부모에게 제공하는 서비스이다. 이 방법은 협력자로서 함께 하는 마음을 나누도록 하는데 무척 도움이 된다고 여겨진다.

교사와 학부모간의 불신은 그 어느 누구의 잘 잘못을 떠나 교사 스스로 적극적인 자세에서 해결해 나가야 한다. 어느 누구도 이 문제를 해결해 줄 사람은 없다. 교육 현장에서 담임교사들이 자신의 학급에서 학부모들과의 신뢰 회복을 위해 노력하다 보면 우리 교단 전체가 신뢰하는 분위기가 형성되리라 본다.

서로를 믿으면서 신뢰하는 분위기 속에서 아이들의 교육을 놓고 담임과 학부모가 머리를 맞대고 함께 지도한다면 오늘날과 같이 신문이나 뉴스에 교실 붕괴라는 말들이 오르내리지 않을 것이다. 좋은 교육이 학교 현장에서 뿌리내릴 수 있는 학부모와의 만남이 이루어질 수 있게 되기를 소망한다.

학부모님들과 신뢰하는 분위기가 형성되었을 때 교사가 가장 염두 해야 할 것이 학부모와의 상담이다. 공립학교의 경우엔 상담을 희망하는 학부모는 거의 없다. 한 학기에 10명 정도도 안 된다. 교사의 입장에서는 상담이 절실히 필요한 학부모는 1년 내내 가도 찾아오지 않는데, 상담을 굳이 안 해도 될 것 같은 학부모는 자주 찾아오다 보니 상담이 무의미하다는 생각을 하기가 쉽다.

그러나 담임의 입장이 아니라 학부모 입장에서 한번만 생각해 보면 상담을 요청하지 않는 학부모님들의 입장을 헤아려 볼 수가 있다. 상담을 희망하지 않는 학부모님들의 대부분은 바쁜 일정 탓도 있겠지만, 본인 스스로도 자녀가 잘못한다는 것을 알고 담임 선생님을 뵙기가 염치도 없고 부끄러워서 찾아오지 못하는 경우가 많다.

그러므로 담임교사는 그런 분들의 마음까지도 헤아리고 맞이할 수 있는 넓은 마음을 지녀야 한다. 또한, 1년 내내 한 두 분만 오신다고 해도 그분들을 학급 대표로 상담한다는 마음을 가지고 정성껏 임해야 한다. 왜냐하면 그런 분이 한번 상담을 하고 갈 경우 친한 학부모들에게 상담 내용에 대해서 소문을 낼 수 있기 때문이다. 담임교사의 신뢰에 절대적인 영향을 주는 것이다.

학부모님이랑 상담을 하게 될 경우 사전 2~3일 전에 연락을 달라고 주문을 하는 것이 좋다. 왜냐하면 학부모들의 경우 자기 직장만 생각하고 저녁 퇴근할 무렵에 찾아오거나 선생님은 당연히 학교에 계시겠지 하는 생각에서 그냥 찾아오는 경우가 많기 때문이다.

학부모님이 상담을 희망하면 제일 먼저 어떤 내용으로 상담 받기를 원하는지 확인하고 사전에 구체적인 자료를 충실히 준비해야 한다. 그리고 상담을 하러 오는 날에는 선생님께서 간단한 음료수나 다과를 준비하도록 하자. 처음에 자녀의 담임을 찾아뵙는다는 생각에 잔뜩 부담만 가지고 왔던 학부모님의 마음이 담임교사가 손수 준비한 다과나 정성으로 인해서 부드럽게 녹아내릴 수 있기 때문이다.

그런 후, 의자도 같은 것을 준비하거나 방석을 건네는 것이 좋다. 학부모님들에게 작은 것을 배려했다가 큰 것을 얻은 경우가 많았다. 선생님들의 이러한 마음과 정성에 감동을 하지 않을 학부모는 없다.

상담이 시작되면 자녀에 대한 얘기를 할 때에 부정적인 이미지보다는 긍정적인 측면을 자주 이야기하는 것이 좋다. 단점이나 부족한 점을 이야기 할 때에는 이것을 어떻게 보완하면 장점으로 바뀔 수 있는지 알려주는 것이 좋다.

단점을 이야기 할 때도 정말 안타까운 마음에서 하는 것임을 느낄 수 있게 진심으로 해야 한다. '○○는 이러 이러해서 안 된다'는 식의 내뱉는 말투라면 이야기하지 않는 것이 더 낫다. 학부모의 마음에 상처를 주지 않도록 말투나 행동에 조심을 해야 한다.

어떤 모습으로 어떻게 표현하면 학부모님에게 희망을 주며 편안하게 상담할 수 있을까 고민이 되거든 '내가 학부모라면….'이라고 입장을 바꿔 생각해 보면 쉽게 알 수 있을 것이다.

학부모들도 아이가 학교에서 어떻게 행동하고 있을지 충분히 알고 있다. 그런데 문제는 선생님이 부정적인 것을 자꾸 지적하면서 얘기를 하면 학부모와 마음 속에 '이 선생님은 우리 아이를 부정적인 눈으로 보고 있구나.'라고 여기게 된다. 그래서 속상하기도 하고 서운한 생각을 갖게 된다. 그런데 선생님이 아이의 단점이나 문제 행동에 대해 이를 긍정적으로 바라보며 가능성을 이야기 하거나 희망을 이야기 하면 '이 선생님은 우리 아이의 단점을 단점으로 안 보고 가능성을 지닌 아이로 보는 구나.'라는 생각을 가지면서 그 마음에 감사하고 협력하려는 마음마저 생기게 된다.

오래 전, 여름 방학 때 지방에 있는 연수원에서 1급 정교사 자격 연수회 강의를 하면서 이 얘기를 들려주었는데, 어떤 여자 선생님께서 정말 공감한다면서 도중에 자신이 겪은 얘기를 해 준 적이 있다. 그 선생님께서는 집안 사정으로 사직을 하였는데, 하루는 아이 담임 선생님과 상담하러 갔다고 한다. 아이가 집에서 봐도 걱정이 될 정도로 산만하고 소란스러워 내심 걱정을 하고 있었는데 그때 담임 선생님께서 이렇게 말했다고 했다.

"어머니! 학원 하시지요? 난, 얘 못 가르치겠으니까 어머니가 데리고 가서 학원에서 가르치세요."

그 말을 들으면서 정말 부끄럽기도 하고 속상하기도 해서 얼굴을 제대로 못 들고 나왔다고 했다. 그러면서 "만약 내가 다시 교단에 서게 되면 정말 학부모님들에게 말 한마디 신중해야겠다. 절대로 학부모 가슴에 못 박는 말은 하지 않으리라."라고 다짐했었다고 했다.

아이가 고쳐야 할 점이 있으면 학부모에게 자세하고도 구체적인 자료를 보여 주면서 이야기를 하는 것이 좋다. 막연하게 아이의 성격 이야기를 하면서 아이의 성격이 좋다거나 하는 정도의 이야기를 한다면 기대에 못 미치는 상담이 될 수 있다.

학부모와의 상담 때 아이들에 대한 구체적이고 정확한 자료를 제시하는 일이야말로 신뢰감을 높일 수 있는 방안이 될 것이다.

병원에 가면 모든 환자들에게는 차트가 있어서 그 환자가 어느 과에서 어느 질병으로 무슨 검사를 받고, 무슨 약을 복용했는지가 다 기록되어 있는 것처럼 학교에서도 아이들마다 개인별로 지도한 내용을 기록하는 카드가 있어야 한다고 생각한다. 그래서 나는 아이들 마다 지도내용을 기록하는 차트를 하나씩 만들어 두고 관리해 보았다.

차트 왼쪽 면에는 '개인 기록 카드'를 붙인 후 기록해 나갔고, 오른쪽 면에는 특별한 과제, 미술 작품, 독후감, 평가지 등을 첨부해 두었다. 어머니와 상담을 할 때 이것을 하나하나 보여 주면서 상담을 하면 구체적인 자료가 있기에 이해도 빠르고 안내해 줄 수 있는 자료도 그 만큼 풍성해 질 수 있다.

개인 기록 카드는 학습활동 및 태도, 생활지도, 특별활동, 친구관계, 교육상담, 학부모 참여, 특이사항 등으로 칸을 구분하여 두고 기록하였다. 교육상담 칸은 상담을 하면서 이야기 주고받은 것을 기록해 두는 것으로 활용했다. 이것을 기록해 두지 않으면 나중에 두 번째 상담을 할 때 첫 번 상담 때 어떤 얘기를 주고받았는지 잘 모르기 때문에 자칫하면 처음에 얘기했던 것을 똑같이 말할 수 있기 때문이다.

학부모 참여 칸에는 학부모님이 학교 행사나 녹색 교통이나 보조교사, 학부모회 등을 한 내용을 기재해 두었다. 그것을 보면서 상담을 할 때에 학교 행사에 많이 관심을 갖고 참여해 주셔서 고맙다는 말을 할 수도 있고, 지난 번 추운 날씨에 녹색교통을 하시느라 무척 수고하셨을 거라는 인사말을 할 수가 있다.

상담을 할 때에 교사는 개인의 입장에서가 아니라 학교의 입장 또는 전체 선생님의 입장에서 말해야 한다는 것을 잊어서는 안 된다. 자칫 잘못하면 담임 선생님은 전혀 문제가 없는데 다른 선생님들이나 학교 측이 문제가 있는 것처럼 학부모에게 인식을 심어 줄 수도 있다. 그것은 바람직하지 않다.

참고로 밀알두레반에서 내가 활용했던 아이들 '개인 기록 카드'를 소개한다.

★밀알두레반 개인 기록 카드

이름 (   )

학습활동 및 태도	
생활지도	
특별활동	
친구관계	
학부모 참여	
교육 상담	
특이사항	

요즘 아버지들은 자녀교육에 관한 모든 것을 어머니에게 맡기고 회사에서 열심히 돈을 벌어다 주는 것으로 아버지의 역할을 다 한 것처럼 여기는 분들이 많다.

아버지들이 자녀교육에 관심을 갖게 하고 가정의 중심으로, 가정의 제사장 역할을 다하도록 도움을 주는 것이 담임의 역할이다.

교사로서 아이들을 11년째 만나던 해, 밀알 11기들을 만나면서 새로운 도전을 해보게 된 것이 있다. 아버지들을 학교 교육에 관심을 갖도록 해야겠다는 생각에서였다. 그래서 추진한 것이 〈아버지 만남의 날〉이었다.

3월 초부터 곰곰이 생각하면서 이를 어떻게 학부모님들에게 전하면 오해 없이 쉽게 받아들일 수 있을까 생각하다가 조심스러운 마음으로 이런 글을 가정으로 보냈다.

3월 8일(수)에 드립니다.

자녀 교육에 있어서 겉으로 드러나지 않으면서도 중요한 영향을 주는 분이 아버지라고 생각합니다. 늘 든든하게 뒤에서 지켜봐 주시며 격려해 주시는 아버지가 계시기에 가진 것이 없어도 당당할 수 있고 큰 소리 칠 수 있는 것이 아닌가 생각합니다.

우리 밀알 11기들의 아버지는 밀알들에게 든든하고 자상한 아버지가 되시길 기원합니다. 바쁜 사업과 직장의 일로 인해 자녀 교육을 어머니들에게 맡겨 두기 쉬운 세상이지만 우리 밀알들의 가정만큼은 늘 자녀 교육에 관심을 가지고 함께 상의하시며 지내시길 바랍니다.

그런 뜻에서 감히 제가 밀알 11기들의 아버지들께 제안을 하고 싶습니다. 한 달에 단 하루, 아니 몇 시간만이라도 세상의 바쁜 일들일랑 다 제쳐두고 자녀들의 교육을 걱정하며 우리 아버지들끼리 함께 만나 얘기할 수 있는 자리를 만들고 싶습니다.

학교에서 뵙고 싶지만 여러 가지 사정상 힘들거라 생각되어 밖에서 뵈려고 생각합니다. 처음에는 몇 분이 오실지 모르지만 시간이 지나면 많은 분들이 함께 하시는 자리가 되리라 생각합니다.

담임이 아이들 지도만 잘하면 되지 별일 다 만든다고 생각하지 마시고 함께 자리해 주시길 바랍니다.

우선 첫 번째 만남의 자리는 3월 25일(토) 저녁 7시에 할 예정입니다. 장소는 참가하실 수 있는 분들의 희망을 받아 결정할 생각입니다. 호응이 좋으면 한 달에 한번 편안한 마음으로 만날 수 있는 자리로 꾸려 나갈 생각입니다. 형편이 허락하는 대로 시간을 내어 주십시오.

좋은 만남의 장이 될 겁니다. 그리고 적은 금액이지만 1인당 참가비를 조금씩 걷도록 할 생각입니다(예를 들어 5,000원~10,000원 정도). 우리 밀알들의 아버지께서는 이런 저의 생각에 어떻게 생각하고 계신지 궁금합니다. 답변을 기다리겠습니다.

많은 아버지들이 좋은 생각이라면 참석하겠다는 반응을 보여주었다. 그래서 3월 27일로 날짜를 정하고 각자 회비를 1만원씩 지참하라고 했다. 그리고 만약에 3월에 선약이 있어 시간이 안 되시면 4월부터는 매월 마지막 주 월요일 저녁 8시부터 모임을 계속 가질 것이니 1년 중 시간 날 때 적어도 한 번은 참석하라고 권유했다.

3, 4, 5, 6, 9, 10, 11월 총 7회 모임을 가졌는데 평균 9~11명 정도 나왔고, 아버지들 중에는 계속해서 한 번도 안 빠지고 나온 분도 있었다. 그 분은 나오실 때마다 개근상 받으려고 한다면서 개근상 안 주느냐고 웃으면서 말하곤 했다.

아버지들은 회사 사람들에게 "오늘 우리 아이 학교에서 아버지 만남의 날이 있어서 일찍 간다."고 하고 나올 때면 "학교에 그런 날도 다 있느냐? 왜 우리 아이 학교는 없지?"라고 말하며 부러워한다고 자랑을 하였다. 심지어 회사에서 회식 날을 정할 때도 이 날이랑 겹치면 안 된다고 하기 때문에 모두들 잘 안다고 하였다.

아버지들과의 만남에서의 목적은 정보교환이었다. 학급에서 아이들이 어떻게 지내고 있으며, 요즘 5학년은 무슨 고민들을 하며 지내는지, 가정에서 이들을 어떻게 돌봐주면 효과적인지 서로의 경험을 이야기하며 시간을 보냈다.

그 동안 같은 아파트에서, 같은 동네에 살면서 서로 얼굴도 모르는 사이였던 사람들이 몇 번 만남의 시간을 갖더니 친한 사이로 변해서 수시로 동네 앞 호프집에서 맥주도 마시곤 한다고 했다.

아버지들 만남의 날 때문에 학급경영에도 많은 도움을 받았다. 다른 것보다도 아버지들의 적극적인 후원 덕분에 도저히 이루어질 수 없는 일들이 이루어졌다.

대표적인 예가, 아람단 활동에서 나타났다. 내가 아람단 수석 전임 지도자로 서울연지초등학교에서 창단을 하였다. 우리 반 인원이 39명이었는데 그 중에서 32명이 아람단원이었다. 7명마저도 꼭 시키고 싶었는데 가정 형편상 도저히 무리가 되었다. 그렇게 넉넉한 가정들이 아니었는데 흔쾌히 응해 주었다. 아람단원을 모집할 때 이런 내용의 편지를 보냈는데 그 편지의 영향도 있었다.

(중략) 시골에 계신 어머니께서 감기로 1주일 넘게 입원하셨다가

어제 퇴원하셨는데 이 일 저 일로 쫓기다가 어제서야 시간이 나서 김천엘 다녀왔습니다.

23일 밤 9시에 김천에 도착해서 어머니 얼굴을 뵙고 12시 야간 열차로 다시 올라와서 지금(04:20) 컴퓨터에 앉았습니다. 전화로만 통화하다가 직접 뵙고 나니 그래도 마음이 놓였습니다.

지금까지 어려운 형편 가운데서도 먹는 것과 입는 것은 잘 못해도 자녀 교육만큼은 남에게 뒤지지 않으려고 무진장 애썼던 부모님이셨습니다. 옛날 초등학교 시절, 집이 가난해서 점심 도시락에 그 흔한 계란 후라이 한 번 얹어 먹어보진 못했지만 그 당시로서는 한 학교에 몇 안 되는 보이스카우트 단원으로 활동할 수 있도록 가입을 허락해 주셨고, 비싼 가격의 유니폼을 입어야 하는 합주부도 시켜 주셨습니다.

'교육만큼은 빚을 내서라도 시켜야 한다'는 것이 부모님의 생각이셨습니다. 그 힘든 농사일도 마다하지 않으며 열심히 땀방울을 흘리며 농사를 지으셨던 부모님! 부모님이 계셨기에 그나마도 제가 사람 구실을 하며 살 수 있는 것 같습니다.

그런데 그 부모님께서 이젠 너무나도 많이 늙으셨습니다. 부모님을 뵐 때마다 점점 주름살과 흰머리가 늘어나고 힘이 빠져 가는 모습이 안타깝기만 합니다. 부모님은 저의 삶을 뒤에서 지켜보며 든든한 후원자가 되어 주셨습니다. 제가 하는 일에 자신감을 갖고 소신껏 할 수 있었던 것이 부모님 덕분입니다.

우리 밀알 11기들에게 제가 살아오면서 부모님께 받았던 사랑을 하나하나 들려주며 부모님의 은혜와 사랑에 대해 깊이 깨닫게 해 주고 싶습니다. 역사적으로 이름을 남겼던 훌륭한 인물들은 모두가 다 한결같이 효자와 효녀였습니다. 부모님의 은혜와 사랑을 모르는 사람이 결코 큰 일을 할 수 없습니다. 밀알들 모두 효자 효녀로 자라도록 지도할 생각입니다.

학부모님! 오늘날에는 부모님의 사랑을 잘 깨닫지 못하고 살아가는 자들도 많은 것 같습니다. 용돈을 제대로 주지 않는다고 부모에게 행패를 부리거나 유산 때문에 부모를 살해하는 자도 있고, 늙었다고 길에 버리는 사람 같지 않은 사람도 많이 있는 것 같습니다. (중략)

또 여름방학 때 아람단에서 중국 해외 연수가 있다는 공문이 와서 단원들에게 가정 통신문으로 안내문을 발송하려고 했더니 교장 선생님께서 만류하였다.

우리 학교 학부모님들의 가정 형편이 뻔한데 누가 70만원이라는 큰돈을 내면서 보낼 사람이 있겠느냐고 통신문을 내느냐는 것이었다. 괜히 위화감만 느끼게 된다는 말씀을 하였다. 일리가 있는 말씀이시기도 했지만, 없는 형편일수록 미리 알려서 관심 있는 사람들은 저축을 해서라도 보낼 수 있도록 해야 하지 않느냐고 졸라서 겨우 가정 통신문을 내도록 허락을 받았다.

그런데 참가하겠다고 신청서를 낸 가정의 수가 상상 외로 14명이나 되었다. 그 중에서 7명이 우리 반이었고, 우리 반 아이 누나가 두 명이 있었다. 생각지도 못했던 일이었다. 편지와 아버지 만남의 날을 통해서 다져진 신뢰의 결과라 생각했다. 그때 보낸 편지를 마지막으로 소개해 본다.

(중략) 한국청소년서울연맹에서 추진하는 단원 중국(북경, 백두산) 해외 연수에 신청한 단원이 총 14명인데 우리 반이 7명이나 됩니다. 저도 인솔 교사로 참가하기로 했습니다.

IMF가 끝나지도 않았는데 아이들이 무슨 해외연수냐고 부정적으로 생각하는 분들도 있을 수 있겠지만 형편이 허락하는 한 어렸을 때부터 해외로 가서 견문을 넓히는 것이 교육적으로도 효과가 크다고 믿고 있습니다.

게다가 가는 장소가 쉽게 가 볼 수 없었던 중국으로 옛날 조상들의 활동 무대였던 만주 벌판을 누벼보며 우리나라 땅의 국경인 두만강과 민족의 최고봉인 백두산에 오를 수 있는 귀중한 역사 체험 학습이 되리라 생각합니다.

비록 여러 가지 형편이나 사정으로 참여 못하는 친구들에게는 아쉽지만 자료를 가능한 많이 가져와서 수업 시간에 활용할 생각입니다. (중략)

그런 경험을 가진 이후로 새로이 시작한 우리 밀알두레학교에서는 반별로 선생님과 학부모 간담회를 매 배움마당별로 1회 이상 하도록 요청해 오고 있다. 자주 만나서 식사도 같이 하면서 아이들의 성장 과정 중에 있을 수 있는 이야기들과 어떻게 가정에서 자녀를 도와주어야 하는지를 나누는 시간으로 활용하고 있다.

교사로서의 꿈과 비전을 갖다

39

아이들과의 만남은 너무나도 좋고 하루하루가 기대되는 나날들이었다. 발령 첫해에는 아이들과의 만남이 너무나도 좋아서 토요일이 다가오는 것이 싫었노라고 말하면 모두들 믿기지 않는다는 반응들이다. 지금은 주 5일제가 완전히 시행되고 있지만 그 당시에는 토요일도 오전 수업을 했었다.

토요일 오전 수업을 마치고 나면 아이들과 헤어졌다가 월요일에나 만날 수 있기 때문에 토요일이 오는 것이 무척 싫었다. 그때는 아이들이 때로는 친구처럼, 연인처럼, 조카처럼, 동생처럼 여겨질 때였다.

그러므로 모든 생각이 아이들에게 맞춰져 있었다. 길을 걷거나 책을 보더라도 아이들이 주된 관심사였다.

'어떻게 하면 아이들이 재미있어 할까?' 오늘 반응이 별로인데 이유는 뭘까?' 등 그러다가 보니 수많은 아이디어들이 떠올랐다. 그런데 길을 가다가, 차를 타고 가다가 우연히 떠오른 기막힌 생각들이 집에 돌아오면 전혀 생각이 나지 않는 경우도 많았다. 그래서 조그만 수첩을 준비해서 길을 걷다가 생각이 나면 어디에서나 수첩을 꺼내서 적어 두는 습관이 생겼다.

내가 1995년 우리교육에서 출판했던《365일 열린 교실을 위한 학급경영》에 소개된 아이디어들을 접했던 많은 선생님들이 그런 아이디어들은 어디서 얻느냐고 질문해 오는 경우가 많았는데, 대부분은 그때 생각해 낸 것들이다. 물론 혼자서 궁리해서 생각해 낸 것도 있지만 책을 읽거나 다른 일을 할 때에도 아이들을 머릿속에 떠올리다 보면 자연스럽게 생각들이 그쪽으로 연결되어지면서 아이디어들이 솟아나곤 했었다.

'고민하고 궁리하면 반드시 해결 방법을 발견하게 된다.'

이처럼 아이들과의 만남이 즐겁고 신날수록 나의 마음 한쪽 구석에는 말로 표현할 수 없는 공허함이 생기기 시작했다. 바로 다름 아닌 인생의 목표에 대한 불확실성 때문이었다.

'과연 나의 인생의 목표는 무엇이어야 하느냐?, 겨우 아이들과의 만남과 이런 즐거움을 맛보기 위해서 내가 교직에 인생을 걸어야 하느냐?'에 대한 물음에 명확한 답을 가지고 있지 않았기 때문이었다.

출퇴근할 때마다 가방을 들고 교문을 드나들 때마다 그 공허함과 답답함은 극에 달했다. 그래서 하늘을 올려다보며 기도하였다.

"하나님! 당신이 진정 살아 계신 분이라면 나에게 분명한 답을 주길 바랍니다. 왜 나를 교직으로 불러 주셨으며 내가 교직에 인생을 걸어야 하는 이유가 무엇인지를 깨닫게 해주십시오. 그렇게만 해주신다면 나의 인생을 걸겠습니다."

'내가 아이들을 만나고 즐거워하는 것이 목적이라면 내가 고아원 원장을 하는 것이 더 합당할 것이다. 분명한 이유가 무엇일까?'

그리고 내가 교직에 대해서 답답해하는 이유 중의 하나가 교사가 해야 하는 일이 너무나도 스케일이 작다는 것이었다. 남들은 수십억, 수백억을 거는 프로젝트를 가지고 거기다가 인생을 거는 데 나는 겨우 20평 남짓한 공간에 앉아서 남의 사생활에 해당하는 일기장을 들여다보거나 교실 환경을 어떻게 구성해야 하는가에 대해 고민하는 것 자체가 적어도 내가 할 일이 아닌 것 같다고 여겼기 때문이다.

대학교 다닐 때 응답받지 못한 기도 제목이 다시 생각이 났다. 하나님이 나를 서울교대로 인도하셨다고 느꼈기에 교대 생활이 만족스럽지 못하다고 느껴질 때마다 왜 나를 교대로 부르셨는지 그 뜻을 알게 해 달라고 부르짖곤 했다. 그 뜻을 알게 해 준다면 인생을 걸어보겠다고. 그러나 그 기도에 대한 응답을 받지 못한 채 교사로 발령을 받았다. 그래서 더 더욱 간절히 매달렸다. 그러나 하나님은 한참 후에야 뜻을 알게 해 주셨다.

시간이 흘러 밀알 2기들을 만난 후, 비로소 내가 교직에 인생을 걸어야 하는 이유를 깨닫게 되었다.

밀알 2기 중에 어머니가 일찍 돌아가시고 아버지, 할머니와 함께 살아가는 은주(가명)라는 여자 아이가 있었다. 엄마가 안 계시기 때문에 다른 아이들보다도 각별히 관심을 갖고 지켜보고 있었는데, 그 해

11월경에 아버지가 분명치 않은 이유로 갑자기 돌아가셨다.

갑작스런 소식을 접하고 장례식에 다녀온 후 은주의 사정이 너무도 딱하다는 생각이 들어 학부모님들에게 편지를 썼다. 누구든 도움을 줄 수 있으면 연락을 달라고 했더니 한 분이 전화를 해 주셨다.

"선생님! 제가 모 장학금 기관에 연결이 되어 있는데 은주의 주민등록등본을 떼어다 주면 중학교 입학할 때 적은 금액이지만 장학금을 10만원 줄 수 있습니다."

그 말에 너무도 신이 나서 은주에게 말해 주었다.

"은주야 ○○네 아버지께 서류를 발급받아서 빨리 가져다주렴. 아마 중학교 입학할 때 너에게 좋은 일이 있을 거야."

그런 후, 미처 확인을 못해 보고 그냥 시간이 흘러갔다. 겨울방학 때 어느 날, 그 학부모님이 다시 전화를 했다. 오늘이 장학금 서류 접수 마지막 날인데, 오늘까지 서류를 접수시키지 않으면 장학금을 받을 수 없다고 했다.

은주가 잊어버리고 서류를 전달하지 않은 모양이었다. 그래서 얼른 은주네 집에 연락을 했더니 할머니께서 전화를 받으셨는데 은주는 나가고 없지만 책상에 서류는 있다고 했다.

내가 가지러 갈 테니까 할머니께 챙겨달라고 부탁을 하고 집을 나서는데 그날따라 날씨가 무척이나 춥고 쌀쌀했다. 주소를 가지고 물어서 찾아가기가 만만치 않았다. 자연스럽게 불평이 흘러 나왔다.

'이 녀석은 미리 가져다주지 않고 뭘 했어?'

하지만 그 생각은 할머니를 만나는 순간 부끄러움으로 변해 버렸다. 골목 어귀까지 나와서 나를 기다리던 은주 할머니는 나를 알아보더니 뛰어오셨다. 내 손목을 잡으시면서 눈물을 글썽이셨다. 불평을 늘어놓으면서 왔던 것이 순간적으로 부끄럽고 죄송해서 "할머니! 이러시지 마세요. 금액도 10만 원인걸요 아주 적은 금액이에요."라고 했더니 할머니께서는 이렇게 말씀하셨다.

"아이고 선생님! 금액이 많고 적은 것이 중요한 것이 아니에요. 우리 은주가 엄마 아빠 없이 앞으로 고아가 되어서 살아갈 것을 생각하면 눈앞이 캄캄한데, 선생님께서 우리 은주에게 이렇게 관심을 갖고 지켜봐 주시니 너무나 감사하고 힘이 됩니다. 우리 은주 잘 부탁드립니다."

"할머니! 걱정 마세요. 비록 제가 은주에게 엄마 아빠의 역할은 못 해주겠지만 우리 은주가 성장해서 결혼하는 것까지 꼭 지켜보겠습니다. 염려 마세요."

이렇게 말씀을 드린 후 서류를 받아 들고 ○○네 집으로 향했다. 학교 돌담을 끼고 걸어오는 중에 갑자기 머릿속으로 한 장면이 스쳐 지나갔다. 공허함과 답답함 때문에 매일 아침저녁으로 하늘을 올려다보며 기도하던 나의 모습이 스쳐 지나가고, 마음속에서 하나의 생각이 떠올랐다.

'바로 이것이다. 내가 다른 선생님들처럼 말주변도 없고 탁월한 교수법도 없지만 이렇게 몸으로 뛰어다니면서 사랑이 부족한 아이들에게 사랑을 느끼게 해주고, 절망 속에 있는 아이들에게 희망을 불어넣어 주는 일을 하라고 한다면 난 감당할 수 있고, 이것을 위해 나를 교직으로 불러 주셨다면 나는 앞으로 해낼 수 있을 것이다.'

이런 생각을 하자 나의 마음속에서는 언어로는 표현할 수 없는 큰 기쁨이 느껴졌다.

그로부터 나의 생각이 확실하게 바뀌었다. 그렇게 스케일이 작아 보이기만 하던 교사가 어떤 직업보다도 스케일이 커 보였다.

'한 사람의 인생을 변화시키는 데 수십억, 수백억을 준들 가능하겠는가? 그런데 나와의 만남을 통해서 절망 속에 있던 아이가 희망을 느끼게 되고, 사랑이 부족한 아이들이 사랑을 알게 됨으로써 인생이 변화될 수 있다면 이보다 더 큰 일이 어디 있겠는가? 게다가 1명이 아니라 40명 이상의 아이들과의 관계에서 그런 일이 이루어질 수 있다면 교사는 세상에서 가장 위대한 직업이다.'

생각이 여기에 미치자 일기장을 봐야 하는 이유도 분명해졌다. 우리 아이들이 학교나 가정에서 생활하면서 어떤 문제로 고민하고 있고, 즐거워하는지 알아야 하겠기에 일기장을 검사하는 일이 의미가 있었고, 학교에 오는 아이들이 편안하고 아늑한 분위기에서 생활하도록 해야 하기에 교사는 물리적인 환경뿐만 아니라 심리적인 환경까지 관심을 가져야 한다는 것을 알게 되었던 것이다.

나에게 교사의 역할에 대한 새로운 의미와 비전을 갖게 해준 은주와의 만남은 평생 잊을 수 없는 일이 되었다.

앞으로 10년간 무료로 AS해 드립니다

40

나는 졸업을 시키거나 아이들을 한 학년 위로 올려 보낼 때 학부모님들 앞에서 또는 편지를 통해 이렇게 말했다.

"한 해 동안 협조해 주셔서 정말 감사하게 생각합니다. 학부모님들의 신뢰와 협조가 있었기에 더욱 열심히 우리 밀알들과 만날 수 있었던 것 같습니다. 우리 밀알들을 잘 키워 주십시오. 분명 우리나라를 위해 크게 쓰임 받는 일꾼들로 자라나 주리라 믿습니다. 저는 우리 밀알들이 커서 어떻게 성장해 가는지 꼭 지켜 볼 생각입니다. 앞으로 10년 간은 무료로 AS하겠습니다. 만약 우리 밀알들에게 무슨 일이 생기걸랑 곧 바로 저에게 연락을 주십시오. 모든 일을 제쳐두고라도 달려가겠습니다."

이 말을 들은 학부모님들은 웃으면서 박수로 화답해 주었다. 학부모님들이 그 말을 웃으면서 그냥 넘기는 줄 알았는데 그게 아니었다.

정말 자녀의 문제로 다급한 일이 생기면 나에게 연락을 하면서 상담을 해오는 것을 보면 그때 그런 말을 하길 잘했다는 생각이 들었다.

밀알 5기들을 담임 할 때였는데, 한창 수업을 하고서 쉬고 있는데 교무실에서 연락이 왔다. 내려갔더니 동준(가명)이 어머님께서 급하다고 전화를 꼭 달라고 메모가 되어 있었다.

'동준이라면 밀알 1기인데, 무슨 일인가?' 하는 생각이 들어 얼른 전화를 드렸다. 동준이 어머니가 받으셨다.

"선생님! 너무나 다급해서 연락을 드렸습니다. 어느 분께 상의를 드려야 할지 몰라 고민하다가 선생님이 졸업식 때 10년간 AS해 주신다고 했던 말씀이 생각나서 전화를 드렸습니다. 선생님! 동준이가 가출을 한지 1주일이 지났는데 집에 연락도 없고 안 들어오고 있습니다. 어떻게 하면 좋습니까?"라며 우는 거였다. 깜짝 놀랐다.

'동준이가 가출을 하다니! 6학년 1학기 때 부회장도 하면서 공부도 잘했는데…. 도대체 그 동안 중학교에 진학하고서 무슨 일이 생긴 걸까?'

걱정이 되어 퇴근하면서 찾아뵙겠다고 하고 전화를 끊었다. 퇴근을 하자마자 동준이네 집으로 달려갔다. 외동 아들이 가출을 했기에 집안이 말이 아니었다. 아버지는 아예 누워 계셨고, 어머니도 머리에 수건을 두르고 계셨다. 너무나도 딱해 보여서 도대체 어떻게 된 상황인지를 여쭤 보았다.

"선생님! 동준이가 중3이 되면서 친구들과 어울려 다니기만 하고 공부를 안 하더니 성적이 뚝뚝 떨어져서 몇 번 혼냈는데, 그럴 때마다 대들길래 동준이 아버지가 좀 때렸습니다. 그랬더니 아예 집을 나가서 들어오지도 않는 겁니다. 동준이 친구들 말에 의하면 성신여대 주변에서 아이들이랑 몰려다니는 것을 봤다고 하는데 찾을 수가 있어야지요. 찾는다고 해도 우리 말을 듣겠어요? 동준이는 선생님 말씀은 잘 들었으니 죄송하지만 선생님께서 찾으셔서 잘 타일러 주셨으면 하고 전화를 드린 거였습니다. 선생님께서도 바쁘실텐데 이런 부탁을 드려 정말 죄송합니다."

동준이 부모님의 말씀을 듣고서, "걱정하지 마세요. 제가 찾아서 잘 타이른 후 돌려보내겠습니다. 집에 들어오면 잘 대해 주세요. 중3이라서 스스로도 고민이 많을 겁니다."

그런 후, 집을 나와서 성신여대 골목길로 갔다.

그때가 저녁 6시경이었다. 주변이 어둑해지니까 여기저기서 학생들이 몰려나오기 시작했다. 그런데 어디서부터 찾아야 할지 엄두가 나지 않았다. 빼곡히 들어서 있는 음식점과 비디오방, 소주방들! 우선 골목을 하나 정한 후 샅샅이 살펴보았다.

지금은 얼마나 변했는지 모르겠지만 그땐 정말 놀랐다. 어느 비디오방을 들어갔는데 대부분이 중, 고등학생들인 것 같았다. 심지어 잠을 잘 수 있는 곳까지 갖춰져 있었다.

'세상에 이런 곳이 있다니!'

우리 아이들이 이런 곳에 노출이 되어 유혹의 대상이 되어 있음에

화가 났다. 그래서 주인에게 화를 내기도 했다.

"당신에게도 키우는 아이가 있을텐데 이럴 수 있느냐?"

"누구냐? 당신이 누구인데 여기 와서 그런 말을 하느냐?"

학교 선생인데 아이를 찾으러 왔다고 하니까 그 주인은 나만 이러느냐? 이 일대가 다 그런 집들인데 왜 우리 집에만 와서 그러느냐? 면서 화를 내는 것이었다. 화가 치밀어 올랐다. 소주방이나 비디오방, 음식점 등에는 10여 명씩 몰려다니며 얼굴이 붉게 물든 중, 고등학생들뿐이었다. 두어 시간을 헤매었을까 갑자기 수십 명이 무리를 지어 오던 아이들 중에서 한 명이 나를 보더니, "야, 선생님이다! 튀어!!" 하면서 뛰었다.

그러자 다른 아이들도 쏜살같이 뛰었는데 그 중의 한 아이를 보고 나도 뒤따라갔다. 막다른 골목에 이르러 그 아이를 붙잡을 수 있었다. 동준이를 지도할 때 옆 반 아이였다. 이름은 모르지만 얼굴을 보니까 기억이 났다.

"너! 내가 누군지 아니?"

"네. 정기원 선생님입니다."

"그럼, 왜 도망을 갔니? 나에게 뭐 잘못한 것 있는 거야? 다른 아이들 어디 갔어? 빨리 데리고 와! 혼내지 않을 테니까 선생님이 얘기를 하고 싶어서 그래. 너희들이 지금 여기를 돌아다녀서야 되겠니? 빨리 가서 아이들을 데리고 와!" 했더니 고개를 푹 숙이며 사라졌다.

잠시 후에 10여명의 아이들을 모두 데리고 나타났다. 자세히 보니 그 속에 동준이도 끼어 있었다. 화가 나기도 하면서도 반갑기도 했다. 조용한 장소를 찾다가 하는 수 없어 여관방을 하나 빌려서 그 아이들을 데리고 들어갔다.

교사 신분증을 보여주고 한 시간 정도 얘기만 나누다가 가겠다고 했더니 다행히 빌려 주었다. 아이들을 방에 앉힌 후 이렇게 이야기를 꺼냈다.

"동준아! 오늘 엄마가 나에게 전화를 했더구나. 그래서 선생님이 직접 너희 집에 갔다가 왔단다. 엄마, 아빠가 누워 계시는데 얼굴 모습이 말이 아니더구나. 하나밖에 없는 아들이 집을 나가서 1주일 동안 들어오지 않는데 그 부모님 마음이 얼마나 아프고 걱정이 되겠니? 그만 방황하고 얼른 집으로 가라! 그리고 너희들도 다 마찬가지야. 너희들이 왜 이곳을 방황해야 하니? 선생님이 6시부터 지금까지 두 시간이 넘게 너희들을 찾아 헤매면서 이곳을 다 살펴봤단다. 소주방이며 비디오방 이런 곳은 지금 너희들에게는 어울리지 않아! 너희가 있을 곳이 못돼. 선생님은 너희들이 이런 모습을 보일 거라고는 생각하지도 못했어. 너희들이 이런 곳을 헤매며 인생을 허비해서야 되겠어? 어디 말 좀 해봐."

이랬더니 한 명씩 돌아가면서 다음과 같이 이야기를 했다.

"선생님! 저희도 속상해요. 지금 이렇게 다녀도 마음이 편치 않습니다. 하지만 이 세상에는 저희들이 있을 곳이 없어요. 학교에 가면 공부 못한다고 선생님들이 인간 취급도 안 해주고요. 집에 가면 엄마 아빠는 공부 안 한다고 구박입니다. 그렇다고 학원에 가면 하나도 모르겠고 그러다가 친구들을 만나면 나를 이해하고 위로해 주는 것은 친구들 밖에 없다는 생각뿐입니다."

"선생님! 정말 갑갑해요. 엄마 아빠도 저희들을 보면 속상하데요. 하지만 저희도 엄마 아빠를 기쁘게 해드리고 싶어요. 하지만 공부를 못하니까 어떻게 해 드릴 수가 없어요. '엄마 아빠가 너를 위해 못 해 준 게 뭐냐? 그런데 넌 이게 뭐냐?'고 막 다그치면 할 말이 없어요."

"선생님! 우리도 집에 들어가고 싶어요. 하지만 집에 가면 혼만 내세요. 정말 힘들어요. 저도 어떻게 살아야 할지 모르겠어요." 하며 하나둘씩 눈물을 흘렸다. 이 아이들의 이야기를 들으면서 나도 이 아이들을 무슨 말로 위로하고 달래주어야 할지 몰랐다. 그저 이야기를 묵묵히 들어주는 것 밖에는 달리 할게 없었다.

"얘들아! 너희들 그 동안 무척이나 마음 고생이 심했구나. 그런 어려움이 있었다면 선생님한테 연락을 하지 그랬니? 선생님한테 속상한 것을 털어놓고 함께 해결책을 찾았더라면 더 좋았을텐데 말이야. 하지만 내가 너희들 마음을 다 알았으니까 걱정하지마. 그리고 앞으로 힘들거나 속상하면 선생님에게 연락해. 선생님이 만사 제쳐 두고 너희들을 먼저 만나줄 테니까. 그 대신 지금부터라도 딴 생각하지 말고 집에 가서 열심히 공부해야 해. 공부하다가 모르는 것이 있으면 선생님에게 와! 가르쳐 줄게. 그리고 답답하면 선생님 집에 와서 하룻밤 자고 가. 그러면 기분도 좋아질 테니까. 알았니? 아무리 속상해도 부모님 마음을 아프게 하면 안 돼. 부모님들에게는 너희들이 희망이란다. 어떤 힘든 일이나 속상한 일이 생겨도 참고 견디어 낼 수 있지만 아들이 부모에게 함부로 하거나 실망하는 행동을 하면 참아낼 부모는 없단다. 왜? 희망이니까. 앞으로 집에 가서 정말 부모님의 희망들답게 살아주길 바래. 선생님의 간곡한 부탁이란다."

나의 이 말에 다행히 힘입고 모두들 집으로 돌아갔다. 동준이네 집으로 전화를 했다.

"동준 어머님! 걱정하지 마세요. 이젠 동준이도 마음잡고 잘 하겠다고 했습니다. 따뜻하게 맞이해 주세요. 부모님께서도 마음 고생하셨지만, 이야기를 들어보니 동준이도 마음 고생이 많았습니다. 잘 풀어 주세요. 그리고 언제든지 무슨 일이 생기면 전화를 주세요."

동준이 어머니가 울먹이는 목소리로 감사하다고 말씀하셨다. 전화를 끊고 집으로 돌아오는 길에 아직도 정신을 못 차리고 방황하는 청소년들을 바라보며 이런 생각을 했다.

'지금은 자녀가 어느 대학에 입학을 했느냐가 자랑이겠지만, 이대로 10년만 지나면 자녀가 아무런 사고 없이 자라나 준 것만으로도 자랑할 날이 오겠구나.'

부디 우리의 밀알들만큼은 아무 탈없이 잘 자라나 주길 두 손 모아 기도했다. 그 뒤에도 여러 번 학부모님들이 고등학교로 진학한 밀알들의 문제로 전화를 주거나 직접 찾아와 주기까지 하셨다.

교장실에서 지낸 아이

41

몇 해 전, 여름방학이 끝나고 개학을 한 어느 날, 출근해서 업무를 보고 있는데, 전화가 울렸다. 누군가 하고 받았더니 울먹이는 목소리가 들려왔다. 서울의 모 사립초등학교에 자녀를 보내고 있는 학부모였다. 이야기를 들어봤더니. 2학년에 재학 중인 아들이 학교를 안 가려고 해서 고민이 되어 전화를 했다는 것이다.

"선생님! 우리 아이가요. 사립초등학교 추첨에 당첨이 되어 너무나도 좋아하고 학교 가기를 기뻐했었는데 2학년이 되더니 갑자기 학교에 안 가고 싶다고 자주 말을 했습니다. 그래도 계속 달래면서 학교에 보냈는데…. 오늘은 유독 더 안 가겠다고 하는 거에요. 그래서 제가 차로 교문 앞까지 태워줬습니다. 그런데 이 아이가 안 내리고는 '엄마! 오늘 학교 쉬면 안 돼요?'라고 하는 거에요. 그래서 '얘가 지금 무슨 소리 하냐? 학교를 쉬다니?'하면서 얼른 내리라고 독촉을 했더니 차 문고리를 새끼손가락으로 살짝 걸면서 '오늘 정말 쉬면 안 돼요?'

하더니 금방 닭똥 같은 눈물을 뚝뚝 흘렸답니다. 아이가 우는 모습을 보니까 억지로 등 떠밀어 보내고 싶지가 않아서 그냥 집으로 데리고 오는데 갑자기 화가 나는 거에요. 학교가 원망이 되구요. 그때 아들 친구가 몇 개월 전에 구리에 있는 대안학교로 전학간다는 말을 들었던 것이 생각이 나서 수소문해서 전화를 드린 겁니다. 선생님! 우리 아이 어떻게 하면 좋을까요?"

이렇게 방법을 물어오더니 갑자기, "선생님! 참, 그런데 우리 아들이 ADHD에요."라고 했다.

사실, ADHD라는 말 때문에 아이를 더욱 만나보고 싶었다. ADHD 약을 복용하고 있는 아이들이 기운 없이 축 처진 모습으로 앉아 있는 것을 볼 때마다 측은한 마음이 들었다. 그래서 이 아이 얼굴을 한 번 보고 싶다고 했다.

ADHD 진단을 받는 것은 피를 뽑거나 MRI 검사를 해서 진단을 받는 것이 아니라 아이의 행동을 관찰하고 나서 ADHD 성향이 있어보이면 약을 주니까 나는 ADHD 진단받은 아이들에게 늘 안타까운 마음이 있었다. 병원에서는 ADHD가 유전 요인인지 아니면 환경요인에 의해 그런 성향이 만들어졌는지는 밝히지는 않고 무조건 그런 성향이 있다고만 밝히고 약으로만 다스리니까 유전 요인일 경우에는 약을 사용하는 게 맞겠지만, 환경요인에 의해 길러진 것이라면 환경요인을 제거하면 그런 성향은 없어질 텐데 환경요인에 의한 것까지도 약으로 해결하면 환경 요인은 계속 만들어지니까 결국은 독한 약으로 해결해야 하는 것이 아니냐는 생각이었다.

그래서 나는 우리학교에 입학하는 학생들 중에 ADHD진단을 받았다고 하면 우선 약 복용을 중단해 보고 환경요인에 의해 만들어진 것은 아닌지를 살피는 시간을 갖게 한다. 보고서에 의하면 ADHD인 아이들을 수백 명 모아 놓고 이 아이들에게 스킨십을 자주 해 주고, 먹는 음식을 유기농으로 공급하며, 텔레비전이나 핸드폰에 노출되는 시간을 통제했더니 ADHD 증상이 현저하게 줄어들었다는 자료를 본 적이 있었기 때문이다.

그렇게 했는데도 큰 차이가 없으면 유전 요인에 의한 것인 줄 알고 약을 복용하게 하고, 점차 개선이 되는 것 같으면 약을 중단한 채 환경 요인 통제를 계속 가하는 작업을 하게 한다.

한 시간 정도 시간이 지났을까 어머니가 아이를 데리고 학교로 왔다. 교장실 문을 살짝 열고 들어오는 아이 얼굴을 봤더니 눈빛이 반짝반짝 빛나면서 여기저기에 호기심이 많아 보였다. 인사를 나눈 후에, 어머니 보고 이 아이랑 얘기를 좀 해 볼테니까 학교 구경이나 하고 오라고 하면서 밖으로 내보냈다. 그런 후에 둘이서만 이야기를 나눴다.

"너는 눈이 반짝 반짝 빛나는 것을 보니 호기심이 많구나."

"어? 어떻게 그걸 아셨어요? 저는 호기심이 무척 많아요. 그래서 길을 지나가다가도 소화전의 벨 버튼이 보이면 우리 집의 것이랑 소리가 같은가 다른 가 궁금해지면 꼭 눌러보고 확인해야 해요."

"어쩐지. 너처럼 눈동자가 빛나는 아이들은 호기심이 많더구나. 그런데 넌, 호기심만 많은 것이 아니라 뭔가 하나에 집중하면 헤어 나올 줄 모르지?"

"네. 그래서 엄마나 선생님께 꾸중을 많이 받아요. 참. 그런데 이 방에는 신기한 게 많네요? 저건 뭣에 사용하는 거에요?"

"벌써 호기심이 발동하는 구나. 네가 호기심이 많고 집중력이 뛰어나다면 넌, 앞으로 훌륭한 인물이 될 거야. 훌륭했던 사람들은 너처럼 호기심도 많고 집중력이 뛰어났던 분들이 많아."

그랬더니 칭찬을 들어서 기분이 좋아졌는지 갑자기 이렇게 질문을 해왔다.

"선생님! 이 학교는 어떻게 하면 다닐 수 있어요?."

"응, 네가 우리 학교에 관심이 생겼구나. 그런데 우리 학교는 아무나 올 수가 없어. 두 가지 조건이 맞아야 해."

"그게 뭔 대요? 빨리요."

"응. 첫째는 하루에 2시간 이상씩 땀을 뻘뻘 흘리며 뛰어 놀 수 있어야 해."

이 말이 끝나기도 전에 "아니, 그게 뭐가 어려워요. 저는 자신 있어요. 하루에 2시간씩 땀을 뻘뻘 흘리며 공부해야 한다면 모르지만 노는 건 자신있어요. 또 다른 하나는 요?"

금방이라도 학교에 입학하겠다고 할 것 같은 기세였다.

"두 번째는 선택을 해야 하는데, 지금 선생님이랑 공부하는 것과 노는 것 중 무엇을 선택 할래?"

"그야 당연히 노는 것이지요."

"응, 그럼 우리학교에 다닐 수 있겠구나."

그랬더니 얼른 질문이 들어왔다.

"선생님! 그럼 공부를 선택하면 왜 이 학교를 다닐 수 없어요?"

"응, 그건 말이야. 선생님이 오랫동안 아이들을 가르쳐 보니까 어릴 때부터 잘 노는 아이들은 나중에 크게 되더라구. 그런데 공부를 열심히 하는 아이는 크게 될지는 시간이 지나가봐야 알어. 그래서 우리학교에 들어올 수 있는 인원은 정해져 있는데 이왕이면 크게 될 아이들을 먼저 뽑아야 하지 않을까?

"네. 좋아요. 엄마 불러 주세요. 이 학교 다닐래요."

갑자기 학교를 다니겠다고 하니까 엄마가 놀래서 달려왔다. 무슨 일인가 하고서. 아이가 계속 이 학교 다니고 싶다고 떼를 쓰니까 엄마는 좋아서 어떻게 하면 이 학교를 다닐 수 있느냐고 물어왔다.

그래서 2일간 체험을 하고 그래도 괜찮아 하면 입학이 허용된다고 했더니 당장 다음날부터 체험을 하겠다고 하고 집으로 돌아갔다.

다음 날, 학교에 나왔길래 담임 선생님을 불러서 아이를 잘 관찰해 달라고 부탁을 했다. 체험이 끝나고 나서도 계속 학교를 오겠다고 해서 부모 면접을 하고서 입학을 허락했는데, 문제는 그 다음 날 일어났다.

정식으로 등교를 한 날 아침에 아이가 교실로 들어가지 않겠다고 울면서 떼를 쓴다고 담임 선생님이 어떻게 하면 좋겠느냐고 찾아왔다. 그래서 그 아이를 데려 오게 했다.

"너는 왜 교실에 안 들어가려고 울고 있니? 무슨 일이 있었니?"

"선생님! 저는 속았어요. 이 학교 오면 공부 안하고 노는 줄 알았는데 공부하는 학교인 것을 알았어요. 저는 안 들어갈래요."

"그랬구나. 너는 왜 학교를 다닌다고 생각하니?"

"저는 요? 학교에 놀러오고 친구 사귀러 와요."

"맞아. 학교에는 친구 사귀기 위해서 오는 것 맞아. 그리고 또 하나가 있지. 공부하는 곳이기도 하거든."

"저는 싫어요. 공부를 너무 많이 해서 지겨워요. 하기 싫어요."

"공부를 많이 했다고? 얼마나 많이 했는데?"

"2시에 학교 수업이 끝나면 저녁 8시까지 학원을 다니면서 공부했어요."

학원 종류만 해도 4가지가 넘었다. 그래서 이렇게 말해 주었다.

"정말 공부를 많이 했구나. 그 정도 양이면 4학년 될 때까지 공부 안 해도 되겠는 걸? 그럼 이렇게 하자. 너는 공부를 워낙 많이 했으니까 공부는 안 해도 되겠구나. 그 대신 학교에 친구 사귀러 오고 놀기도 해야 하니까 아침에 등교해서 교실에 들어가서 친구랑 놀다가 수업 시작하면 내 방에 와서 나랑 놀고, 쉬는 시간에는 다시 교실로 가면 되잖아? "

"정말 그렇게 해도 돼요?"

"그럼, 넌 이미 공부를 많이 했으니까."

그러자 씩 웃으며 자기 교실로 들어가겠다고 했다. 그러면서 수업 시간이 되면 교장실로 와서 놀다가 쉬는 시간이 되면 자기 교실로 가곤 했다. 그렇게 지내길 몇 주가 지났을까, 교실들을 돌아보고 내 방에 들어왔는데 아이가 안 보였다. 수업시간인데 어디 갔나 하고 찾아 나섰는데 깜짝 놀랐다. 교실에서 4D(상상력과 창의력을 길러 주는 교구)로 만들기를 하는 수업에 들어가 있는 것이었다. 나중에 수학 시간이라고 하면서 들어오길래 물었다.

"너, 아까 4D시간에 수업하고 있던데?"

"아니에요. 수업 아니에요. 노는 시간이었어요."

이 아이는 교과서를 펼쳐서 하는 것은 공부라 여기고 교과서 없이 만들기를 하면 노는 것이라 여기고 있었다.

그리고 하루는 이 아이가 아침에 등교하더니 내 방에 들렀는데 "씩씩" 거리면서 엄마에 대한 서운함을 토로하는 것이었다. 그러면서 자기는 지금 엄마 때문에 기분이 많이 나빠서 예배드리러 못 가겠다고 했다. 그래서 그렇게 하라고 하면서 이면지 20여 장을 챙겨 주었다. 기분이 안 좋을 때는 그림을 그려 보면 마음이 풀린다고 하면서 색연필이랑 같이 주고 갔었는데, 예배를 마치고 돌아왔더니 20장 가득이 그림을 그려 놓았다.

그래서 그림을 한 장 한 장씩 설명해 보라고 했더니 엄마를 칼로 찌르는 그림, 엄마 없어지라고 수류탄을 던지는 그림, 엄마 얼굴에 뿔 달린 악마 모양을 그려 놓은 것 등 온통 엄마 그림이었다.

"왜? 엄마가 오늘 너를 화나게 했니?"

"아니요. 오늘만이 아니고 맨날 그래요. 엄마는 미워 죽겠어요. 지금까지 쭉 그랬어요. 학원에 가기 싫은데 학원 보낸 것도 엄마구요. 학교 가기 싫은데 학교 가라고 한 것도 엄마고, 잠을 푹 자고 싶은데 잠을 깨우는 것도 엄마에요. 엄마는 내가 싫은 것만 하라고 해요."

그래서 이 말과 그림의 내용을 아이의 엄마에게 그대로 전해 주었다. 그리고 아이가 엄마에 대해 서운한 마음을 토로할 때마다 문자로 연락을 계속 해 주었다.

6개월이 지났을 때 그 아이는 점점 교실에 들어가기 시작했다. 그렇지만 이 아이가 절대적으로 안 들어가는 시간이 있었다. 영어 시간이었다. 그래서 왜 영어시간에는 안 들어가느냐고 물었더니 이러한 대답이 돌아왔다.

"선생님! 저는 영어를 배울 이유가 없어요".

"혹시, 네가 커서 외국 여행을 가거나 외국인을 만날 수도 있잖아. 그때 영어를 못하면 힘들텐데."

"아니에요. 저는 외국에 나갈 계획이 없구요. 외국인을 만날 생각도 없어요. 만약 외국인이 나를 만나서 대화하려면 외국인이 한글을 배워서 오면 되잖아요. 저는 영어 공부를 지겹도록 했어요. 이젠 안 할래요."

'그래. 네 말대로 되려면 우리나라의 힘이 더 길러져야 할텐데. 때가 되면 들어가겠지.'하고 내버려 두었다.

1년이 지났더니 영어 시간까지 수업에 들어갔다. 나는 이 아이를 보면서 느낀 것이 많았다. 만약 처음 입학하던 날, 억지로 교실에 들여보냈더라면 어떻게 되었을까? 이 아이가 지금처럼 자발적으로 수업에 참여했을까? 몸은 들어갔을지 몰라도 마음은 수업을 거부하면서 지냈을 수도 있었을 것이다. 역시 교육은 기다림이라 했는데 기다림이 맞구나 싶다.

한참이나 시간이 흘러 그 아이의 엄마가 이런 내용의 문자를 보내 주었다.

"선생님! 고맙습니다. 우리 아이가 학교를 안 가려고 했을 때 처음에는 학교와 담임 선생님에 대한 원망이 컸었습니다. 그러나 선생님의 얘기를 들으면서 이 아이의 문제 원인은 학교가 아니고 엄마였구나 하는 것을 알았습니다. 엄마의 욕심 때문에 아이가 힘들어 한 것이었음을 깨달았습니다. 이제는 엄마 때문에 아이가 스트레스 받지 않도록 노력하겠습니다. 선생님! 정말 고맙습니다."

작은 밀알_ 정기원

1990년 서울교육대학교 윤리교육과를 졸업하고, 동 대학교 교육대학원에서 초등교육행정을 수료했다. 이후 15년 동안 공교육에서 몸담았다. 1993년 학급경영연구회를 창립하여 교사들의 학급경영에 있어서 새로운 변화와 모델을 제시하였고, 2005년까지 여름방학과 겨울방학을 이용하여 전국의 교사들을 대상으로 학급경영 자율 및 직무 연수회를 36회 추진하기도 했다.

1999년 한국교원단체총연합회 교권옹호위원회 위원을 역임하면서 교사들의 교권 신장과 보호를 위해 노력하였고, 7차 교육과정 4학년 도덕과 교사용 지도서 집필 위원을 맡기도 하였다.

2003년~2005년 3회 동안 실험학교인 두레초등계절학교를 운영한 후에, 2005년에 현직 교사 4명과 함께 사직서를 제출하면서 두레학교를 설립하였다. 6년간 두레학교 교장으로 일하다가 2011년에 두레학교로부터 분리해 나와 밀알두레학교를 세웠으며 초대 교장으로 지금까지 섬기고 있다.

2013년 한국기독교대안학교연맹의 법제화 전략팀 총무를 맡으면서 대안학교의 법적 지위 보장을 위한 활동을 펼쳐 왔다. 2015년부터 경기도대안학교연합회 초대 회장으로 2년간 섬겼고, 2017년에는 한국기독교대안학교연맹 이사장으로 섬겨오면서 "대안교육에 관한 법안" 초안을 만들어서 발의하도록 하는데 앞장서기도 했다.

2016년 서울장신대학교와 경기도대안학교연합회 사이에 MOU(양해각서)를 체결하고 2017년부터 신학과 내에 초등대안교육 전공 과정을 개설하였다. 서울장신대학교 초등대안교육 전공 외래강사, 겸임교수를 역임하면서 좋은 초등대안학교 교사를 양성하는데 헌신해 오고 있다.

교육부의 학생 지원국 교육기회보장과, (사)한국대안교육기관연합회, 대안교육연대가 함께 참여하는 대안교육발전을 위한 민간협의회의 공동 대표를 맡고 있다. 2020년부터는 CTS기독교TV방송국과 함께 '다음세대지원센터'를 만들어서 전국 기독대안학교를 섬기려고 계획 중이다.

중국 동관 밀알두레학교(2015년), 광주 밀알두레학교(2016년)를 설립하였으며, 하늘나라에 가기 전까지 6개 이상의 연합학교를 세워서 우리나라 교육을 하나님의 원리로 회복하는 하나님 나라 교육 운동을 함께 전개하고자 하는 비전이 있다.

아울러, 퇴임 후에는 기독대안학교 교사를 양성하는 대학원 대학교를 세워서 좋은 기독대안학교 교사를 양성하며, 통일 후 북한 땅에도 기독대안학교를 세우는 것을 꿈꾸며 열심히 기도해 오고 있다.

저서 : 365일 열린 교실을 위한 학급경영(우리교육)
희망과 감동이 있는 밀알두레반 이야기(양서원)
초등 새내기 교사를 위한 학급경영 길라잡이(양서원, 공저)
3월 한 달 생활지도 이렇게 합시다(서울특별시교육청자료집, 공저)
오늘은 두레학교 가는 날(두레학교출판부, 공저)
꿈이 있는 공부(시사인 북, 공저)
교육의 가나안을 향하여(예영커뮤니케이션)